# 高校思想政治理论课教学案例集

## —— 恰同学少年

湘潭大学马克思主义学院 编

Gaoxiao Sixiang Zhengzhi Lilunke
Jiaoxue Anliji
—— Qia Tongxue Shaonian

高等教育出版社·北京

**图书在版编目(CIP)数据**

高校思想政治理论课教学案例集. 恰同学少年 / 湘潭大学马克思主义学院编. --北京：高等教育出版社，2015. 11

ISBN 978-7-04-043997-7

Ⅰ. ①高…　Ⅱ. ①湘…　Ⅲ. ①高等学校-思想政治教育-教案(教育)-中国　Ⅳ. ①G641

中国版本图书馆 CIP 数据核字(2015)第 245730 号

策划编辑　姚郁卉　　责任编辑　赵英丽　　封面设计　赵　阳　　版式设计　童　丹
责任校对　刘春萍　　责任印制　耿　轩

出版发行　高等教育出版社
社　　址　北京市西城区德外大街 4 号
邮政编码　100120
印　　刷　中国农业出版社印刷厂
开　　本　787mm×960mm　1/16
印　　张　18
字　　数　330 千字
购书热线　010-58581118
咨询电话　400-810-0598
网　　址　http://www.hep.edu.cn
　　　　　http://www.hep.com.cn
网上订购　http://www.landraco.com
　　　　　http://www.landraco.com.cn
版　　次　2015 年 11 月第 1 版
印　　次　2015 年 11 月第 1 次印刷
定　　价　33.00 元

本书如有缺页、倒页、脱页等质量问题，请到所购图书销售部门联系调换

物 料 号　43997-00

# 本书编写组名单

**编写组组长**：李佑新

**副　组　长**：唐正芒　吴华云　黄显中

**成　　　员**（按姓氏拼音排序）：

陈宏滨　陈　龙　何　妍　胡明西

黄显中　荆世群　李雅兴　李永春

李佑新　刘金如　莫庆红　唐正芒

吴华云　熊　辉　张海燕　周　慧

# 前　言

为贯彻落实中央关于高校思想政治理论课建设的有关精神，着力推进立体化教材体系建设，教育部社会科学司发挥12家首批“全国高校思想政治理论课教师社会实践研修基地”特色资源优势，指导每个基地分别编写了具有当地特色的思想政治理论课教学案例集。案例集以加强中国特色社会主义和中国梦宣传教育，加强社会主义核心价值观教育，提高思想政治理论课教学质量为目标，积极整合各地革命、建设和改革时期体现民族精神和时代精神的教育资源，选取与高校思想政治理论课教学密切相关的典型案例，力求对教学有比较直接的支撑作用。案例语言朴实、严谨，同时又力求生动、活泼，体现可读性。此次案例编写过程中积极调动各方面力量，充分借鉴各方面意见和建议，是推动教材建设的有益尝试。

希望案例集能够指导和帮助广大思想政治理论课教师将各基地教育资源充分运用到思想政治理论课教学中，进一步提升教学的针对性、实效性和吸引力、感染力。希望广大思想政治理论课教师主动将深刻的理论分析与鲜活的案例讲解结合起来，释放出理论的力量、理论的魅力，真正使思想政治理论课成为大学生真心喜爱、终身受益的课程。

# 目　录

导　言　/001

理想信念篇

1-1　毛泽东:立志改造中国和世界　/009
1-2　周恩来:为中华之崛起而读书　/013
1-3　刘少奇:思想转变的曲折过程　/018
1-4　邓小平:传播马克思主义的"油印博士"　/022
1-5　陈云:不惧铁窗和杀头　/027
1-6　彭德怀:君子怀德信念笃　/031
1-7　刘伯承:仗剑拯民于水火　/035
1-8　贺龙:找到共产党,革命才有办法　/039
1-9　陈毅:入党前的三次思想动荡　/046
1-10　罗荣桓:从"科学救国"到投笔从戎　/051
1-11　徐向前:弃笔从戎　投奔黄埔　/056
1-12　叶剑英:成则周武三千,败则田横五百　/060

爱国情怀篇

2-1　毛泽东:何以报仇?在我学子!　/067
2-2　毛泽东:舍小家为大家　/072
2-3　周恩来:誓做中华的主人　/076
2-4　刘少奇:"刘卫黄"的来历　/080
2-5　朱德:早年的爱国主义熏陶　/084
2-6　任弼时:凡人宜有爱国心　/087
2-7　陈云:声援"五四"的童子军　/091
2-8　彭德怀:在湘军中组织"救贫会"　/095

2-9 贺龙:善恶是非铮骨气 /099
2-10 陈毅:一路怒激爱国志 /103
2-11 聂荣臻:争国权以救危亡 /107
2-12 叶剑英:上下求索救国路 /111

## 修学储能篇

3-1 毛泽东:勤学苦读,博览群书 /117
3-2 毛泽东:善于思考,学习有法 /122
3-3 刘少奇:雅号“刘九书柜” /126
3-4 邓小平:聪颖好学的巴蜀少年 /130
3-5 陈云:奋发有为的小学徒 /134
3-6 彭德怀:勤学不辍苦读书 /138
3-7 刘伯承:勤读善思求学路 /143
3-8 贺龙:从砸木牌位到刻苦求学 /147
3-9 徐向前:坎坷求学之路 /151
3-10 聂荣臻:面壁读书图破壁 /155

## 磨砺意志篇

4-1 毛泽东:“文明其精神,野蛮其体魄” /163
4-2 毛泽东:“行乞”游学 读无字之书 /167
4-3 刘少奇:赴俄留学的惊险之旅 /171
4-4 周恩来:以大志向战胜心理挫折 /176
4-5 朱德:苦难的童年 /180
4-6 任弼时:勤奋自立 敬业奉献 /183
4-7 邓小平:留法勤工俭学的艰难岁月 /188
4-8 彭德怀:伸张正义斗官商 /193
4-9 刘伯承:独眼“军神”美名传 /196
4-10 贺龙:两把菜刀闹革命 /201
4-11 聂荣臻:百折不挠 坚持真理 /205
4-12 叶剑英:云南习武 戎马一生 /210

## 友爱亲情篇

5-1　毛泽东:父母都不肯孝敬的人,还肯为人民服务吗?　/217
5-2　毛泽东:二十八画生征友启事　/222
5-3　毛泽东和杨开慧:算人间知己吾和汝　/226
5-4　刘少奇:与何叔衡的忘年交　/231
5-5　周恩来和邓颖超:革命伴侣结同心　/235
5-6　朱德:与蔡锷的师友情　/239
5-7　任弼时和陈琮英:"指腹为婚"真爱情　/245
5-8　陈云:苦难之中的真情　/249
5-9　彭德怀:勤劳坚韧释孝行　/254
5-10　贺龙:铁汉也柔情　/258
5-11　陈毅:交友之道贵在"志"　/262
5-12　罗荣桓:言传身教的党代表　/267

结束语　/273

后记　/275

# 导言

一

我们站在新的历史起点上。“现在，我们比历史上任何时期都更接近中华民族伟大复兴的目标，比历史上任何时期都更有信心，有能力实现这个目标。”①习近平总书记这铿锵有力的话语，令人倍感振奋，豪情满怀！

然而，追溯近代以来的中国历史，风雨如磐，山河破碎。一代又一代志士仁人为救亡图存苦苦奋斗，直到以毛泽东、周恩来、刘少奇等为代表的中国共产党人走上历史舞台，才开启了历史的新篇章。他们接受了马克思主义，选择了社会主义，带领中国各族人民奋起抗争，取得新民主主义革命的伟大胜利，开始社会主义事业建设的进程，取得了震烁古今的伟大历史功绩，为当代中国一切发展进步奠定了根本的政治前提和制度基础。

虽然这就是历史的结论，但是，对于当代中国大学生来说，仍然显得抽象。我们非常有必要去具体感知那凄风苦雨的年代，去了解那体现历史本质的历史细节。毫无疑问，毛泽东等老一辈革命家青少年时代的心路历程及对人生道路的选择，正是映现历史本质的具体画面。触摸这一幅幅历史画面，我们能够具体地追寻到他们是如何从平凡走向伟大所留下的足迹。

这是本案例集选题的由来。在中国共产党人波澜壮阔的革命历史中，英雄辈出如众星闪烁，他们每个人的故事都是一部传奇，都值得大书特书。但限于篇幅，本案例仅选取毛泽东、周恩来、刘少奇、朱德、任弼时、邓小平、陈云、彭德怀、刘伯承、贺龙、陈毅、罗荣桓、徐向前、聂荣臻、叶剑英等老一辈革命家青少年时代的故事作为典型。毛泽东“恰同学少年，风华正茂”的诗句，正是他们那一代人青少年时代精神风貌的生动写照，所以本案例集命名为《恰同学少年》。

---

① 《承前启后　继往开来　继续朝着中华民族伟大复兴目标奋勇前进》，《人民日报》2012 年 11 月 30 日。

## 二

走近伟人的青春岁月，从平凡之中体会不平凡。

他们是平凡的，也曾为个人生计奔波忙碌，也曾发表过稚气十足的见解，也曾苦闷彷徨。

他们又是不平凡的。

他们都有特别高远的志向。青年毛泽东主张立远志，立真志，“十年未得真理，即十年无志；终身未得，即终身无志”①。他和朋友们不谈金钱，不谈家庭琐事，而只谈论“人的天性，人类社会，中国，世界，宇宙”②这样的大事；周恩来“为中华之崛起而读书”的名言，广为传诵，耳熟能详；彭德怀原名彭得华，之所以改名为德怀，是因为“君子怀德，小人怀土”③，“怀”是想念贫苦人民，“德”是为贫苦人民奋斗，为国家富强奋斗。他立志要做一个有道德、多为民众办好事的人，而不是为了个人升官发财、买田置业。

他们都有深沉、炽烈的爱国情感。刘少奇为了表示誓死挽救中华民族的危亡、保卫炎黄子孙的志向和决心，将自己的名字改为“刘卫黄”；任弼时 10 岁时就在作文中写下“凡人之生，宜有爱国之心”这样的话语；叶剑英中学时被推选为学生会会长，把“利国福民”写进学生会章程。他们的青少年时代，正是中华民族遭受外侮最严重，国家面临空前危亡的时期，他们都亲历了丧权辱国的“二十一条”之痛，都经历了五四爱国运动的洗礼。他们爱国情怀展现得特别炽烈和淋漓尽致，由爱国而革命，激励着他们奋斗与成长。

他们都有为国为民的坚定信仰和不同寻常的坚韧意志。在他们的革命生涯中，经历了多少挫折坎坷、艰难险阻！如果没有他们那种非比寻常的意志和毅力，革命的胜利几乎是无法想象的。他们的意志力和信仰，在青少年时代得以养成。毛泽东把意志当做“人生事业之先驱”，特别注重锻炼自己的意志力，通过冷水浴、雪浴、雨浴、风浴等体育活动，“野蛮其体魄，文明其精神”；朱德说自己从小就是饿肚子长大的，后来干革命时就不大怕饿，从小到大都干活，所以不管什么时候做体力活，从来不觉得面子难看；邓小平 16 岁赴法勤工俭学，在工厂当轧钢工，工作劳动强度大，在摄氏 40 多度高温的车间里不停地用长把铁钳夹着几十公斤的钢条疾跑，一不小心，就被炽热的钢条烫伤灼伤；刘伯承在战斗中脑

---

① 《毛泽东早期文稿》，湖南出版社 1990 年版，第 87 页。

② 《毛泽东自述》（增订本），人民出版社 1996 年版，第 35 页。

③ 《论语 · 里仁》。

部受伤，子弹从眼窝飞出，需要做手术，他为了保护大脑，拒绝在手术中使用麻醉剂。

他们都艰苦求学。为实现救国救民的理想，先辈们都刻苦攻读，积累知识能力。青年毛泽东充分认识到只有"修学储能"，才能够承担起肩上的重担；刘少奇勤学好思，十四五岁时便获得乡亲们"刘九书柜"美称；陈云、徐向前在店铺里当学徒，利用工余时间刻苦自学；彭德怀、贺龙少年失学，在军旅中勤学不辍；罗荣桓有贪婪读书掉进池塘的专注；聂荣臻有面壁读书图破壁的功夫。他们不但刻苦用功，而且特别注重方法，特别注重联系实际。如，毛泽东注重社会调研读无字之书。

无情未必真豪杰。他们既有对国家、民族、人民的大爱，也有平常人的亲情友情爱情。"决不料一百有一旬，哭慈母又哭严君，血泪虽枯恩莫报；最难堪七朝连七夕，念长男更念季子，儿曹未集去何匆。"这是毛泽东父母相继离世，因湖南驱张运动奔波在外而请塾师撰的挽父联，对父母的眷念之情何其深沉！周恩来与邓颖超，"互敬、互爱、互信、互勉、互助、互让、互谅、互慰"，堪称共产党人爱情婚姻的典范。陈毅在朋友有困难时，想尽办法，真诚相助；在朋友犯错误时，他坦诚相告，帮助改正，宽容体谅；在大是大非问题上，他又态度明确，坚持原则性，展现了共产党人赤诚无私的交友之道。1936 年，陈云在苏联谈到养育他的舅父母时说："在社会上一般人看来，共产党员不顾家庭，舆论是很不好的，但是我是爱莫能助。"①充分解释了共产党人的真正情怀：共产党员哪里是不顾亲情家庭？他们有的是"老吾老以及人之老"、舍小家而为大家的崇高风范！

我们围绕上述内容，从毛泽东等老一辈无产阶级革命家传记中撷取、编辑、整理了 58 个案例故事，辑成理想信念、爱国情怀、修学储能、磨砺意志、友爱亲情等五篇。

## 三

党的十八大发出了实现"两个一百年"奋斗目标的时代号召。中华民族伟大复兴的中国梦，将在当代大学生的奋斗中实现。在校大学生的年龄为 20 岁左右，到 2020 年全面建成小康社会时正是 30 岁左右的而立之年，这是奋发有为的大好时光；到本世纪中叶基本实现现代化时，还不到 60 岁，正处于人生事业的巅峰时段。实现"两个一百年"奋斗目标，现在的大学生都将全过程参与。这是时代赋予当代大学生的历史重任。行百里者半九十。距离实现中华民族伟大复兴

① 转引自金冲及、陈群：《陈云传》，中央文献出版社 2005 年版，第 7 页。

的目标越近，越不能懈怠，越要加倍努力，越需要广大青年为之奋斗。

2013年5月4日，习近平总书记在中国航天科技集团公司中国空间技术研究院，同各界优秀青年代表座谈时发表重要讲话，向广大青年提出希望和要求：

他要求广大青年一定要坚定理想信念。“功崇惟志，业广惟勤。”[①]理想指引人生方向，信念决定事业成败。中国梦是全国各族人民的共同理想，也是青年一代应该牢固树立的远大理想。中国特色社会主义是我们党带领人民历经千辛万苦找到的实现中国梦的正确道路，也是广大青年应该牢固确立的人生信念。

他要求广大青年一定要练就过硬本领。“学如弓弩，才如箭镞。”[②]学习是成长进步的阶梯，实践是提高本领的途径。青年的素质和本领直接影响着实现中国梦的进程。青年人正处于学习的黄金时期，应该把学习作为首要任务，作为一种责任、一种精神追求、一种生活方式。

他要求广大青年一定要勇于创新创造。青年是社会上最富活力、最具创造性的群体，理应走在创新创造前列。广大青年要“创建青春之国家，青春之民族”。[③]

他要求广大青年一定要矢志艰苦奋斗。“宝剑锋从磨砺出，梅花香自苦寒来。”人类的美好理想，都不可能唾手可得，都离不开筚路蓝缕、手胼足胝的艰苦奋斗。我们的国家，我们的民族，从积贫积弱一步一步走到今天的发展繁荣，靠的就是一代又一代人的顽强拼搏，靠的就是中华民族自强不息的奋斗精神。实现我们的发展目标，需要广大青年锲而不舍、驰而不息的奋斗。

他要求广大青年一定要锤炼高尚品格。青年是引风气之先的社会力量。一个民族的文明素养很大程度上体现在青年一代的道德水准和精神风貌上。广大青年要把正确的道德认知、自觉的道德养成、积极的道德实践紧密结合起来，自觉树立和践行社会主义核心价值观，带头倡导良好社会风气。要加强思想道德修养，自觉弘扬爱国主义、集体主义、社会主义思想，积极倡导社会公德、职业道德、家庭美德。要牢记“从善如登，从恶如崩”[④]的道理，始终保持积极的人生态度、良好的道德品质、健康的生活情趣。要倡导社会文明新风，带头学雷锋，积极参加志愿服务，主动承担社会责任，热诚关爱他人，多做扶贫济困、扶弱助残的实事好事，以实际行动促进社会进步。

---

① 《尚书·周书》。

② 袁枚：《续诗品·尚识》。

③ 《李大钊文集》（上），人民出版社1984年版，第205页。

④ 《国语·周语下》。

本案例集选取的理想信念、爱国情怀、修学储能、磨砺意志、友爱亲情各个主题,契合习近平总书记上述讲话的精神。翻阅一个个鲜活的故事,可以发现,习近平总书记对当代青年的希望和要求,也正是老一辈革命家生动的人生实践,是他们留下的宝贵精神财富,我们应当很好地学习、继承并发扬光大。

（李佑新　吴华云）

# 理想信念篇

1-1　毛泽东:立志改造中国和世界

1-2　周恩来:为中华之崛起而读书

1-3　刘少奇:思想转变的曲折过程

1-4　邓小平:传播马克思主义的“油印博士”

1-5　陈云:不惧铁窗和杀头

1-6　彭德怀:君子怀德信念笃

1-7　刘伯承:仗剑拯民于水火

1-8　贺龙:找到共产党,革命才有办法

1-9　陈毅:入党前的三次思想动荡

1-10　罗荣桓:从“科学救国”到投笔从戎

1-11　徐向前:弃笔从戎　投奔黄埔

1-12　叶剑英:成则周武三千,败则田横五百

## 1-1

# 毛泽东:立志改造中国和世界

## 【案例正文】

1910 年,17 岁的毛泽东离开韶山去湘乡东山学校(县立东山学堂)求学。临行前,抄录了一首诗留给父亲,“孩儿立志出乡关,学不成名誓不还;埋骨何须桑梓地,人生无处不青山”,以明志向。参加东山学校的入学考试中,毛泽东作文《言志》,联系农民疾苦,民族危亡,祖国贫弱,纵情抒发了积于他内心深处救国救民的抱负,立意新颖,气势磅礴。校长李元甫阅后,感叹道:“我们学校取了一个建国才。”在东山学校,毛泽东利用课余时间阅读了大量的历史书籍,特别是反复阅读了《新民丛报》的汇编本,开始崇拜康有为、梁启超,倾向于接受他们变法图强的改良思想。他还为自己取了个“子任”的别名,即“以天下为己任”之意。

1914 年,毛泽东到湖南省立第一师范学校学习。这时,他开始更深入地探寻救国救民道路。当时,正值国内连年军阀混战、日本帝国主义侵略野心日紧,国内阶级矛盾和民族矛盾交织在一起。新文化运动的思想激荡、湖南省立第一师范学校的一批名师如杨昌济、徐特立、方维夏等,都对毛泽东救国救民的信念产生了深刻影响,其中杨昌济对毛泽东影响最大。杨老师热情向青年介绍和传播西方各派的政治主张和哲学、伦理学说,介绍中国古典学术思想和历史知识,鼓励学生树立奋斗、向上的人生观。此时的毛泽东虽深怀济世救国思想,但对如何救国,则还一时朦胧。当时,他认为,要救国,需有大气量人,从根本改造变换全国之思想，并以此来动员天下人心，从而实现彻底改造，使国家富强起来。而他认为当时的各种思潮如议会制的政治改革、实业救国、教育救国等，都是枝节，而不是本源。他的志向，就是先探求这个大本大源，然后谋救国之道。他给老师黎锦熙写信，说明他对立志的看法。他认为立志，就是应该追寻真理，而那种有志为军事家、有志为教育家等所谓志，是羡慕他人成功而欲模仿的盲从之志，不是真正的立志。"十年未得真理，即十年无志；终身未得，即终身无志。"[①]这一时期，为探求心中的真理，确立自己的真志，他特别热衷于学习修身、哲学、国文、历史和地理等学科知识。他和朋友们约定"三不谈"，即不谈金钱，不谈男女之间的问题，不谈家庭琐事，应该谈论"大事"，即"人的天性，人类社会，中国，世界，宇宙"[②]。他要求自己并鼓励同学为挽救今日中国之危亡而做准备，要做满怀救国而又潜心学习的有志"奇杰"，大丈夫要为天下奇，即读奇书、交奇友、著奇文、创奇迹、做个奇男子，他在日记里写道："力拔山兮气盖世，猛烈而已！不斩楼兰誓不还，不畏而已！八年于外，三过家门而不入，忍耐而已！"

为了实现自己的理想抱负，团结一批人共同学习、共同进步、共同奋斗，毛泽东和蔡和森发起组织新民学会。这是中国近现代史上最早的也是最有冲击力和影响力的进步青年组织，其宗旨是"以革新学术，砥砺品行，改良人心风俗"，后来把宗旨改为"改造中国与世界"，表明了他的宏大志向。

1918年夏，经杨昌济向李大钊推荐，毛泽东到北京大学图书馆当助理员，每月工资8块大洋。毛泽东去北京，不是冲着工作和薪水而去的，而是想去接触陈独秀、胡适等人。毛泽东在此与陈独秀、李大钊等新文化运动的领导人有了较深交往；参加了著名的北大新闻学研究会和哲学研究会以及邓中夏组织的北大平民教育演讲团；组织在京的新民学会会员同蔡元培、胡适座谈，在现场亲耳听了李大钊《庶民的胜利》的精彩演说，并阅读了这篇文章和李大钊的另一篇文章《布尔什维主义的胜利》等，开始具体了解了十月革命和马列主义。这一时期，毛泽东大大增长了学识，开阔了眼界，"迅速地朝着马克思主义的方向发展"[③]

1919年3月，毛泽东去上海为两批赴法勤工俭学的青年饯行，并筹措旅费。之后回到湖南，向留在长沙的新民学会会员讲述了自己在北京的经历，介绍了马克思主义的简要内容和社会主义的各种派别，还特别谈了他所了解的俄国十月革命的有关情况。五四运动爆发后，毛泽东在长沙亲自撰写、复印和散发反帝反封建反军阀的传单，创办以宣传最新思潮为主旨的《湘江评论》，并担任主编和

---

① 《毛泽东早期文稿》，湖南出版社1990年版，第87页。

② 《毛泽东自述》（增订本），人民出版社1996年版，第35页。

③ 胡哲峰、孙彦：《毛泽东谈毛泽东》，中央党校出版社2000年版，第37页。

主要撰稿人。《湘江评论》仅出版了五期，毛泽东的文章竟达 40 篇。在《湘江评论》第二、三、四期上，他发表了著名的《民众的大联合》，第一次公开赞颂了俄国十月革命及其影响。五四运动在湖南得到响应后，由于湖南督军张敬尧敌视、打击湖南人民的爱国运动，毛泽东于同年 12 月组织了一场声势浩大的"驱张运动"。他率领驱张代表团到北京请愿，并作为请愿代表，义正词严地向北洋政府提出了驱张要求，迫使张敬尧溜出湖南，驱张运动获得胜利。毛泽东把驱张运动作为改造中国社会的尝试，积累了初步的经验。

此次驻京期间，毛泽东深受李大钊的赞扬，称他为"湖南学生青年的杰出领袖"[①]。李大钊向毛泽东介绍了一批有关共产主义和俄国十月革命的中文书籍，包括《共产党宣言》《阶级斗争》《社会主义史》等，毛泽东阅读了这些书籍，很快建立起对马克思主义的信仰。1920 年 5 月，毛泽东抵达上海，与正在上海筹划建党的陈独秀探讨马克思主义。这次陈独秀谈了他自己的信仰，给毛泽东留下了深刻的印象。在人生发展的关键时刻，毛泽东与"南陈北李"两位中国思想界的领袖相继晤谈，对他信仰马克思主义产生了巨大的影响。毛泽东逐渐摒弃了"新村主义"、"工读主义"、"无政府主义"等非马克思主义观点，认定改造中国与世界，首先要造主义，要组织共产党，走无产阶级革命和无产阶级专政的道路，这就标志着毛泽东选择了马克思主义的信仰。正如他自己后来的回忆："到了 1920 年夏天，我已经在理论上和某种程度的行动上，成为一个马克思主义者，而且从此我也自认为是一个马克思主义者了。"[②]毛泽东沿着这条路继续前行，在湖南筹备建立共产主义小组，着手建立中国共产党，并继续探索中国革命的成功道路。

（资料来源：高菊村、刘胜生、陈峰等《青年毛泽东》，中央文献出版社 2008 年版；唐振南、周仁秀《学生时代的毛泽东》，中央文献出版社 2007 年版；龙正才《毛泽东青少年时代的故事》，中国青年出版社 2013 年版。）

## 【思考讨论】

1. 毛泽东是如何立志改造中国与世界并怎样成为马克思主义者的？
2. 谈谈立志与成功的关系。毛泽东立志对当代青年有何启示？

---

① 胡哲峰、孙彦：《毛泽东谈毛泽东》，中央党校出版社 2000 年版，第 259 页。

② 胡哲峰、孙彦：《毛泽东谈毛泽东》，中央党校出版社 2000 年版，第 36 页。

## 【案例解析】

“百学须先立志。”毛泽东的立志经历了从“学不成名誓不还”到“以天下为己任”再到“改造中国与世界”。早在东山学校入学考试的作文《言志》中，毛泽东就抒发了救国救民的抱负。相比大多数学生写的成名成家、光宗耀祖的庸俗内容，这篇作文立论新颖，让校长李元甫破例录取毛泽东。在湖南省立第一师范学校，毛泽东把立志与追求真理紧密结合起来，认为人之所谓立志，应该就是追求真理，为实现真理而斗争，把自己的理想和志向与国家的前途、民族的命运、人民的幸福联系在一起。正是这宏大的志向，指引毛泽东人生的前进方向。不论是人生的低谷还是高潮，无论是大革命失败还是三次反围剿的胜利，无论是在巍峨的雪山中还是阴霾的草地上，不论是在抗击日寇的枪林弹雨中还是解放战争的艰苦环境里，毛泽东都矢志如一，毫不动摇，最终实现了建立新中国的鸿鹄大志。毛泽东的一生，是为“改造中国与世界”而奋斗的一生，是追求真理的一生，是艰辛探索中国革命和建设道路的一生。

## 【教学建议】

本案例展现了毛泽东青少年时期立志探索救国救民真理的思想变化历程，他逐渐了解并信仰马克思主义。在教学过程中，注意不同时期毛泽东思想变化的时代背景以及变化的原因，突出毛泽东坚持从实际出发，从中国国情出发，寻找适合中国国情的改造方法，树立崇高而远大的理想。

本案例可用于《毛泽东思想和中国特色社会主义理论体系概论》的第一章第二节“毛泽东思想”，《思想道德修养与法律基础》绪论第一节“适应人生新阶段”、第一章“追求远大理想　坚定崇高信念”、第三章“领悟人生真谛　创造人生价值”的辅助教学。

## 1-2

# 周恩来:为中华之崛起而读书

【案例正文】

1910年春天,12岁的周恩来随同回淮安探亲的三伯父周贻谦来到东北读书。在周恩来的生活中,这是一个重要的转折点。周恩来后来回忆说:"12岁那年,我离家去东北。这是我生活和思想转变的关键。没有这一次的离家,我一生一定也是无所成就,和留在家里的弟兄辈一样,走向悲剧的下场。"①

作为帝国主义列强争夺焦点的东北地区,给少年的周恩来带来了异常强烈的刺激。正是在这里,激发了他的爱国主义热情。周恩来到东北后,先在铁岭县银州镇的银岗书院读了半年书,然后转入奉天(今沈阳)第六高等小学堂,该校在辛亥革命后改名为奉天东关模范学校。这所学校是在1910年春"废科举,兴学校"的潮流中兴办起来的。学校除教一些经书外,还常给学生介绍西方资产阶级的"新学",课程包括修身、国文、算术、历史、地理、格致、英文、图画、唱歌、体操等十几门。这些课程给少年周恩来展现了一个新天地。他在学校里学习非常勤奋刻苦,各门功课都名列前茅。

周恩来在东关模范学校读书期间,有一位叫高戈吾的历史老师,常给同学们讲述历史上民族英雄的故事,痛陈国家弱小被列强欺辱的时局,鼓吹反清革命,把章太炎的文章和同盟会的刊物以及时事报刊介绍给周恩来他们阅读,还特别

① 《周恩来同志谈个人与革命的历史——和美国记者李勃曼谈话记录》,《中共党史资料》1982年第1辑。

把邹容所著的《革命军》小册子借给了周恩来。还有一位姓毛的地理老师，倾向于康有为、梁启超的维新思想，也常常向周恩来介绍康、梁等维新派的书籍。深受两位老师的影响，周恩来开始关心国家大事，并从此养成了读书读报的习惯。从报纸书刊中，他了解到有关民族危机、清朝腐朽和人民苦难的许多事情，也了解到了一些像邹容那样的年轻的资产阶级革命家英勇斗争、流血牺牲的感人事迹，从中接受了资产阶级的民主主义思想以及所表现出来的爱国主义精神。他常和老师同学一起讨论危机四起的时局以及如何救国和宣传救亡的问题。辛亥革命推翻清朝的消息传到学校后，他就立即剪去了辫子，以表示与清王朝决裂。

暑假中，周恩来随一位同学到了沈阳南郊浑河南岸的魏家楼子。这位同学的爷爷是一位满怀忧国忧民之心的乡村塾师，领着他们目睹了当年日俄战争的旧战场。老人由于心情异常激愤，手捋银髯，仰天长叹，为他们吟咏了这样的诗句："登此龙山兮山巅，望彼河水兮潺潺。忆甲辰年兮神往，想日俄战兮心酸。吾已生于斯兮长于斯，恨不能翱翔兮五湖烟。今吾老兮有何志愿？图自强兮在尔少年。"[①]这一切都激励着少年周恩来，要为救国纾难而发奋读书。不像别的孩子，此时周恩来已确实知道为什么要读书以及怎样去读书。一个十几岁的孩子就已经表现出高尚的志向、浓烈的爱国情感和引人注目的才能。有一次，东关模范学校的魏校长（当时兼授修身课的老师）在课堂上问同学们："读书是为了什么？"当时，有的同学回答"为光耀门楣而读书"，有的回答"为明礼而读书"，也有的回答"为个人的前途而读书"。当问到周恩来时，他的回答却语惊四座："为中华之崛起而读书。"魏校长听后大为震动，一个孩子能有这等抱负、这等气魄，真是难得啊！他禁不住连声称赞道："好啊，好啊。为中华之崛起而读书，同学们，有志者当效周生。"

周恩来的求学之路，非常曲折、坎坷，异常艰辛。1917 年周恩来报考了清华大学，但因严重偏科而落榜。后来，他得到朋友资助，自费到了日本的语言学校复读，期望能考上日本的大学。然而，他报考了多所学校，均以落榜告终。无奈之下，他回国在刚成立不久的南开大学注册了学籍，却终因未曾上过一天课被自动除名。后来，他虽然到法国勤工俭学，却依然没有得到任何文凭。但"为中华之崛起而读书"的宏伟志向，一直像一团烈火一样燃烧在他的心中，成为他经久持续的动力，激励着他更加努力学习，不断进行探索。

他笃行勤奋、好问、深思的治学态度。由于他勤奋苦学，品学兼优，在南开中学就读时，被校长认为是南开最好的学生。为提高自己的写作水平，周恩来经常到图书馆博览群书，阅读各种报刊，就教于师友，重视社会实践和调查研究。他

① 李新芝、刘晴等：《周恩来纪事（1898—1976）》上，中央文献出版社 2011 年版，第 21 页。

的这种严谨治学的态度,提高了作文水平,他的不少文章,甚至令老师拍案叫绝。

“大江歌罢掉头东,邃密群科济世穷;面壁十年图破壁,难酬蹈海亦英雄。”这首著名的自励诗,出自当年只有19岁的周恩来之手。他以超常的智慧和毅力,走出了一条勇闯逆境、选准坐标、紧抓机遇、艰难探索而成为伟人的光辉求学路。

(资料来源:中共中央文献研究室二部编《周恩来自述》,解放军文艺出版社2002年版;赵三军《周恩来青少年时期求学成才的特点》,《河北青年管理干部学院学报》2009年第6期。)

## 【思考讨论】

1. 周恩来立志“为中华之崛起而读书”有何时代背景?
2. 周恩来“为中华之崛起而读书”对青年一代有什么启示意义?

## 【案例解析】

家贫出孝子,国难见忠臣。一代伟人周恩来诞生的时代,正是中国急剧沦为半殖民地半封建社会的悲惨时代。1898年,就在周恩来出生的这一年,康有为、梁启超等发起了戊戌维新运动,但很快失败。之后,声势浩大的义和团运动燃遍北方数省,但是“当道义的愤怒仍然同旧时代连在一起的时候,正义者是不可能战胜非正义者的”[①],义和团运动虽然粉碎了列强瓜分和灭亡中国的图谋,但伴随着八国联军侵华和《辛丑条约》的签订,中国社会的半殖民地化急速加深,中华民族处在灾难深重的死亡线上,外争国权、内争民主的抗争烈火此起彼伏,救亡图存成为全民族的最大政治。周恩来在南开中学《校风》创刊词中慷慨陈词:“吾辈生于二十世纪竞争之时代,生于积弱不振之中国,生于外侮日逼、自顾不暇之危急时间……天下兴亡,匹夫有责!”[②]1911年,武昌起义爆发,革命派以一往直前之气推翻了清王朝,革了数千年来帝政之命。少年的周恩来从这前无古人的历史巨变中预示到古老中国的漫漫长夜即将破晓,新时代的曙光正在地平线上升起,极大地激发了他以天下为己任而奋发读书的热情。年仅13岁的周恩

① 陈旭麓:《近代中国社会的新陈代谢》,中国人民大学出版社2012年版,第204页。
② 孙钢:《伟人之初——周恩来》,浙江人民出版社1991年版,第37页。

来树立了"为中华之崛起而读书"的坚定信念,昭示了少年周恩来不凡的志向,也是他寻求救国之路的起点。从此以后,他始终践行"救国不忘求学,求学不忘救国",忧国家民族之所忧,急国家民族之所急,为拯救国家、振兴民族而学习。

古人云:"有志者事竟成。"立志是一个人成功的前提,只有志存高远,才能让人励志不息。立志可以使人有所追求。生活有了方向,奋斗才有目标。周恩来在他的少年时代,就立下了宏伟志向,这就是伟人的成功之始。他以天下为己任,视国家民族利益高于一切,树立了崇高的学习目的,并为之践行一生。自从树立"为中华之崛起而读书"的鸿鹄之志,周恩来 19 岁就东渡日本寻求救国救民道路,给同学留下了"愿相会于中华腾飞时"的豪言壮语。接着到欧洲实地考察,确立了为共产主义而奋斗的信念。他之所以能坚韧不拔地学习,不断进取,成长为领导中国革命和建设的伟大领袖之一,就在于他从青少年时代便心怀祖国,把拯救中华作为自己的志向,把中国革命胜利和实现社会主义作为自己坚定的信念。从他青少年时期理想信念的形成过程可以看出,有什么样的理想信念,决定其有什么样的目标与道路。他以自己的亲身实践告诫我们:"理想是需要的,它可以为我们指出前进的方向,但是理想必须从现实的努力奋斗中才能实现。"①周恩来这种毕生奋斗的力量是一种不令而行的感召力,是激励青少年立志酬志的强大精神动力。

## 【教学建议】

本案例的主要内容是讲述少年周恩来树立"为中华之崛起而读书"的伟大志向并为之奋斗终生、矢志不移的故事。这是周恩来少年时代就立志救国的一个缩影,也是他人格魅力的一个特色。今天,我们处于中华民族伟大复兴的新时代,重温这一故事倍感亲切。他的故事将激励一代又一代的有志少年,以无限崇敬之情,把周恩来作为自己可亲可敬可信可学的楷模。青年时期是理想形成的重要时期,也是立志的关键阶段。理想信念一旦确立,就可以使人方向明确、精神振奋,不论前进的道路如何曲折、人生的境遇如何复杂,都可以透过乌云看到曙光,不会迷失方向。青少年只有确立正确的人生目标,明确自己将来做什么人,走什么路,才能以惊人的毅力和不懈的努力,成就事业,开创未来。青年应该自觉从提高基本素质做起,坚持走好学、勤学、博学和成长、成人、成才的爱国兴

① 中央教育科学研究所:《周恩来教育文选》,教育科学出版社 1984 年版,第 14 页。

国之路，在人生最有诗意、最多梦想、最为宝贵的青年时代，形成健康的偶像观，树立远大的志向，在实现中国梦的实践中放飞青春梦想。

本案例可用于《思想道德修养与法律基础》第一章第二节中“认识大学生的历史使命”、第三节中“立志高远与始于足下”和第二章第一节中“爱国主义的优良传统”的辅助教学。

# 1-3
# 刘少奇:思想转变的曲折过程

## 【案例正文】

刘少奇,1898 年 11 月生于湖南宁乡县炭子冲。13 岁时父亲去世,家道变得贫苦。母亲和兄长希望他成为一名乡村里受人尊敬的私塾先生或中医师,但他自己却另有打算,想效仿周祖三(刘少奇私塾同学)的父亲,漂洋过海,学习西方先进思想和先进科学技术,做一个医治中国痼疾、解救苦难百姓的人。

1913 年 7 月,刘少奇以优异的成绩考上宁乡玉潭学校(宁乡县第一高等小学校)。这是 1902 年清朝政府宣布废除科举时,由原玉潭书院改建的高等小学堂。学校图书馆收藏了古籍图书数万册,师资雄厚,不少老师受到维新思想和革命倾向的熏陶。刘少奇在玉潭学校被编入第十一班学习。他对学校开设的各门功课很感兴趣,尤其关心时事政治,特别喜欢自然和地理。上历史和地理课时,每当老师讲解地球、地域、地形时,或者叙述世界和中国历史发展时,刘少奇总是凝神注视眼前的世界全图,默默地沉思着。他想:如何实现前人设想过的“世界大同、天下太平”呢? 为什么曾经盛极一时的东方大国变得如此落后和受人欺凌呢? 今后世界和中国将如何变化发展呢? 为了寻找这些答案,他充分利用课余时间到学校的图书馆、阅报室去看书看报。他最喜欢的报纸有《申报》《大公报》《国民日报》等。那时候,对于袁世凯镇压二次革命、第一次世界大战的局势等,刘少奇都十分关心。

在玉潭学校学习期间,刘少奇参加了宁乡人民抗议袁世凯与日本签订“二十一条”的爱国斗争,这是他参加群众运动的开端。他的爱国热情、救民愿望更加强烈。

从玉潭学校毕业后,刘少奇继续在长沙求学,考入宁乡驻省中学。期间,他除了重视学习自然科学外,也十分注重时事政治和社会科学知识的学习,心系国家和民族的危亡。在课余时间,他不但阅读了很多进步书刊,还认真研读了中国几千年的兴衰历史。他结合中国社会现状冷静地观察、分析和思索晚清政府衰败的原因。他常常搜肠刮肚、苦思冥想着一个多年思而不得的答案,怎样救国家于危难,怎样做一个“先天下之忧而忧,后天下之乐而乐”的炎黄子孙?他在发愤学习文化知识、执著追求科学真理、苦苦思索强国道路的同时,也在不断考虑怎样选择自己的人生职业。当时,他想得最多的是强身健体、投笔从军、精忠报国。这时,湖南当局在长沙开设了一所陆军讲武堂,刘少奇便设法报了名,并通过考试被录取。他终止驻省宁乡中学的学业,到陆军讲武堂报到入学,投入到军营紧张学习和严格的军事体育训练当中。不久,一场以湖南为中心战场的护法战争爆发。讲武堂在这场战争中被毁坏,刘少奇在炮火纷飞中被迫离开省城,回到家乡炭子冲。

陆军讲武堂学习的中断,使刘少奇的从军报国之志受到突如其来的挫折,但他并未灰心丧气,而是重新思索前进的方向。一方面,他从同学家里借来各门教科书,集中精力自修中学的全部课程和一部分大学课程,以夯实文化知识备考大学;另一方面,他继续潜心研读时事政治和中外历史,丰富社会知识,参加先进社团活动。他还经常和乡亲们一起聊天谈心,向乡亲们了解当年的粮食收成和种养收入等情况,也向他们讲述外面的世界和局势,让大家惊叹不已。当时兵荒马乱、水旱灾害严重,不少农民缺衣少食,刘少奇每次遇到生活困难的乡亲们,总是大爱无私地予以帮助。他知道,解决乡亲们的现实困难,他的力量是微不足道的。只有尽快让国家富强起来,让父老乡亲过上丰衣足食、安定无忧的生活,才是解救他们的最好办法。

1919 年春天,在同学的帮助下,刘少奇来到长沙育才中学继续求学。三个月后,轰轰烈烈的五四运动爆发。刘少奇很快成为育才中学声援北京学生运动的带头人。他在班上组织了一个救国十人团,不顾张敬尧派出的军警特务的监视,机警地在长沙街头张贴传单、发表演讲,支持北京学生运动,开展抵制日货斗争。为北京学生的爱国行为和各地民众的热情参与所鼓舞,刘少奇决定去北京,投入到更大规模的革命洪流中去。毕业考试后,他匆匆筹措了一部分旅费,便与长沙的热血青年、爱国学生一道奔赴北京。刘少奇来到北京,运动已接近尾声。但刘少奇决定留下来继续深造,继续探求报效国家和民族的途径。刘少奇先后收到了北京大学、陆军兽医学校等大学的录取通知书。但经再三考虑学制、学费、专业等问题,他放弃上大学的机会,他从一批青年去法国留学的活动中受到了鼓舞和启发,想去欧洲勤工俭学。

1919 年 9 月,刘少奇进入河北保定育德中学留法预备班第三期学习。在这里,他读到了《新青年》《每周评论》等进步刊物。更重要的是,他读了一些马克思主义的小册子和文章,与社会主义派的人物接近,从思想上摒弃了无政府主义的影响,倾向于俄国十月革命的道路。正如他自己所说:"俄国十月革命的胜利,这个革命把全世界想要革命但又没有找到出路的人都惊醒了……我们那时感觉到了亡国灭种的危险,但又不晓得朝哪里跑,这一下就有办法了。"①

1920 年 6 月,刘少奇从育德中学留法预备班毕业。始料不及的是,此时,赴法勤工俭学已严重受阻。由于第一次世界大战结束后,法国军人大批转业,劳动力过剩,法国当局不但阻止中国学生入境,很多正在法国的中国留学生也找不到工作,几百名中国驻法留学生被强行遣送回国,华法教育会只好停止办理学生赴法手续。

正当刘少奇茫然无助之时,他从《大公报》上读到一则消息:湖南的俄罗斯研究会正在组织在湘知识青年赴俄勤工俭学。刘少奇早就对十月革命的故乡充满了向往。他决定由留法勤工俭学改为到俄国去直接吸取十月革命胜利的经验。他来到长沙船山学社湖南自修大学,找到进步人士贺民范,由贺民范介绍加入中国社会主义青年团。贺民范校长对勤奋好学、志存高远的刘少奇非常赞赏,亲笔写信推荐他到上海外国语学社留俄预备班学习。

1920 年初冬,刘少奇来到上海外国语学社学习。当时,中国第一个中文版的《共产党宣言》的翻译者陈望道是这个学校的兼职教师。1921 年 4 月初,刘少奇和其他几十位同志一道,被派往莫斯科东方大学学习。在莫斯科,他转为中国共产党党员。1922 年夏,刘少奇被共产国际派回中国工作,开始领导中国工人运动的革命活动,踏上了无产阶级革命的征程。

(资料来源:胡长水等《一个伟人的奋斗与命运》,中共党史出版社 2001 年版;罗雄《刘少奇的青少年之路》,中红网,http://www.crt.com.cn/news2007/news/LX/1421315385GHBK6DKCBFF8HG08D954.html。)

## 【思考讨论】

刘少奇青少年时期的爱国情怀与确立马克思主义信仰之间有何必然联系?

---

① 中共中央文献研究室第二编研部:《刘少奇自述》,国际文化出版公司 2009 年版,第 24 页。

## 【案例解析】

半殖民地半封建社会的中国,饱受西方列强的凌辱。当时的中国人民处于水深火热的恶劣环境中。当时中国的仁人志士提出了"工业救国"、"文艺救国"、"实业救国"等众多的主张,少年刘少奇也觉得首先应当学习西方先进的科学技术与文化,中国才能像西方一样强大。但他通过文理兼修、学习救国的梦想一次次落空了。在山穷水尽之际,他接触到了马克思主义,选择了俄式革命的救国道路。这是一个艰难的选择过程,也是一条必然的出路。刘少奇在新中国成立后曾回忆说:"在年幼时,是随着母亲求神拜佛的。在读了孔孟之书以后,也深信中国的封建制度和封建道德是最好的东西。后来进了所谓洋学堂,又深受达尔文学说的影响,并深信了孙中山先生所提倡的民主主义学说,直到五四运动以后,我们才接受了社会主义的影响。"①可见,他在转变为共产主义者前,思想发展是经历了曲折的,也是经过了多次思想改造的。

## 【教学建议】

本案例描述了刘少奇青少年时代的爱国情怀和思想认识的发展、选择历程。要讲清楚,与当时其他共产主义者一样,他接受马克思主义并不是随便的,而是经过了研究、考虑的。和无政府主义者辩论之后,认为马克思主义确实是真理,确能救中国,才确定接受的。也要讲清楚,当时先进知识分子选择马克思主义、选择十月革命道路的必然性。

本案例可用于《中国近现代史纲要》第四章第二节"马克思主义进一步传播与中国共产党诞生"的辅助教学。

① 中共中央文献研究室第二编研部:《刘少奇自述》,国际文化出版公司 2009 年版,第 15-16 页。

# 1-4
# 邓小平:传播马克思主义的“油印博士”

十月革命的一声炮响,给中国送来了马克思主义。随着马克思主义在中国的传播及其同中国工人运动的初步结合,一批接受马克思主义的先进分子在上海、北京等地先后成立了共产主义小组。与之遥相呼应,万里之外的旅法先进分子周恩来、赵世炎等人也于1921年春在法国先行建立了共产主义小组,并于1922年6月在巴黎建立了旅欧中国少年共产党①。当时的法国,在俄国十月社会主义革命的影响下,工人运动蓬勃发展,马克思主义和其他各种社会主义思潮广为流行,一批先进的中国留学生在这里先后接受了马克思主义而走上革命的道路。在赵世炎、周恩来等人影响下,邓小平也积极学习马克思主义,参与各种政治宣传活动。1922年的夏天,邓小平加入了旅欧中国少年共产党。

这时,邓小平在蒙达尼哈金森橡胶厂当工人,他是和蔡畅等人由蒙达尼专程到巴黎参加入团宣誓的。从这一刻起,他把自己的命运与国家、民族的前途紧密结合起来,拉开了辉煌革命生涯的序幕。

同年8月1日,他们创办了理论刊物《少年》,旨在传播共产主义理论、用共产主义思想教育广大旅欧青年。刊物创办不久,邓小平就来到位于巴黎意大利广场附近的戈德鲁瓦大街17号的编辑部,成为其中最年轻的一员。

在编辑部里,邓小平最初是从事蜡版刻写和印刷装订方面的工作。每天离开工厂后,常常来不及换下工装便匆匆赶到编辑部,在昏暗的灯光下伏案工作起

---

① 1922年冬,旅欧中国少年共产党中的共产党员组成中国共产党旅欧支部,符合党员条件的同志正式转为中国共产党党员;1923年2月,旅欧中国少年共产党在巴黎召开临时代表大会,决定旅欧中国少年共产党更名为旅欧中国共产主义青年团,隶属国内的中国社会主义青年团,为其旅欧支部。

来。当时担任该刊领导和主要撰稿人的是周恩来。为了保证刊物按时出版,通常是周恩来写完或改好一篇,邓小平就把稿件内容一笔一画地刻写在蜡纸上,然后用一台简陋的印刷机印好并装订起来。邓小平私塾时打下了良好的毛笔字功底,加上对革命工作的极高热情和责任感,他刻印的蜡纸字体工整,清晰美观。每期刊物出来后,大家对此赞不绝口,不约而同地将“油印博士”这顶桂冠戴到了他的头上,这是对他工作能力和工作态度的高度褒扬。

一年半后,《少年》改名为《赤光》。经过一年多革命斗争生活的洗礼,邓小平政治觉悟不断提高,不仅能干好自己的老本行工作,而且还和周恩来、李富春、蔡畅等在刊物上撰写了大量文章,开展了对国家主义派“中国青年党”的严肃斗争。邓小平仅以“希贤”为笔名发表的文章就有《请看反革命的青年党之大肆捏造》《请看国际帝国主义之阴谋》《请看〈先声周报〉之第四批造谣的新闻》等。毫无疑问,邓小平以手中的蜡版、钢笔作匕首,在《少年》和《赤光》这个阵地上开始了与帝国主义、封建军阀的英勇斗争。

1924 年,随着国内革命的发展,旅欧的党团成员周恩来、赵世炎、李维汉、王若飞等许多人相继回国。在当年 7 月 13 日至 15 日召开的旅欧中国共产主义青年团第五次代表大会上,邓小平当选为执行委员会书记局的成员,并因此转为中国共产党旅欧支部的正式党员,当时他还不满 20 岁。成为旅欧党团组织负责人之后,邓小平和他的战友们积极建设组织,开展革命宣传工作。他们组织党团员深入到勤工俭学学生和华工、华人中宣传马克思主义,向他们介绍国际和国内革命斗争的形势,并成功发起和组织了几次大规模的群众斗争。其中,在当时影响最大的一次活动是组织领导了旅法勤工俭学学生、华工和其他各界华人声援国内的五卅运动。

1925 年 5 月 30 日,在上海发生的五卅惨案,激起了中国人民反帝的怒火。消息传到法国,中国共产党旅欧党团支部迅速行动起来,组织了 28 个社团组织在巴黎中心地区举行旅法华人反帝大会,并决定会后进行游行示威。法国当局对此极力阻挠和强行制止。面对这一严峻形势,邓小平和他的战友们当机立断,决定将原定的示威游行活动改为到中国驻法公使馆内进行。6 月 21 日,数百名留法学生和各界华人、华工,按预定计划从四面八方将公使馆团团围住,并切断了公使馆的对外联络渠道,逼迫公使在声援国内反帝运动等数份文电上签字。同时还在使馆外张挂旗帜、标语,向行人散发传单。在完成预定计划后,全体参加者赶在法国军警到来之前全部安全撤离。这是旅法华人在海外所取得的第一次有组织的反对帝国主义斗争的重大胜利。事后法国当局派出大批警察,四处搜索,掀起了一场逮捕和遣返的浪潮。短短几天之内,大批共产党人和进步留法学生相继被捕并被驱逐回国。

但邓小平并未被吓倒，他回到巴黎，自动接替了党团组织的领导。他和傅钟等人组成了临时领导中心继续开展革命活动。尽管邓小平没有被捕，可他们的活动还是引起了法国警方的注意，并受到追踪和监视。邓小平后来回忆说："因为我比较活跃。我们的行动法国警察都是清清楚楚的。"[①]最终，在坚持斗争半年后，1926 年 1 月 7 日，邓小平和傅钟、邓绍圣等人受党的指派，乘火车离开法国，前往十月社会主义革命的故乡——苏联，开始了新的革命旅程。

（资料来源：李和文主编《邓小平的故事》，中共党史出版社 2006 年版；中央文献研究室科研部图书馆主编《邓小平人生纪实》，凤凰出版社 2004 年版。）

## 【思考讨论】

1. 邓小平在法国的革命斗争经历对于其回国后开展革命斗争活动产生了哪些积极影响？

2. 邓小平 1922 年加入旅欧中国少年共产党，1924 年转为正式党员。从此以后，即使历经三起三落，他依然不悔衷心坚持跟党走。请结合史实谈谈是哪些原因使邓小平始终坚定自身的政治信仰？

## 【案例解析】

邓小平从 16 岁到 21 岁，在法国生活了 5 年多，由一个爱国青年成长为一个马克思主义者。这是他革命生涯的开端。邓小平曾说过，他从 18 岁加入革命队伍，指的就是 1922 年夏他加入旅欧中国少年共产党。他还讲："我从来就未受过其他思想的侵入，一直就是相当共产党主义的。"[②]每每听到人与人相争时，他总是站在社会主义这边的。这一点，可以从他参加刊物《少年》和《赤光》的编辑中得到有力印证。

究竟邓小平是如何具体理解革命并参加革命的呢？1926 年，邓小平在莫斯科时写的一份自述中说道，"最初两年对资本主义社会的罪恶虽略有感觉，然以生活浪漫之故，不能有个深刻的觉悟，其后，一方面接受了一点关于社会主义尤

---

① 中央文献研究室科研部图书馆：《邓小平人生纪实》，凤凰出版社 2004 年版，第 56 页。

② 中共中央文献研究室邓小平研究组：《邓小平自述》，国际文化出版公司 2009 年版，第 10 页。

其是共产主义的知识,一方面又受了已觉悟分子的宣传,再加上切身的痛苦”,[①]于是有了参加革命组织的要求和愿望,遂于1922年夏季成为中国社会主义青年团的成员。从邓小平的自述中我们可以大略地看到他选择共产主义理想、走上革命道路的思想发展脉络。首先,对资本主义人剥削人的黑暗制度产生了感性认识。邓小平曾回忆道:“生活的痛苦,资本家的走狗——工头的辱骂,使我直接或间接地受到了很大影响。”[②]这时候他虽然没有深入而理性的本质认识,但足以使其从感情上痛恶资本主义社会。其次,接受了社会主义、共产主义思想。1922年,邓小平开始接触一些马克思主义的书籍。70年后他还记得,“我的入门老师是《共产党宣言》和《共产主义ABC》。”[③]毫无疑问,这是他对共产主义在感性认识基础上加强理性认识的入门。同时,他还接受了赵世炎、周恩来等先进分子的帮助。邓小平回顾自己走上革命道路的历程时,总是念念不忘先进同学的影响和帮助,他在打工过程中结识的王若飞、郑超麟等,在《赤光》和他一起共事的周恩来,他们当时所表现出的进步思想,对青年邓小平无疑是很有影响的。尤其是周恩来,他有坚定的信仰,敏锐的思想,高尚的风范,考虑问题周密,待人宽厚真诚,他巨大的人格魅力使邓小平始终把他看作自己的兄长。

邓小平认为,正是在上述几个因素的作用下,他的思想开始变化。终于在1922年夏,即他在哈金森工厂做工时,在蒙达尼入团,其入团介绍人是萧朴生和汪泽楷。后来,他又和蔡畅等一起到巴黎参加入团宣誓。他们的心情是激动的,他们知道,自己的一生都将和党、祖国的革命和建设事业紧紧相连。邓小平后来在莫斯科回忆道:“我来莫斯科的时候,便已打定主意更坚决地把我的身子交给我们的党,交给本阶级。从此以后,我愿意绝对地接受党的教训,听党的指挥,始终为无产阶级的利益而斗争。”[④]

## 【教学建议】

本案例展现了青年邓小平在周恩来等人的帮助下改造自我,信仰马克思主义的历程。在法兰西困境中,求生存的邓希贤,遇见了志存高远、才华横溢的周恩来。这种历史的偶然相遇改变了邓希贤一生的命运,也深刻影响了后来中国

---

① 中共中央文献研究室邓小平研究组:《邓小平自述》,国际文化出版公司2009年版,第10页。

② 刘强伦、汪太理:《邓小平卓越智慧》,红旗出版社2009年版,第9页。

③ 《邓小平文选》第3卷,人民出版社1993年版,第396页。

④ 易文军、李树全:《邓小平之路》,人民出版社2004年版,第20页。

的命运。在周恩来等人的关心和培养下，年轻、活跃、热情的邓小平，确立了对马克思主义的信仰，义无反顾地走上了革命的道路，由一个爱国青年成长为一个马克思主义者。邓小平的人生追求对其人生道路起了决定作用。

本案例可用于《中国近现代史纲要》第四章第二节中“中国共产党的创建及其意义”，以及《毛泽东思想和中国特色社会主义理论体系概论》第三章“社会主义改造理论”的辅助教学。

# 1-5
# 陈云:不惧铁窗和杀头

## 【案例正文】

1925 年八九月间,陈云由董亦湘、恽雨棠介绍加入中国共产党,被编入上海商务印书馆编译所、总务处、发行所联合支部。为什么要入党? 陈云后来在自传中写道:“入党动机显然由于罢工运动和阶级斗争之影响。此时看了《马克思主义浅说》《资本制度浅说》,至于《共产主义 ABC》还看不懂。这些书看来它的道理比三民主义更好。罢工斗争和看了两本书就加入了党,但是我自觉入党时经过考虑。”入党以后就面临一个如何处理个人利益与党的利益的关系问题。陈云也给出了自己的答案:“做店员的人,有家庭负担的人,常常在每个重要关头,个人利益与党的利益有冲突时,要不止一次地在脑筋中思想上发生矛盾。而这种矛盾的克服,必须依赖于革命理论和思想,去克服个人利益的思想。比如,当我参加革命后,资本家威胁我时,我想到吃饭问题会发生危害,但立即又想到:怕什么? 手足健全的人到处去得,可以到黄埔军校,可以卖大饼油条,只要立志革命,不怕没饭吃,归根结底,只有推翻现在的社会制度以后,大家才有饭吃。”对陈云而言,入党不是做成家立业的一套,而是要干革命。干革命就面临着诸多的考验与挑战。

1927 年 4 月 12 日,蒋介石发动反革命政变。13 日,国民党军队在宝山路对手无寸铁的游行群众射击,宝山路上,血流成河,满街横尸。14 日,国民党反动派宣布“清党”,公开打出反共旗号。在“清党”中,反动派提出了“宁可错杀一千，也不放过一个共产党员”的歇斯底里的口号。疯狂的搜捕和屠杀，使得整个上海笼罩在白色恐怖中。为了保存力量，党的特别委员会和中共上海区委决定共产党各级组织立即转入地下，并迅速撤退大批党员。陈云在上海搞了几年工人运动，有一定的影响，因而被国民党反动当局特别“注意”，几次险遭不测，幸好得到商务印书馆工友的大力帮助，才得以脱离虎口。有的工友担心陈云的安危，劝他别再冒险闹革命了，陈云则说：“铁窗风味，家常便饭；枪毙杀头，告老还乡。”陈云为了坚守自己的信仰，已经做好了为革命牺牲的准备。

遵照党的指示，陈云也转入地下斗争。据当年的老工友回忆，陈云为了躲避敌人的搜捕，不得不住到工友的家中。有段时间，陈云和几个搞过罢工的工友一起，住在带钩桥一个同志家里。房子很小，要住 5 个人，陈云只能睡在潮湿的水泥地面上，每天吃饭也成问题。尽管处境非常艰难，但陈云仍然乐观地坚持革命斗争。一次，陈云问一位姓徐的同志：“你看革命成功需要多少年？”徐抬头看到当时海关上挂着的“国旗”，随口答道：“只有四分之一的问题了吧（因国民党党旗只有四分之一不是红色），你看呢？”陈云微笑着答道：“总要二三十年吧。”

大革命失败后，中国共产党人真正认识到武装斗争的极端重要性。8 月 1 日，南昌起义打响了武装反抗国民党反动派的第一枪。8 月 7 日，中共中央在汉口秘密召开紧急会议（即八七会议），确立实行土地革命和武装反抗国民党反动派的总方针，并决定在一些群众基础较好的省份组织农民秋收暴动。9 月到 10 月间，中共江苏省委按照八七会议确定的方针，动员在上海的共产党员到外县去发动农民，组织秋收暴动。对于农民在中国革命中的重要作用，陈云早有认识。他在领导工人罢工的斗争中，曾于 1926 年在商务印书馆发行所职工会的刊物《职工》上发表了《中国民族运动之过去与将来》一文，指出：“工人也感觉到自己力量的孤单，因为没有在中国民族运动上占着重要位置的强有力的主力——整个农民的参加。”“在以农立国的中国，占全国人口百分之八十强的农民，是民族运动中唯一大主力。农民不参加运动，中国革命鲜有希望。”①因此，当陈云接到上级的指示，要他回家乡青浦领导农民运动时，他欣然前往。“唤起工农千百万，再度同心干！”陈云怀着这样的雄心壮志向工友们告别。在离别时，陈云深沉而又坚毅地对朝夕相处的商务工友说：“我此去一不做官，二不要钱，三不妥协，只为了要跟反动派坚决斗争到底，求工人的解放。”工友陈竹平回忆说，陈云是自动脱离商务印书馆的，资本家非但扣除了他的退职金，甚至连他应得的工资也给扣除了。他离开商务印书馆的第二天，国民党政府就派军警前来抓陈云同志，因为陈云同志早走了一天，所以没有捕到。

---

① 《陈云文选》第 1 卷，人民出版社 1995 年版，第 2 页。

陈云离开上海后，取道浙江嘉善西塘镇，来到了离家乡练塘不远的小镇，掀起了轰轰烈烈的上海郊区农民运动。反动当局大惊失色，迅速调集大批军队和民团，镇压农民军，并重金悬赏通缉陈云等人。形势十分危急，陈云对革命同志作了妥善安置后，秘密返回练塘舅父家。舅父母知道陈云干的是为穷苦人翻身解放的大事，很为他的安全担心。舅父拉着陈云的手，流着泪劝说他不要再做"造反"之事，并准备为他成亲。面对舅父的哀求，陈云心里像针扎一样难受。陈云从小失去了父母，是舅父母抚养他成人，他对舅父母有着深厚的感情，他怎忍心让他们这样伤心和惦念呢？为了这件事，他感到左右为难，好多天没睡好觉。但此时的陈云，已是一位坚定的革命战士，早已把个人的生死荣辱置之度外。他抑制着自己的感情，冷静地对舅父母说："不推翻现在黑暗的社会制度，个人及家庭问题是没有出路的，只有到了革命成功时，每人可以劳动而得食时，人人家庭都可解放，我的家庭也就解放了。"终于，陈云决定了自己应该走的路，毅然决然地离开了家乡，走向了革命的光明大道。

（资料来源：沈善良《走近陈云——口述历史馆藏资料辑录》，中央文献出版社 2008 年版；中央文献研究室科研部图书馆《陈云人生纪实》（上），凤凰出版传媒集团、凤凰出版社 2011 年版；王敏玉《陈云——青年人应当奋发有为》，贵州出版集团、贵州人民出版社 2013 年版。）

## 【思考讨论】

1. 为什么说革命的道路是陈云应该走的路？
2. 理想信念对大学生成长成才具有怎样的意义？

## 【案例解析】

理想信念对大学生成长成才具有重要意义。首先，理想信念可以指引人生的奋斗目标。理想信念一旦确立，就可以使人方向明确、精神振奋，即使前进的道路曲折，也能使人透过乌云和阴霾，看到未来的希望和曙光。在革命遭受挫折时，有很多人动摇、迷茫，陈云的舅父也劝他不要革命，但是他依然坚定革命信念，毅然决然地走上革命道路。其次，理想信念可以提供人生的前进动力。理想信念是激励人们向着既定目标奋斗前进的动力，是人生力量的源泉。陈云不仅遇到了革命失败的挫折,而且在经济上也遇到了困难,工资被扣除,但是他并没有停止革命活动,这就是理想信念的力量。他认为,只要立志革命,不怕没饭吃。最后,理想信念可以提高人生的精神境界。人生是物质生活和精神生活相统一的过程。理想信念是精神生活的核心内容,一个人的理想信念越崇高、越坚定,精神境界和人格就会越高尚。我们可以看到陈云是为了更多的人的利益,眼光更长远。而只有为了整体、为了民族的利益舍生取义的人,他的精神境界才是高尚的。

## 【教学建议】

本案例主要讲了大革命失败后,陈云面临的艰难处境以及他对革命的坚定信念。白色恐怖笼罩整个上海,陈云被扣除了退职金和工资,经济上十分困难,舅父也给他压力,但因为心中坚定了革命必胜的信念,因此面对革命,他毅然决然、坚忍不拔。

本案例可以用于以下知识点的教学:《中国近现代史纲要》第五章第一节"对革命新道路的艰苦探索",用于说明革命的曲折性与革命的必然性;《思想道德修养与法律基础》第一章第一节中"理想信念对大学生成长成才的重要意义",用于说明理想信念的重要性。

# 1-6
# 彭德怀:君子怀德信念笃

## 【案例正文】

1916年,彭德怀在投军的路上,忽遇急风暴雨,他赶紧躲进了山洞。洞里坚硬的岩石上有个大坑,引起了彭德怀的注意。他看了看往下掉的小水滴,长年累月地往下滴,竟能把坚固的岩石击穿;又看了看外面的倾盆大雨,虽然力量足够强大,但去得也快,无法击穿任何一块石头。顿时,他心有所悟,认为力量弱小的穷人想找活路,就要有滴水穿石的恒心和毅力。他自己起名为“石穿”,其本意即“绳锯木断,水滴石穿”。这个名字更为重要的意义在于,它激励着自己坚持不懈、坚忍不拔地为穷人谋出路。

1922年农历三月初七,彭德怀娶了一位细妹子为妻,并且给她起名刘坤模。他向细妹子解释说:“男者为乾,女者为坤。你应该做女中模范,大气点,才配得上我彭石穿。”后来,彭德怀还建议刘坤模把名字改为佐穿,希望刘坤模将来读出书来,能够辅佐他为劳苦大众找出路!同年,石穿到讲武堂炮兵科深造,并将他少年一直用的名字彭得华改为彭德怀。他为此做了解释:“怀是想念贫苦人民,德是为贫苦人民奋斗,为国家富强奋斗!”“古代圣贤说过,‘君子怀德,小人怀土’。我当了6年的兵,现在又要进讲武堂,都不是为了升官发财、买田置业,我立志要做一个有道德、多为民众办好事的人,所以才改名。”德怀这个中国近代史上响当当的名字,蕴含了彭德怀毕生的理想信念。

1925年的一天晚上,段德昌与彭德怀都在关帝庙里,段德昌趁机指着庙里关羽的塑像问道:“彭营长,你对这位关老爷有何感想?”彭德怀一语惊人:“关公是封建统治者的工具,现在还被统治阶级所利用,没啥意思。”段德昌被他的爽直吸引住,紧接着就问:“你要怎样干才有意思?”彭德怀脱口而出:“为工人、农民谋利益才有意思。”段德昌深表赞同,又问:“你以为国民革命的最终目标是什么?”彭德怀早已思考过这个问题,直言道:“现在不是每天喊打倒帝国主义、军阀、贪官污吏、土豪劣绅,实行‘二五减租’吗?我认为应当实行耕者有其田,而不应当停留在‘二五减租’上。”段德昌对彭德怀的几个回答都特别满意,欣赏地说道:“你说得好,痛快!照我看,一个真正的革命者,也不应该停留在耕者有其田,而应当变生产资料私有制为公有制,消灭剥削阶级,由按劳分配发展为按需分配的共产主义制度。共产党的任务就是要实现社会主义和共产主义,共产党员要为这种理想而奋斗终生!”彭德怀全神贯注地听着,将这些话语深深铭刻于心。

段德昌感觉时机成熟了,还问彭德怀是否加入了国民党。彭德怀直言自己不会选择加入国民党,因为他对现在很多国民党人特别愤慨,认为国民党里面有一些人不仅是大军阀大地主,还勾搭帝国列强,贩卖鸦片,破坏国家民族的利益,甚至连“二五减租”这样的方案都反对,这样的党派,难以起来为国家和人民进行革命。段德昌非常赞同,彭德怀马上抓住机会,恳请段德昌介绍他加入共产党。段德昌欣喜得一跃而起,并表示早就希望他能致力于共产党的事业。可是由于当时正处于国共合作时期,为团结起见,中共决定暂时不在第八军发展党员,但彭德怀并没有心灰意冷,而是继续询问段德昌对共产党员的要求。段德昌告诉他,要掌握武装斗争,开始积蓄力量,准备带兵起义。彭德怀听后果然马上把救贫会改成了士兵委员会,使革命的力量紧紧地集聚起来。

1928 年 4 月,经中共湖南省委批准,彭德怀加入中国共产党。他宣誓:为中国乃至世界革命奋斗终身,矢志不渝地致力于共产主义事业,并愿意牺牲一切乃至生命!段德昌得知彭德怀入党一事,马上赶来祝贺,还语重心长地对彭德怀说:“有不少人在入党前,认为共产党每个成员都是那样优秀,道德品质都是高尚得无人能比。共产党是好的,是革命的,但成员中难免有坏的。把每个成员都那么理想化,入党以后,因看到个别不顺眼的事就会丧气。”这一段话,彭德怀终生不忘,并以此鞭笞自己,要明辨大是大非,坚定信念,笃定意志,为了共产主义的理想,要时刻准备着承受委屈和挫折,要时刻准备着做长期艰苦的斗争!

彭德怀艰难探索了多年,终于豁然开朗。从此,共产主义的信念深深扎根在他心中,一股为人民、为国家奋斗终身的热血,像火一般在他的心里熊熊地燃烧起来,直到生命终止的最后一刻。

(资料来源:李魁彩《毛泽东开辟中国革命道路纪实》(上),中央文献出版社 2010 年版;

腾叙兖《风雨彭门：彭德怀家风·家事》，文化艺术出版社 2006 年版；雷风行《解读名人姓名》，华文出版社 2002 年版。）

## 【思考讨论】

1. 彭德怀为自己取的号和为妻子改的名字体现了他怎样的理想信念？

2. 彭德怀为什么不想加入国民党，而一心向往共产党？你是如何看待当代大学生加入共产党的？

3. 当代大学生应该怎样坚定理想信念？

## 【案例解析】

理想既是人们在社会实践中的产物，又是人们超越现实的精神支撑和内在驱动力。第一，理想是对现实的改造。童年时的苦难，少年时逃命的狼狈，一路上做童工的酸楚，丝毫不能阻挡彭德怀为穷人伸张正义的脚步。正是幼年的不幸遭遇鞭笞着他时刻想着穷人的疾苦，在工作、生活等各方面严格要求自己，并永远经得起时间的考验。第二，理想是对信念的坚定。通过和段德昌在关帝庙里的促膝长谈，彭德怀更加坚信为工人、农民谋利益才是有意义的生活，为共产主义事业奋斗终身才是最崇高的理想。因此，彭德怀毅然决然地加入了中国共产党，以表他立志为祖国、为人民的利益而不懈奋斗的决心。第三，立志当高远，千里足下行。彭德怀改名取号虽算不上惊天动地的大事，但心怀穷苦人民，立志要以滴水穿石之心为穷人谋求出路，争取劳动者的自由信念则让人肃然起敬。第四，理想是不断接近的漫长过程。从如牛似马的童工生活到带兵打仗的从军生涯，从更名取号的微小细节到加入中国共产党的重大举措，生动地说明了树立科学的理想信念，坚定对中国共产党的信任也是一步一个脚印地实现的。

“三军可夺帅也，匹夫不可夺志也”[①]，理想信念是克服困难、实现有意义的人生的精神支柱，不可或缺。新时代的大学生在树立理想、明确志向的时候应该把个人的命运与国家和人民的幸福结合在一起，树立中国特色社会主义的共同

① 《论语·子罕》。

理想。立志更需躬行，要心中想着人民群众，利用寒暑假期多到人民群众当中做深入的调查研究，了解人民的生活疾苦，多为人民做好事，切切实实地做到“千里之行，始于足下”。[①]

## 【教学建议】

本案例通过展示彭德怀从更名取号、积极向中国共产党靠拢的过程中树立起科学的理想信念，立志要为祖国和人民的利益奋斗终身，以此说明理想信念的建立不是凭空臆想的、一蹴而就的，而是要历经艰辛和曲折之后才下定决心的。要引导当代大学生“立长志”，而非“常立志”，真正做到坚定理想信念，坚持不懈地追求远大志向。

本案例可用于《思想道德修养与法律基础》第一章“追求远大理想　坚定崇高信念”的辅助教学，或用于该部分课程内容的考核。

本案例使用过程中要注意：第一，应辩证看待志存高远与始于足下之间的关系；第二，要强化学生对科学理想信念的认识，帮助学生懂得理想信念并非感性的主观臆想，而是经过艰难困苦后所下定的长久的决心，并需经过合理有效的方式及矢志不渝的毅力才能实现。

---

① 《老子》第六十四章。

# 1-7
# 刘伯承:仗剑拯民于水火

## 【案例正文】

1907 年春,因为父亲患肺病去世,刘伯承被迫中途从夔府(今重庆奉节)官立中学辍学回乡务农,挑起养家的重担。作为家中最大的男丁,15 岁的刘伯承每天清晨就和母亲、姐姐下田种地,来维持全家 7 口人的生活。为了贴补家用,种地之余刘伯承还上山砍柴、割草、帮人打短工干零活,甚至去离家十多里地的御河沟煤场挑煤到赵家场街上叫卖。回乡务农的经历既磨炼了他的意志品格,增强了他的责任担当意识,更使刘伯承对于社会现实有了更为深切的体验,开始站在最下层民众的立场上来观察社会和思索人生,并且把自己命运的改变与下层平民的命运连在一起,济民拯民的思想开始在心中扎根。

1908 年夏天,迫于生计,刘伯承由族中长辈举荐作保成为开县新办的巡警分署的一名巡警。不久,城里的男女老少都知道了巡警署里有一位与一般的"巡老爷"不同的小巡警,他不贪财,不畏权势,办事公道,用手中的警棍惩治了不少欺负百姓的奸商恶少。

一次,一个浪荡子弟当街调戏一位进城卖菜的农家少女,刘伯承看见后上前拽住他的衣领予以制止。那人却并不把刘伯承放在眼里,对他大吼"我舅舅是侯知县府上的师爷,你敢把我怎地?"刘伯承一听其与侯门知县有瓜葛,顿时火冒三丈,当场抽了他 20 警棍,市民们无不拍手称快。

另一次,开县城里一个名叫李宏泰的不法商人,用大红纸密封成一本书,然后谎称是《鲁班书》，是“宝书”，并妖言惑众说只要买回这本“宝书”，放在神龛上，每天向鲁班爷烧香磕头，虔诚祭拜，就能看得见“宝书”里的文字和图样的奥妙，从而无师自通，掌握各种高超的技艺，赚取大钱。如果心不“诚”，则什么也看不见。一时间很多受其蛊惑的手工匠人纷纷跑来，以每本一块“龙大头”的高价购买。刘伯承在弄清了底细之后决心揭穿其骗局。

一天，当李宏泰正在他的李家店铺故弄玄虚地抛售“宝书”时，刘伯承和同学周靛澄、谢南城走了过去。刘伯承扔过去一块“龙大头”，高声喊道：“李老板，请来一本《鲁班书》。”

李宏泰见是刘伯承，对其不畏权势、除暴安良的名声早有所闻，便满脸堆笑地说：“刘巡官啊，久仰、久仰，请到里面呷茶，抽烟。”

刘伯承不为所动，大声说道：“茶刚呷过，烟酒与我无缘。李老板不必客气，快来一本‘宝书’，好叫我时来运转。”

李宏泰一看刘伯承不吃他这一套，忙应答道：“好说，好说，今晚一定亲自送到刘巡官府上。”

刘伯承见李宏泰百般推诿，便伸手从一个伙计手中抓过一本《鲁班书》，“嘶”地一下扯掉封皮，露出里面的一叠旧账簿和胡写乱画的废纸，然后对前来买书的人大声说：“师傅们，你们上当了，这是啥子《鲁班书》嘛，明明是些陈古烂账簿，请列位自己打开看一看。”

工匠们啪啪啦啦将所谓的《鲁班书》撕开，一看里面全是破纸烂账簿，纷纷将“宝书”扯烂扔向李老板，气愤地吼叫：“退钱，快退钱。”李老板急忙答应说：“马上退钱，马上退钱。”

接着，刘伯承命令伙计们将所有假书搬到街中间堆起，然后责令李宏泰自己点火焚烧。顿时火光冲天，纸灰飞扬。围观的匠人们和街坊四邻纷纷谴责李老板骗人钱财，对刘伯承称赞不已。

随后，刘伯承将李宏泰押到巡警分署，交由上司处理。刘伯承满心认为至少应判李老板一个“诈骗民财”罪，让他坐坐班房。然而令他没想到的是，李宏泰通过贿赂侯知县，竟然被无罪释放。当刘伯承弄清了事情的真相后，对官场的腐败非常愤慨，毅然脱下巡警制服，回家种地以求清白。

离开巡警分署后，刘伯承虽然在家务农，但对于国家前途、个人命运的关注却与日俱增。当孙中山领导的资产阶级民主革命运动、三民主义的思想传至川东后，仿佛于黑暗之中燃起了一盏明灯，照亮了刘伯承前行的方向。民主革命的新思想、新潮流激荡着刘伯承。抱着对革命向往的心情和找职业的愿望，1910年刘伯承邀了上高等小学堂时的两个好友周靛澄和谢南城前往上海，寻找革命党和孙中山。虽然最后未能如愿找到革命党有些失望，但投身革命以拯救众生之志却并没因此而浇灭。

1911 年,辛亥革命的消息传到川东山区的开县,霎时点燃了刘伯承心中救国拯民的希望。当刘伯承说服母亲准备去万县参加起义军时,乡间的亲友邻居纷纷前来以“好男不当兵”为由好言相劝,望他放弃当兵。乡人李云武更是鼓励他去学经商,试一试做买卖的“生财之道”。面对众人的劝说,刘伯承慷慨激昂地说:“鱼与熊掌不可兼得。大丈夫当仗剑拯民于水火,岂顾自己一身之富贵。”为表决心,他毅然剪掉了辫子,扔进浦里河,以示与满清王朝最后决裂,然后满怀激情地参加了万县反对清朝政府的学生军。“中华民国”成立后,怀揣着救国拯民的信念,刘伯承考入了重庆陆军将校学堂学习军事知识,随后被选拔进入了熊克武部,在经历了护国战争、护法战争、驱逐“客军”之战、援鄂之战以及“讨贼”战争、指挥了二十多次的大小战斗之后,刘伯承发现百姓依然处于水深火热之中,那些以爱国名义进行的战争很多沦为党派之争,甚至是谋求私利的工具。回顾 10 多年的戎马岁月,刘伯承反思道,“我投笔从戎,10 多年人不卸甲,马不卸鞍,跟袁世凯,跟北洋军阀进行决斗,弄得眼伤,腿残,几乎流尽鲜血,到如今却一事无成,看来简单地依靠强力并不能拯救中华啊”。

就在刘伯承陷于苦闷、迷茫和彷徨之际,吴玉章、杨闇公等早期的共产党人给予了他极大的关怀,给正处于痛苦思索之中的刘伯承带来了新的希望。吴玉章给他送来了一些介绍马克思主义的书,并以自己的亲身经历解答了刘伯承的困惑。广泛的接触、谈心,共同的革命理想和相近的见解,使他们的思想逐步靠拢。刘伯承对于如何实现自己救国拯民的理想有了新的认识,对这一信念亦更加坚定,并实现了人生当中最重要的一个转变——由民主主义者转变为一个共产主义者。他毅然脱离了旧军队,跟随吴玉章离开四川前往上海,参加了中国共产党领导的一系列斗争活动,后在吴玉章的介绍下加入了中国共产党,并毕生为之奋斗。

(资料来源:《刘伯承传》编写组《刘伯承传》,当代中国出版社 2007 年版;楚客、黄其子《伟人之初(将帅篇)——刘伯承》,浙江人民出版社 1996 年版;刘备耕《刘伯承的非常之路》,人民出版社 2003 年版。)

## 【思考讨论】

1. 刘伯承立志“仗剑拯民于水火”对于我们年轻一代有什么启发意义?
2. 请你谈谈立志对于人生的意义。

## 【案例解析】

本案例讲述了早年刘伯承立志的事迹。早在求学阶段，随着对时事的了解，受新学变革思想的影响，刘伯承就开始关注和思索国家的命运，忧国忧民的思想亦随之萌发。辍学回家务农之后，刘伯承开始思考自己的人生走向。回家务农的经历使他对底层民众的生活状况有了更为深切的感受，开始站在最下层民众的立场上来观察社会和思索人生，并且把自己命运的改变与下层平民的命运连在一起，济民拯民的思想亦开始在心中扎根。在开县巡警分署任巡警的日子里开始实际地帮助普通民众，棍打恶少，怒惩奸商。离开巡警分署后开始探寻救国济民的道路，为了这一理想曾去上海寻找革命党。虽然没有找到革命党，但并未因此而放弃挽救众生之志。辛亥革命的爆发更加坚定了青年刘伯承救国救民的理想信念，掷地有声地发出了“仗剑拯民于水火”的豪言壮语，毅然投身革命。

立志，决定了人生的走向和高度。立志使人有所追求并为之奋斗，是保证人生成功的第一步。古人有语：有志者事竟成。历史已经反复证明了这一点。刘伯承在自己只有 19 岁的时候就树立了“仗剑拯民于水火”的远大志向，明确了自己今后的人生目标，并为之不懈奋斗。正是这种“拯民于水火”的理想信念，使他投身革命，征战四方，置个人安危于不顾；正是抱定“拯民于水火”的信念，使他认清了旧军队的本质并与之决裂，参加了中国共产党；也正是“拯民于水火”的信念，使他从开县一个贫苦农民的儿子成长为共和国的元帅，成就了自己精彩的人生。

## 【教学建议】

本案例主要介绍了青少年时期的刘伯承一心为民、19 岁时就确立了“仗剑拯民于水火”的远大志向的故事，说明了立志对于人生的意义。

本案例可用于《思想道德修养与法律基础》第一章第一节中“理想信念对大学生成长成才的重要意义”部分的辅助教学。

在运用本案例进行教学的过程中应主要围绕立志对于人生的重要意义来进行，同时还应结合实际来探讨怎样立志才能彰显人生的积极意义。

# 1-8

# 贺龙:找到共产党,革命才有办法

## 【案例正文】

湖南桑植县洪家关地处湘西,崇山峻岭,交通不便,经济文化落后。苦难深重的当地人民面对地主豪绅的残酷剥削,素有武装反抗的传统。1893 年 3 月贺龙就出生在这里的一户贫苦农民家庭,他少年时期就开始接受反抗精神的熏陶。

贺龙的曾祖父贺延宰,是位文秀才,他不仅在家乡立塾执教,而且立志修建造福乡里的玉泉河大桥(即后来修建的洪家关大桥),并为此损耗大量家产。贺龙的堂曾祖父贺延壁,武艺超群。太平天国时曾率几千农民攻入桑植县城,杀掉县官,开仓放粮,深得民众拥护爱戴。贺龙的祖父贺良仕,是位武秀才。他武艺出众,为人正直,为完成父亲贺延宰的遗愿,继续变卖家产修建洪家关大桥,以致家财耗尽。贺龙的父亲贺士道出生时,家中财产仅留 3 亩薄田和半头耕牛,生活极为贫困。贺龙出生时,祖父母犹在,长辈们的优良品质和言传身教,对贺龙成长产生了很大影响。

家乡民性强悍的熏陶、祖辈造福乡里的家风的感染,使幼小的贺龙在心灵上播下了仇恨官府、杀富济贫的种子,并很早将自己置身于反抗压迫、抑强扶弱的实践中。他曾给企图长大当保长的富家少爷狠狠一记耳光,并义正词严地对他说:“我长大了专当打保长的官!保长一进村,不是催粮就是逼债,尽欺负穷人”。12 岁时,他曾抄起木棒把横行乡里、无恶不作的县衙领班陈小藩打下马来,并到大堂上理直气壮地当众揭露陈小藩的罪恶,逼得县太爷不得不将领班革职。

洪家关自古都有练拳习武的习俗。贺龙辍学后,就开始专心练习武功。他天真地认为:学了本领,就不怕豪绅大户欺侮了,你要动武,我这拳头也就不客气了!当地的地主豪绅对穷人练拳习武既怕又恨,初生牛犊不怕虎的贺龙,偏偏与他们作对,同他们斗争。

贺龙多次痛打鱼肉乡里的地主豪绅,在当地有着不小的名气。然而他一直在思索如何让苦难的中国摆脱厄运。起初他朴素地认为只要打倒地主豪绅,农民就不再受剥削欺辱,就能过上好日子。所以每当遇到地主讨租逼债、霸占财物,奸商行骗、税吏敲诈时,他都会挺身而出斗争。但经过几年一连串反复的官逼民反、民反官压的斗争,却一直未见穷人翻身。他这才清楚地认识到落后的社会制度是中国贫穷的根源所在。“天不翻,日子没法过,手里没有枪,天就无法翻。”因此,贺龙下定决心:“有朝一日,我也要拖枪拉队伍。”可以说,这种志向就是贺龙日后走上革命道路的重要思想基础。

1911年10月,震惊中外的辛亥革命爆发。这时湘西流传一句话:“民国反正,穷人翻身”。年轻的贺龙与贫苦大众一样憧憬着从此能过上温饱的日子。1914年贺龙投身反对袁世凯的革命,但多年的征战使他认识到讨贼军本身多是封建军阀,他们自称拥护孙中山,私下里却拥兵自重,互相吞并,背叛了孙中山的主张,人民依然生活在水深火热之中。这不禁让他开始怀疑孙中山依靠旧式武装进行革命的道路是否正确,思索着该何去何从,盼望着明灯的指引。

1920年,时任湘西巡防军第二支队司令的贺龙奉命进驻桃园。一天,司令部来了两个留学日本回国的学生,一个是贺龙的老相识陈图南,一个是陈图南留学日本的同学花汉儒。贺龙一向重视有学问、见多识广的人,并向他们请教国外的见闻。陈图南鼓吹起了无政府主义,花汉儒则信仰社会主义,二人各抒己见,常常争得面红耳赤,互不相让。此时的贺龙就像个小学生一样认真倾听,私下他仔细琢磨这两个不同的观点,再结合自己多年的斗争实践,觉得花汉儒讲的建立了社会主义制度的苏联已经消灭了剥削阶级,武装推翻了沙皇政权,摆脱了帝国主义的干涉,工农当家做了主,这与自己“大家有地种、有饭吃、有衣穿、人人平等”[①]的志向很接近。花汉儒还告诉贺龙,社会主义同样适合中国,一旦中国工农觉醒,一定会走列宁领导的俄国十月革命道路。因此,贺龙对社会主义产生了极大的兴趣,他请花汉儒每天详细地介绍俄国革命和社会主义,讲解进步书刊上关于社会主义的文章。

花汉儒还告诉贺龙,苏联有一个布尔什维克共产党,全世界有一个总的国际

① 顾永忠:《贺龙与共和国元帅》,人民出版社2007年版,第2页。

党(指共产国际)。贺龙郑重地问中国有没有共产党?花汉儒说有,已经开始有许多共产主义小组。贺龙听后无比兴奋,思想上点燃了信仰的火花。他后来说:"当时我听陈图南讲的克鲁泡特金的那一套无政府主义,无论在理论上、政权上、国家军队问题上,都没有什么根据。而谈社会主义的,条条有理,有根据,对于我的思想是一个很大的启发。""他们讲的党,对我很有帮助……这时候,共产党在我脑子里就相当深了。自从我知道了共产党,我就注意找共产党了。"①

1924 年 1 月第一次国共合作实现。同年夏天,贺龙率部驻贵州省铜仁县。黄埔军校的几位亲友给他寄来许多书刊和关于广东时局、黄埔军校、国共合作等情况的信件,贺龙如获至宝,特将秘书长严仁珊请来一起学习。贺龙聚精会神地倾听严仁珊阅读,每当读到重要处,他都会要求反复读两三遍。经过一段时间认真的学习、分析和研究,贺龙对中国共产党的政策有了进一步了解,更加坚定了对马列主义的信仰。他说:"只有找到共产党,革命才有办法。"经过慎重的考虑,他决定去广州找共产党,但因上级不同意,他未能去广州。虽然如此,贺龙在思想上却有了飞跃,在追求真理的道路上迈出了一大步。

此后贺龙率部返湘驻守常德,当国民党湖南省党部执行委员、中共湘区委员夏曦到访并请求经济援助时,贺龙热情接待了他并资助其 5 万银元。1924 年底,毛泽东派兼有国共两党省委委员身份的陈昌到常德专程拜访贺龙,两人交谈融洽,共商大计。贺龙激动地对陈昌说:"还是共产党的主张对!"十年征战,十年求索,贺龙得出这一结论实属不易。从此,他从实践上逐渐倾向共产党。

第一次国共合作后,为了推动北伐战争的顺利进行,中国共产党充分发挥政治宣传作用。1926 年夏,国民革命军总政治部派出以共产党员周逸群为队长、以共产党员为骨干的宣传队,来到贺龙的第九军第一师,受到贺龙和全体官兵的热烈欢迎。就在宣传队到来的第三天,贺龙经过再三考虑后,约周逸群密谈。一见面贺龙就开门见山地说:"我要参加共产党!"当时,中共中央有一个规定,在友军内部不吸收高级军官入党。所以周逸群虽很高兴,但只能说:"共产党是不关门的,只要够条件,时机一到,一定会有人找你。"只是这样也让贺龙很高兴了,他决定,一定要努力让自己达到入党的资格。

在贺龙的一再挽留下,宣传队留在第九军帮助贺龙开展工作。贺龙请周逸群主办培养革命军官的政治讲习所并担任讲习所第一任所长。从此,周逸群成为中国共产党和贺龙之间的纽带。他们并肩合作、患难与共的几年,不仅使贺龙在思想上更接近党,而且他们也成为关系最密切的战友。这个政治讲习所开设了一年多,先后培养了两千多名部队基层骨干,对贺龙后来的戎马生涯影响

① 《当代中国人物传记》丛书编辑部:《贺龙传》,当代中国出版社 1993 年版,第 31 页。

重大。

随着北伐战争形势不断变化，国共两党矛盾激烈，国民党右派不断制造事端残害共产党员。在这种严峻形势下，贺龙激动、诚恳地对周逸群说："时局虽然紧张，我是坚决拥护共产党的主张、坚决执行共产党的决议的。请放心，所有在我部队里工作的共产党员，一个也不要离开，继续安心做政治工作。"周逸群激动地握着贺龙的手说："师长，你同我们是患难之交，肝胆相照啊！""请你一百二十个放心！"贺龙坚定地说。贺龙对党的赤胆忠心，对战友的赤诚相见，足以使他具备加入中国共产党的所有条件，中共中央对贺龙给予充分信任和肯定。

1927 年 7 月初，在周逸群的陪同下，中共中央政治局常委周恩来专门拜会贺龙。他们对彼此也早已敬佩至极。贺龙对周恩来的屈尊到访，十分激动。经过互相坦诚的交谈，贺龙向周恩来坚决地表示：我听共产党的，决心与蒋介石、汪精卫这帮人拼到底！这次会见是贺龙在思想和行动上直接接受中共中央领导的起点。随后，在中共中央拟定的南昌起义计划中，任命贺龙为起义军总指挥。面对党的信任，他很激动并表示"一切听共产党的领导，绝对服从党的命令"。8 月 1 日凌晨 2 点，贺龙和周恩来、叶挺、朱德、刘伯承领导两万多人的革命队伍，向国民党反动派打响了第一枪，南昌起义爆发了。贺龙和刘伯承在距敌人不到 200 米的指挥部指挥战斗，子弹不时呼啸飞过他们的头顶，他们依旧从容不迫，直至起义取得胜利。

由于多年来的执著追求，贺龙的崇高理想终于得以实现。8 月末的一天晚上，在南昌起义部队南下至瑞金的一所学校里（现为锦江中学），由周逸群、谭平山介绍，贺龙终于加入了中国共产党，他的戎马生涯开始绽放出红色光芒。

（资料来源：《当代中国人物传记》丛书编辑部《贺龙传》，当代中国出版社 1993 年版；王福生、王播《毛泽东与贺龙》，北京出版社 2003 年版；朱泽云《从两把菜刀到南昌起义》，解放军出版社 1988 年版；顾永忠《贺龙与共和国元帅》，人民出版社 2007 年版。）

## 【思考讨论】

1. 贺龙家乡的社会环境与其祖辈造福乡里的举动对贺龙有什么样的影响？

2. 贺龙决心"拖枪拉队伍"，说明他的思想有何发展？

3. 陈图南与花汉儒宣传的主义有什么区别？为什么贺龙接受了花汉儒宣传的社会主义？

4. 贺龙是如何找到共产党并加入共产党的？贺龙寻找共产党的过程给了我们什么启示？

## 【案例解析】

贺龙的家乡贫穷落后，老百姓苦难深重，但地主豪绅却勾结官府欺压老百姓，贺龙的祖辈几代都损耗家产屡建洪家关大桥，或高举义旗开仓济贫。家乡的社会环境与祖辈造福乡里的言传身教，对贺龙的成长产生了很好的正面影响。他立志为民办好事并与豪绅官府斗争，还立志“长大了专当打保长的官”，即要同压迫百姓的官员作斗争，要抑强扶弱。他这时的志向、决心朴素单纯，认为只要打倒当地的地主豪绅，农民就能过上好日子了。但时间长了见这样与地主豪绅的个别较量无济于事，这才使贺龙认识到落后的社会制度才是老百姓受欺压的真正原因。要使百姓真正得到翻身，就必须推翻黑暗的社会制度。“天不翻，日子没法过，手里没有枪，天就无法翻。”这说明他树立的志向上升了一个层次，萌生出从社会制度上对百姓受欺压的问题作总的解决。“拖枪拉队伍”就是贺龙这一更高层次的志向的具体表现形式。

存在决定意识，贺龙小时候生活的社会环境和社会制度促使他从小就立下了大的志向。理想信念是人生实践的指南。贺龙选择主义，寻找共产党的过程实际上也就是确定理想信念的过程。辛亥革命的失败，使贺龙开始怀疑孙中山革命的道路是否正确，使他久久陷入思考和迷茫之中。

当留日学生陈图南和花汉儒向他宣传新思想、新主义之后，他表示出极大的兴趣。但陈、花二人宣传的主义却有本质性的区别。陈图南信仰的是无政府主义，就是不要任何政权、政府、政党、纪律、组织，主张绝对自由，这个主张的错误性是显而易见的，这在任何社会都是不可能做到的。而花汉儒宣传的社会主义是赶走帝国主义侵略、消灭剥削阶级、工农当家做主的社会。这正好与贺龙所希望的“大家有地种、有饭吃、有衣穿、人人平等”的社会很接近。并且花汉儒还告诉贺龙，俄国的社会主义制度也同样适合中国的情况，这更使贺龙对社会主义产生了极大的兴趣，又通过花汉儒对俄国社会主义的详细介绍和讲解，贺龙由此接受了花汉儒宣传的社会主义。

贺龙还从花汉儒那里了解到俄国能走上社会主义道路、建立社会主义制度，是因为有俄国共产党的领导。这样就使贺龙由对社会主义的信仰而产生了对共产党的信仰和兴趣。所以他就郑重地问在中国有没有共产党。当花汉儒告诉他中国已经开始有许多共产主义小组时,贺龙非常兴奋。实际上从这时开始,贺龙就开始了寻找共产党的不短的历程。正如贺龙自己后来所说的:"这时候,共产党在我脑子里就相当深了。自从我知道了共产党,我就注意找共产党了。"从这个意义上说,花汉儒对贺龙宣传社会主义、宣传共产党,是贺龙人生路上一个关节点,奠定了他终生为中国人民、中国革命奋斗的思想基础。这时他虽还是国民党军队里的军官,但实际上他已在思想上倾向共产党并在行动上逐渐接近共产党了,所以才有他后来凡对共产党派到他的部队做工作的,他和他的部队都热烈欢迎,衷心拥护,主动靠拢党的组织,促膝谈心。党组织经过考察,也对贺龙十分信任。虽然由于当时的规定贺龙还没加入党的组织,但党组织已交给了他十分重要的任务。贺龙也没辜负党的期望,对党赤胆忠心,表示"一切听从共产党的领导,绝对服从党的命令"。他说到做到,在南昌起义时亲临前线,身先士卒,不畏敌人的子弹从头上飞过,做个名副其实的"总指挥"。南昌起义取得胜利,贺龙也光荣地完成了党组织交给的任务。经过战火的考验,贺龙终于光荣地加入了共产党,实现了他自己人生的理想。

贺龙寻找党的过程告诉当代大学生,正确的理想是人生实践的航标。确立了正确的理想,就能形成人生不懈奋斗的精神支撑和内在动力。贺龙确立了自己的理想信念,就矢志不渝地为之奋斗,成就了他一生为人民、为国家、为民族作出重大贡献的辉煌人生。大学生也应当树立正确的理想信念和人生观,并矢志不渝地为之奋斗,才能使自己成为国家和人民的栋梁之才,才能创造出辉煌的人生。

## 【教学建议】

通过本案例的教学,使学生认识旧社会的黑暗和劳动人民所受的深重剥削压迫,懂得中国共产党领导人民翻身解放的深刻社会历史原因,同时教育学生通过贺龙从小树立的远大志向,认识到从小树立为国为人民的志向对一个人人生道路选择的重要性。

注意让学生分析贺龙小时候树立远大志向的朴素性和局限性,引导学生区别这时所立志向与他后来信仰社会主义,追求加入中国共产党乃至后来成为无产阶级革命家的重要区别。

通过本案例向学生进行理想信念教育。懂得老一辈无产阶级革命家选择科学的理想信念和正确革命道路不是一蹴而就的,而是历经艰辛、曲折及比较选择后才找到的，从而引导大学生坚定中国特色社会主义道路的理想信念，并教育学生选定理想信念后就应以矢志不渝的毅力去实现它。

本案例适合《思想道德修养与法律基础》第一章“追求远大理想 坚定崇高信念”的辅助教学，或作相关章节的阅读材料。

# 1-9
# 陈毅：入党前的三次思想动荡

## 【案例正文】

陈毅小时候，家里的生活靠父亲当抄写员的每月 6 块大洋维持生计。当时，"科学救国"、"工业救国"等口号逐渐响亮。年少的陈毅在心里也逐渐将个人的出路和国家的出路结合起来，立志要走"科学救国"和"工业救国"的道路。当时有人面对时局，感叹四川没有出过皇帝，年少的陈毅却反驳说："现在是民国了，无须出皇帝……现在要多出几个科学家就好了。"①

1915 年下半年，陈毅读完小学，先在成都工业讲习所读了半年，后又于 1916 年初考上了成都省立甲种工业学校（以下简称"甲工校"）开始学习染织专业。学工、关注政治和倾心文学，成了这时陈毅人生发展道路上并行不悖的三个方向，虽然"开始接触到一些资产阶级思想，要搞实业救国……但基本上仍是封建主义思想"。②

由于家庭经济日趋困难，陈毅在甲工校读了不到两年便辍学了。恰在这时，免费的四川留法勤工俭学预备学校在招生，陈毅和哥哥一起去报考并双双被录取。预备学校的教师，几乎全是赴欧洲留过学的，因此当时学校里各种思潮相互碰撞，民主和科学的思想在陈毅的头脑中也逐渐明确。1919 年，陈毅又考取了官费留学的资格，离开成都踏上了经上海赴法国的勤工俭学路，并在上海接受了

---

① 《陈毅早年的回忆和文稿》，四川人民出版社 1981 年版，第 3 页。

② 《陈毅早年的回忆和文稿》，四川人民出版社 1981 年版，第 19 页。

“五四”新文化的洗礼,“经历了思想上第一次的动荡”,[①]迅速地转到了“五四”新潮流上来了。

法国的自由环境,使得对各种思想的学习和讨论在留法勤工俭学的学生中十分普遍和热烈,无政府主义、自由主义、改良主义等思潮让年轻学子们应接不暇。陈毅虽然觉得社会主义更有吸引力,但初来乍到,在他心目中,眼前的这个资本主义的“天国”却更具诱惑。“看着巴黎的华美与彼邦的文明,才知祖国毛病太多”,因而更“不能不以改造者自任”了,“资产阶级思想有了发展,崇拜资产阶级的自由、平等、博爱”。[②] 他把主要精力放在补习法文上,还劝他哥哥不要轻易接受什么“主义”和“思想”。

怀抱着进一步深入了解西方的发达和文明的梦想,陈毅在补习了几个月法文后,被分配到施奈德公司位于巴黎克里西门外的一个工厂工作。然而一进入工厂,陈毅就发现,原来所抱有的想法,“完全是一种错误”。[③] 工厂内阶级森严,总办、总工头、工程师、监工、小工头,阶级分界明显,这些工头常常拿身份来凌辱工人,工资分配也极不平均,外国工人比法国本国的工人还要多受一层歧视。而且陈毅经过了解后发现,法国普通工人的工资和生活水平,和中国的贫民相差无几。资本家完全为自己的利益考虑,毫无人道,货物销路一旦低落,就大批开除工人,完全不顾工人养家糊口的艰难。这些不人道的做法,让陈毅十分不满,得出了“人道的敌人,便是资本主义”[④]的结论。而法国工人为了发泄不满,常常磨洋工或者举行罢工游行。这些不满和反抗,使陈毅感觉到了工人和资本家之间不可调和的矛盾和对立。他心中原先想通过勤工俭学解决生活问题和求学问题进而救国的美好愿望也如梦幻般破灭,思想上开始第二次大震动,开始认识到资本主义制度也并不美好,觉得“社会革命是极合道理的事”。[⑤]

这时,蔡和森所宣传的苏俄十月革命道路,在陈毅面前逐渐明亮起来。蔡和森介绍他学习了《共产党宣言》,使他感到豁然开朗。无产阶级革命的光明前途让陈毅倍感振奋,他逐渐接受了马克思主义,并开始了对马克思主义理论和苏俄无产阶级革命实践的初步研究。

虽然对马克思主义和无产阶级革命有了一定的认识,但陈毅对共产主义理想信念的坚定也经历了一个曲折的过程。入厂三个月后,陈毅由原来的普通工被提升为技术工,工资也从原来的 12 法郎涨到 18 法郎,逐渐有了点积蓄。他想

① 《陈毅早年的回忆和文稿》,四川人民出版社 1981 年版,第 25 页。
② 《陈毅早年的回忆和文稿》,四川人民出版社 1981 年版,第 37 页。
③ 《陈毅早年的回忆和文稿》,四川人民出版社 1981 年版,第 47 页。
④ 《陈毅早年的回忆和文稿》,四川人民出版社 1981 年版,第 54 页。
⑤ 《陈毅传》编写组:《陈毅传》,当代中国出版社 2006 年版,第 7 页。

着用这些积蓄上个正规大学,将来去做个文学博士,所以不大愿意和搞革命的人来往,不想直接参加到革命队伍中去,一来怕被有些别有用心的人利用,二来也想自己走出一条路来。所以他下了工就去补习法文,读文学作品,站在革命组织之外支持和参与革命,走"文艺救国"的道路。在这种想法刺激下,陈毅阅读了大量的法国和西欧文学作品,使他进一步加深了对西方世界的了解,提高了文学素养。不过在残酷的现实面前,他的文艺梦很快就破灭了。

法国在第一次世界大战后经济发生了大萧条,资本家把这种经济困难转嫁到工人身上。外籍工人成为首当其冲的转嫁对象。陈毅和哥哥面临着随时被解雇的危险,而国内的境况又因为军阀混战日趋恶劣,陈家渐趋于赤贫状态,连妹妹陈世芳的婚事都无法料理。陈毅只得把仅有的一点点积蓄寄回家,原本想靠积蓄上大学的梦想也落空了。而同学安子初误喝了化工厂的自来水中毒事件又深深地震动了陈毅。这些变故和困境让陈毅愈发地感到了国内旧社会和资本制度的罪恶相加的痛苦,推动着陈毅和无产阶级革命道路靠紧起来。1920 年冬,他跳出了独立寻找救国道路的圈子,参加了张昆弟、李富春、李维汉等发起组织的工学世界社。这个组织以"信仰马克思主义和实行俄国式的社会革命"为宗旨,[①]实际上就是旅欧中国少年共产党的前身和外围组织。

作为技术工,陈毅在工厂里的处境虽然比其他当普通工的同学好,但是他没有只顾自己,而是冒着被解雇的危险积极投入到了为同学们求生存和出路的斗争。1921 年 2 月 28 日,法国 500 多名勤工俭学的学生在巴黎掀起了"争吃饭权、工作权、求学权"的"二二八"运动。陈毅由于旷工领导并参加了这场斗争,被厂方解雇了。

1921 年 11 月底,陈毅等部分留法勤工俭学的学生回到上海,决定分头回到各省去寻求解决留法勤工俭学的学生问题的办法。他自己作为四川省的代表回川。临行前,已经和中共中央取得联系的蔡和森与陈毅作了深谈,问陈毅愿不愿意入党或去俄国学习。陈毅在这时"又经历了一次动摇"[②]——没有同意入党,也不想去俄国。他仍然没有放弃当一个自由作家的夙愿,他信仰共产主义,可以支持和参加中国共产党所领导的革命运动,但是却不想受组织的约束。他答应给党发行书刊。

留洋了却没有"衣锦荣归",陈毅在家乡遭受了世俗的冷眼。而军阀的连年混战也让陈毅更加清醒地认识到,依靠个人的努力来推动或迫使任何一个封建政权或资产阶级政权来做有益于人民的事,都只会是竹篮打水一场空。在发行

---

① 李维汉:《回忆与研究》,中共党史资料出版社 1986 年版,第 18 页。

② 《陈毅传》编写组:《陈毅传》,当代中国出版社 2006 年版,第 12 页。

和学习党的刊物和宣传册的过程中，通过与蔡和森的深入交流，陈毅更加明确了十月革命道路对于中国的重要意义。面对沦为赤贫的家庭，陈毅想找一份合适的工作以解决家庭窘困，"但找不到，比较理想的，人家不肯给，说是'我这个小庙容不下你这个大菩萨'；人家愿意给的，我又嫌太低了，不肯俯就。"①这样，从中国到法国，又从法国到中国，陈毅深切地感受到了封建社会和资本主义社会的各种压迫人、窒息人的力量，认识到中国若要有希望，必须有新的阶级及其政党去领导一场大变革才行，否则无以涤荡这陈旧落后的一切。他也进一步看到，个人奋斗是软弱无力的，只有参加到组织中去，依靠群体的力量，才能有所作为，有所贡献。他的思想已经在根本上完成了从资产阶级到无产阶级的转化，于是，他提起笔，郑重地给蔡和森写了申请加入组织的信。1922 年秋，蔡和森给陈毅写了回信。"就这样，经蔡和森通信介绍，加入了共产主义青年团。"②其后，1923 年 11 月，经过中共北方区委的考察，由颜昌颐、肖振声介绍，陈毅从中国社会主义青年团转入中国共产党，成了中国共产党正式党员。从此，他踏上了职业革命家的道路，对共产主义的坚定信仰和对中国共产党的无比忠诚，再也没有动摇和改变过。

（资料来源：聂元素、陈昊苏等编辑整理《陈毅早年的回忆和文稿》，四川人民出版社 1981 年版；《陈毅传》编写组《陈毅传》，当代中国出版社 2006 年版；李维汉《回忆与研究》，中共党史资料出版社 1986 年版；刘树发等《陈毅年谱》上卷，人民出版社 1995 年版。）

## 【思考讨论】

1. 青少年陈毅在确立理想信念过程中的三次思想动荡说明了什么？

2. 科学的理想信念的确立是一蹴而就的吗？我们能从陈毅确立马克思主义的理想信念过程中学习到什么？

## 【案例解析】

理想和信念源于现实生活的实践和思考，必然带着社会现实和历史时代的

① 刘树发等：《陈毅年谱》上卷，人民出版社 1995 年版，第 59 页。

② 《陈毅早年的回忆和文稿》，四川人民出版社 1981 年版，第 27 页。

烙印。在阶级社会中,还会带着特定阶级的烙印。生产力发展水平不同,人们所处的社会经济、政治、文化地位不同,对社会发展规律认识和把握的深度不同,所形成的理想也必然不同。这也就是陈毅不同时期理想和信念都不相同,从一开始想学工,走"工业救国"道路,到后来又想当文学博士,走"文艺救国"道路以及坚定走苏俄十月革命道路的原因。

理想和信念不仅受社会历史条件的制约,而且会随着社会历史条件的发展而发展。随着社会时代的进步,人类对自身和社会发展规律的认识逐步深化,经济、政治地位和文化素养逐步变化和提高,人们的理想和信念也会不断地调整、丰富和发展。陈毅的三次思想动荡以及人生理想的三次调整变更就反映了他随着人生阅历的丰富、经济地位的变化和对社会发展认识的深入而对理想的调整、丰富和发展。

理想和信念对人们的鼓舞和激励作用,与理想和信念的性质和层次紧密相关。只有科学的、崇高的理想信念,才能够给人们提供不竭的精神动力。陈毅从封建社会和资本主义社会的各种黑暗和压迫中找寻到马克思主义,确立共产主义的理想信念,正是因为马克思主义深刻揭示了人类社会历史发展的客观规律,为人们正确认识和改造世界提供了科学的立场、观点和方法,反映了无产阶级解放全人类的崇高精神和革命情怀,是科学性、革命性和崇高性相统一的思想体系和人类争取自身解放的理论指南。

当代大学生应当从陈毅思想的转变历程中,从他理想信念的确立过程中学习为科学真理不断探索、为人类解放不断奋斗的精神,确立马克思主义的坚定信念,树立共产主义的远大理想,为实现中华民族伟大复兴的中国梦而奋斗。

## 【教学建议】

本案例体现了青少年陈毅选择人生方向和确立理想信念的曲折历程,也反映了陈毅探索科学真理、为改造中国社会和人类解放不断奋斗的崇高精神。青少年陈毅思想历程中的动荡与抉择,实际上也反映了青少年在确立人生理想信念过程中的曲折与迷茫,教师应当在课内与课外加以正确引导。

本案例可用于《思想道德修养与法律基础》第一章"追求远大理想　坚定崇高信念"的教学,也可用于《马克思主义基本原理概论》绪论和第七章"共产主义是人类最崇高的社会理想"的教学。

# 1-10
# 罗荣桓:从“科学救国”到投笔从戎

## 【案例正文】

罗荣桓,湖南省衡山县(今衡东县)寒水乡鱼形镇南湾村人,1902年11月26日出生。罗荣桓的家庭,在当时的南湾虽被称为书香门第,但实际上是很贫寒的。父亲罗国理不到20岁就过早地挑起了家庭生活的重担。他开办了一个杂货铺兼药铺,取名“永隆”。在他精心经营下,买卖还不错,家境也渐渐好起来,并添置了一些田产,逐渐跻身于乡绅之列,不久,又当上了族长和乡里的团总。但好景不长,罗荣桓6岁那年,他父亲罗国理被人诬告,吃了官司,罗家为此打了几年的官司,家境一下子衰败了。罗国理成天愁眉苦脸,没处出气,有时就给孩子两巴掌。罗荣桓挨了打,却不知道自己错在哪里。这一切都给幼小的罗荣桓以强烈的刺激。他看到了世态的炎凉,很少蹦蹦跳跳了,逐渐形成了内向、沉静的性格。

罗荣桓8岁进入私塾读书,学习《三字经》《百家姓》等启蒙读物。尽管当时私塾的教育方法很不好,但是他在学习中仍然严格要求自己,学习成绩一直名列前茅。罗荣桓识字多了,不再满足于在私塾学习的那一点东西了。他的求知欲越来越旺盛。幸好他家祖父辈留下不少书籍。于是,他放了学就钻进书房贪婪地阅读起来。一个炎夏的中午,人们都午睡了,他却爬上池塘边的一棵树,聚精会神地读起书来。由于精力过分集中,他忘记了自己身在何处,一不小心竟然跌进了池塘,弄得浑身湿透。从此家里人都叫他“书呆子”。由于他经常在小油灯下看书，到上中学时就成了近视眼，戴上了眼镜。

1914年，在罗荣桓家斜对过的壶山享祠，兴办了罗氏岳英小学。12岁的罗荣桓插入高小一年级。这所学校校长罗炳文在长沙读过书，接受了一些新思想。他在学校除了开设语文课程外，还开设了算术、博物等自然科学课程，并亲自向学生传播自然科学知识，为罗荣桓打开了新的知识之窗，使罗荣桓对自然科学产生了浓厚的兴趣。罗炳文校长还注意向学生灌输爱国思想，启发学生思想觉悟。上了地理课后，他开始明白中国面临西方列强豆分瓜剖的危险。他羡慕历史上的那些救国救民的仁人志士。1915年，罗荣桓读高小二年级时，老师出了个《论大禹治水三过家门而不入》的题目，让同学们作文。罗荣桓在文章中颂扬大禹的高尚品德，表示要学习大禹不辞劳苦、坚忍不拔的精神，为救国救民做一番事业。

罗荣桓高级小学毕业后，正赶上军阀混战，兵荒马乱，衡山老百姓一日数惊，纷纷逃难。罗荣桓只得重新读私塾，他的学业时断时续。1919年夏，17岁的罗荣桓到长沙谊群补习学校（不久改名为协均中学）读书。柳直荀是该校创办人之一，是由毛泽东、蔡和森等发起和组织的新民学会的会员。这时，正是五四运动之后，提倡科学和民主的新思潮通过毛泽东等先进的知识分子传遍了长沙，罗荣桓深受影响。他在协均中学读书的第一学期便参加了由长沙学商各界联合组织的驱逐军阀张敬尧的驱张运动，参加了为驱张而组织的长沙所有中等以上学校和部分小学参加的总罢课。1920年6月，张敬尧终于被赶出湖南。这件事使罗荣桓认识到了“民众大联合”的力量。1921年暑假他回到家乡，便学习湖南省学联的榜样，邀集衡山东乡土字和梦字地区的同学，成立土梦学友联合会，以主要力量从事平民教育运动。当时，罗荣桓受到“教育救国”思想的影响，以办学校为由，向父亲要了一点钱，利用岳英小学的教室，办了一所平民夜校，开设国文、算术两门课程，他自己教算术。这个夜校在罗荣桓读中学的几个寒暑假都坚持上课。

在长沙4年的中学生活，罗荣桓学到了更多的自然科学知识，对数学、物理和英语特别喜爱。为了证明一道几何题，他常常废寝忘食。一直到晚年，基本的几何定理他还记得清清楚楚。他读过杜甫的《茅屋为秋风所破歌》后，立志要当一名建筑工程师，为“天下寒士”建造广厦千万间。

1923年6月，罗荣桓中学毕业。他一路风尘仆仆来到北京，进入一所补习学校学习，准备投考大学继续深造。1924年6月，补习学校的功课结束后，恰好山东私立青岛大学预科到北京招生。学校是新办的，设工、商两科。罗荣桓报考了工科并被录取。罗荣桓进校后，听当地同学介绍，才知道这个学校的校址，在德国占领时期叫“伸斯麦兵营”。日本占领后仍然驻扎军队，不过改了名字，叫

“万年兵营”。中国北洋军阀政府尽管在国内大动干戈,在接收青岛时却对国际上声言,要“化干戈为玉帛”。把这所兵营改为学校就成了化为“玉帛”的象征。这所学校规矩很严,规定凡“私充报馆访事或主笔者”、“干预国家政治及地方词讼者”、“加入党派不肯脱离者”、“聚众要挟罢课辍业者”均予以开除。罗荣桓感到这个学校政治空气沉闷,但是又感到有这样一个学习机会不容易,很想认真读点书,求得真才实学,以便为中国富强的事业贡献自己的力量。罗荣桓个子比较高,在教室里坐在后排。每逢上课,他都端端正正地坐着,戴着厚厚的近视眼镜吃力地看着教授们在黑板上书写的公式,专心致志地听课,课后认真地做作业。两年中,他的功课总是保持 95 分以上的好成绩。

在青岛大学读书期间,罗荣桓受“实业救国”思想的影响,和一些同学一起凑钱兴办了“三民实业社”,生产纱布、药棉、肥皂、蜡烛等日用品,但不到一年就维持不下去了,他们连股本都未能收回。通过这一实践,罗荣桓意识到,在帝国主义排挤、压迫的情况下,中国整个民族工业都无法与帝国主义竞争,何况他们学生办的一个小小作坊呢?只有推翻帝国主义在中国的统治,中国的民族工业才会有希望,中国才有出路。因此,他放弃了实业救国的理想,积极投身到当时的反帝爱国运动中去。

1925 年上海发生“五卅”惨案后,全国掀起了反帝爱国运动的高潮。当时,青岛也发生了惨案,青岛 3 万多工人举行大罢工时,遭到日本帝国主义和山东军阀张宗昌的血腥镇压。罗荣桓和部分学生组织成立青岛大学学生会,5 月 31 日开始罢课。罗荣桓负责学生会的讲演和话剧组织工作。他白天带领讲演队到街头巷尾散发传单、小报,介绍惨案情况,募捐、慰问死难者家属,晚上又参加话剧队的工作,罗荣桓还受青岛学联的委托,赴北京向北京市民报告青岛惨案真相。在整个运动期间,罗荣桓全身心投入抗日爱国运动,表现了满腔的爱国热情和出色的组织工作能力,赢得了同学们的尊敬。7 月份,这场运动被统治者当局镇压下去了。由于参加青岛学生运动,违反学校规定,罗荣桓无法在青岛大学从预科升入本科了。当时广州是国民革命的中心地区,革命形势高涨,罗荣桓非常向往,准备去广州投考中山大学本科。1926 年 7 月,罗荣桓乘坐货轮来到广州,补习备考中山大学。在广州几个月的学习生活中,罗荣桓如饥似渴地阅读了不少宣传国民革命、介绍苏联的书籍和研究中国农民运动及土地问题的报刊、小册子,眼界大开。在思想发生巨大变化的情况下,罗荣桓认识到北伐需要大量青年从军,他虽然因为自己是近视眼,不宜投考黄埔,却多次写信给他弟弟罗湘和土梦学友联合会的同学们,招呼他们到广州来,投考黄埔军校,报效革命。

罗荣桓报考中山大学,由于第二外语德语不及格,未被录取。罗荣桓返回故乡,在家乡组织农民协会开展农民运动,进行反对土豪劣绅的斗争。

罗荣桓对上大学的夙愿未能完全忘怀。1927 年 4 月上旬,他听取同学彭明晶的建议,来到武汉,插入武昌中山大学理学院一年级读书。当时蒋介石发动了"四一二"反革命政变,大革命处在危险之中,学校师生全力投入紧张的革命工作,课上的很少。5 月,他经彭明晶介绍加入共青团,担任武昌中山大学支部的组织干事,不久转为中共党员。7 月初被湖北省委分配到通城县做农运工作。他把心爱的教材、英汉辞典、计标尺都送给了同学,毅然放弃了当建筑师的愿望,毫不犹豫地服从了党组织的决定。随后不久,这支武装在江西修水编入武昌国民革命军第二方面军总指挥部警卫团。他任特务连党代表,参加湘赣边秋收起义,成为人民军队的创建人和领导人之一。当时罗荣桓只有 25 岁。

(资料来源:黄瑶《罗荣桓元帅》,解放军文艺出版社 2007 年版;《罗荣桓传》编写组《罗荣桓传》,当代中国出版社 2006 年版。)

## 【思考讨论】

1. 罗荣桓为什么没有能够实现当工程师的理想而走上了革命道路?
2. 罗荣桓艰辛求学的历程对我们有哪些启示?

## 【案例解析】

罗荣桓的青少年时代正处在中华民族灾难深重的半殖民地半封建社会。帝国主义的侵略、封建统治者的腐朽统治,军阀的连年混战,使国家经济文化非常落后,人民生活困苦不堪。辛亥革命后中华民国的建立,曾给人民带来一线民主政治的希望,但由于袁世凯篡夺政权,恢复帝制,中国又陷入专制统治的黑暗社会。当时,中国先进知识分子感到极度苦闷和彷徨,西方的这些救国方案为什么在中国都行不通呢?中国的出路究竟在哪里?在袁世凯恢复帝制后,中国文化界出现了尊孔读经、复古倒退的逆流,陈独秀等中国先进知识分子认识到,只有政治上的革命还不够,还要有一场思想文化上的革命,才能彻底扫除封建制度,建立民主制度。因此,1915 年,陈独秀创办《青年杂志》,在思想文化领域掀起了一场以科学和民主为旗帜,向传统的封建思想、道德、文化宣战的新文化运动。这场新文化运动极大地促进了人们的思想解放,为西方各种新思想传入中国提供了条件。马克思主义也在五四运动前后传入中国并得到广泛传播，成为中国共产党的指导思想。在马克思主义的指导下，中国革命的面貌焕然一新。

与当时以毛泽东为代表的所有先进知识分子一样，罗荣桓满怀救国救民的理想，在求学过程中不断探索救国救民的真理。受到当时“科学救国”、“教育救国”、“实业救国”等思想的影响，罗荣桓曾立志学好科学知识，当一名工程师。他克服各种困难和干扰，刻苦学习，求学之路可谓艰辛；他也曾向父亲借钱在家乡办过农民夜校，教农民识字和革命思想；在上大学期间，也创办过“三民实业社”，但很快破产。实践证明，这些道路都不能挽救中国的民族危机。在毛泽东和柳直荀等人革命思想的影响下，在多次参加反帝爱国运动的实践中，以及国共合作后迅速兴起的国民革命运动中，罗荣桓认识到只有马克思主义才是救国救民的真理，从而确立了马克思主义信仰。在蒋介石发动“四一二”反革命政变，他被迫中断大学学业后，加入中国共产党，投笔从戎，投入到中国共产党领导的革命洪流中，久经革命实践的锻炼，最终成为新中国十大元帅之一。

## 【教学建议】

本案例说明在近代中国，为了挽救中华民族危机，实现中华民族的伟大复兴，中国先进知识分子不断探索救国救民的真理，进行过“科学救国”、“教育救国”、“实业救国”的实践，实践证明都行不通。俄国十月革命的胜利，中国五四运动的发展，使中国先进分子认识到马克思主义是救国救民的真理，从而坚定了对马克思主义的信仰。他们把马克思主义与中国革命的具体实际相结合，走出了中国特色的革命道路，经过艰苦卓绝的奋斗，终于实现了国家的独立和解放，为中华民族的复兴作出了不可磨灭的贡献。本案例可用于《思想道德修养与法律基础》第一章“追求远大理想　坚定崇高信念”的辅助教学。

# 1-11
# 徐向前:弃笔从戎　投奔黄埔

## 【案例正文】

1901年,徐向前出生在山西省五台县永安村。虽然父亲是一个秀才,但由于家境贫穷,徐向前到10岁才正式上学。徐向前上学非常用功,功课也不错。但由于家境贫寒,15岁的徐向前辍学了。

不久,徐向前到河北省阜平县的一家店铺当学徒。每天天不亮就要起床,挑水,扫院子,倒尿壶,还要拉着两头骡子磨6斗麦子。夜间要起来两次,给骡子添草添料。生活虽然辛苦,但徐向前并没有扔下喜欢的书本。在店铺里,他偷偷阅读了店中的《三国演义》《西游记》《罗通扫北》《薛丁山征西》《薛仁贵征东》《七侠五义》《水浒传》《红楼梦》《荡寇志》等书。他后来回忆说:"书中豪侠英烈的忠贞报国、为民除害的凛然正气,对我有一定影响。我非常羡慕他们那种行侠仗义、劫富济贫的品德和行为,曾经幼稚地想,我要去学武,替穷苦百姓打抱不平。"[①]这年,徐向前17岁。

两年艰辛的学徒生涯并没有使徐向前放弃读书的梦想。1919年,18岁的徐向前以优异成绩考入山西省立国民师范学校。

在国民师范学校学习的两年,徐向前开始树立理想信念。他像个饥饿的孩子,忽然来到摆满丰盛饭菜的餐桌前,大口大口地吞食起来。徐向前入校不久,

---

① 《徐向前元帅回忆录》,解放军出版社2005年版,第9页。

就迎来了五四运动。山西省立国民师范学校的许多学生走出校门,举行游行示威。徐向前回忆说:"五四运动的发生,对我的思想是一个很大的冲击,逼着我想一些问题。闲暇时间,我不再像从前那样热衷于读小说了,而是注意看一些与政治形势有关的书刊。"[①]由于当时介绍苏联社会主义、苏维埃劳农政府、十月革命以及有关马克思、列宁的书籍和刊物少得可怜,像《新青年》那种有一定深度的宣传马列主义观点的刊物,发行数量有限,很难看到,全世界的反动统治阶级又都在攻击十月革命,中国也不例外,所以徐向前虽然知道了"列宁"、"劳农政府"等概念,但并不是十分清楚。

1921 年 4 月,徐向前毕业了。考入国民师范学校时,徐向前希望毕业后能像他父亲一样,教书谋生。两年后,他的思想得到了进一步的提升。他考虑的已不是个人生存的问题,而是整个国家与民族的命运问题。此时,他对未来的路有了新的打算——教育救国。正如他所说:"五四运动以后,在先进思想影响下,我心里也逐渐萌发起改造黑暗社会的念头。当上教师以后我就想,要通过自己的努力,让学生从小就理解这一点,长成有用的人才,担负救国救民的重任。我不能走我父亲以教书谋生的老路,要与他同行不同路。"[②]

毕业后,徐向前在靠近太原的阳曲县第四小学当上了一名老师。他对教学工作兢兢业业,教学成绩有口皆碑,可是,只干了一个学期,就莫名其妙地被辞退了。这对青年徐向前来说,是一次不小的打击。

其后徐向前到阎锡山老家河边村川至中学的小学部当教师。这里的条件比阳曲县第四小学好得多,他喜欢这个学校,想在学校好好教书,多培养人才。这期间,他脑子里,打倒军阀,改造中国的愿望更加强烈了。他不仅向孩子们传授知识,还对他们进行爱国主义教育。在教学中,徐向前经常找机会向学生讲述一些历史故事和当今事件,像鸦片战争、太平天国、南京条约、义和团运动、八国联军进北京、辛亥革命、巴黎和会等事件,引导孩子们认识中国,认识社会。校长为此责备徐向前,要求他停止传授这些进步的新思想。徐向前拒不让步。不久,他又一次被辞退,再次失业了。

经过两次失业的打击,徐向前清醒地认识到,教育救国的道路行不通,必须寻找新的出路。

1924 年,徐向前怀着救国救民的志向,投考黄埔军校,成了黄埔学校第一期学生。经过在黄埔军校一年的锻炼,徐向前从一个普通学生成长为一名青年军官。在黄埔军校所受的教育和训导,使他开始懂得了许多救国救民的道理,也学

① 《徐向前元帅回忆录》,解放军出版社 2005 年版,第 11—12 页。

② 《徐向前元帅回忆录》,解放军出版社 2005 年版,第 13 页。

到了一些军事知识,为他日后的发展奠定了坚实的基础。

1925 年,徐向前被分配到驻河南安阳的国民第二军第六混成旅。在部队里,徐向前秉承黄埔军校的革命精神,每到一处都热情地参加工人、农民和学生的活动,向他们宣传革命道理,为黄埔军校招收学生。他还在安阳参加了"五卅运动"的群众大会,并深入到安阳中学的学生和六河沟煤矿的工人当中,向他们宣传俄国十月革命,宣传工人阶级的解放和救国救民的革命道理。可是,看到各派军阀之间为了一己私利,相互混战、巧取豪夺,徐向前进一步认识到这些军阀的本质,便和几个同乡脱离了这支军队。

1926 年 11 月底,徐向前来到了北伐军刚刚占领的武汉。当时的武汉军校,号称"第二黄埔"。它是黄埔军校四个分校中最享有盛名的一所培训军事、政治干部的学校。许多共产党员和国民党左派分子,都在这里担任领导和教育工作。这里生机勃勃的革命形势和昂扬向上的政治气氛,使徐向前有了读书和思考的机会。

徐向前在学校里担任操练队长,白天工作繁重,只有晚上才有空看书学习。他不看其他书,而是集中精力阅读有关共产主义的书。列宁的《二月革命》《远方来信》《中国的民主主义和民粹主义》,他都一一阅读。布哈林的《共产主义 ABC》、李季的《通俗资本论》,还有宣传苏联十月革命的一些小册子,以及瞿秋白、鲁迅的一些文章,都像磁石一样吸引着他。夜深了,学员们睡了,熄灯的军号吹过了许久,徐向前还在灯下读书、思考。此前两年,在广州黄埔军校时,他虽然也读过一些有关共产主义的书报,但是许多话读不懂,也欠思考。经历这几年的斗争,耳闻目睹国民党的腐败、军阀混战和人民遭受的灾难,严峻的现实使他作出了自己的最终抉择。经再三思考、比较之后,徐向前得出了这样的结论:三民主义不如共产主义,国民党不如共产党。至此,他正式确立了加入中国共产党的坚定志愿。

1927 年 3 月,正是国民党右派反共活动猖獗、国共合作面临破裂的严峻时刻。在蒋介石"四·一二"、汪精卫"七·一五"反革命政变的前夜,白色恐怖逆流汹涌的形势下,26 岁的徐向前正式加入了中国共产党,并且矢志不渝地为共产主义事业奋斗终身。

(资料来源:《徐向前元帅回忆录》,解放军出版社 2005 年版。)

## 【思考讨论】

1. 徐向前为什么要投笔从戎?

2. 徐向前少年立志的经历和他以后成为无产阶级革命家有什么关系?

## 【案例分析】

“人当立志,人惟患无志。”人若无志,人生就失去方向,失去前行的动力,只能在浑浑噩噩中打发日子。唯有及早立下高远之志,并且坚定不移地为之不懈奋斗,人生才有意义,才能干出一番事业!

“有志者事竟成”,过去和现在的无数成功者,验证了这条真理。从古至今,有无数人因为立志而改变了他们的命运,成就了一番大事业。徐向前的成长道路也说明了立志对一个人成才的重要性。徐向前出生在一个没落的书香之家。父亲虽然是一位读书人,但由于家道中落,徐向前直到 10 岁才开始正式步入学堂。徐向前十分珍惜来之不易的读书机会,刻苦读书。由于生活艰难,徐向前一度辍学在家,但他仍然没有停止求知的欲望。艰辛的两年学徒生活,徐向前仍然利用一切机会阅读自己喜爱的书本。生活的磨难让徐向前少年就立下了要习军学武,为受欺凌的老百姓打抱不平的志向。从师范学校毕业后,徐向前成了一名老师,心中逐渐地萌发起“教书救国”的意识。他不畏强贵,向学生宣传爱国故事,最后被学校辞退了。经历了人生的种种打击,徐向前没有气馁。在认识到“教育救国”没有出路的情况下,徐向前毅然报考黄埔,弃笔从戎。在斗争实践中,他选择了马克思主义,选择了中国共产党,并为之奋斗了一生。徐向前也由一位穷秀才的儿子最终成为共和国的一名开国元帅。

徐向前元帅的故事给我们很深的启迪。当代大学生应该认识到,立志是一个成长的重要条件。同时,个人的命运和社会、祖国的命运是紧紧相关的。因此,我们不但要树立远大的志向,而且还应该把个人的理想和社会的理想紧紧地结合起来,把个人的发展和祖国的命运联系起来。

## 【教学建议】

本案例可用于《思想道德修养与法律基础》第一章“追求远大理想 坚定崇高信念”的辅助教学。

# 1-12
# 叶剑英:成则周武三千,败则田横五百

## 【案例正文】

叶剑英原名叶宜伟,1897 年 4 月 28 日出生于广东省梅县,梅水滨雁洋虎形村的一个小商人家庭。他父母共生下 4 男 4 女 8 个孩子,因为生活贫苦,其中两男两女幼年夭折,只有 4 个孩子长大成人。

叶剑英从小爱学习,爱劳动,经常帮父母做家务,常常是边烧火煮饭,边伏在一张四方小桌上认字、写字、算数,邻居都说他是个好孩子。

1908 年,11 岁的叶剑英,念完了私塾,便到离家 10 余里的丙村三堡学堂(小学)读书。他学习勤奋,生活艰苦朴素,三堡学堂的《校志》上记载着他的成绩:国文、算数、英文、理科、历史、地理、图画、体育科科优良。查阅当年广东教育司负责制作的毕业文凭资料,叶剑英在三堡学堂的毕业文凭,是由校长邱柳斌署名的,毕业证上注明,叶剑英是"最优等"的毕业生。[①] 据叶剑英的同学温造英回忆:叶剑英的作文经常被老师拿来作范文"贴堂"。

在三堡学堂的学习使叶剑英的眼界大为开阔,不断接受一些新思想、新观点,如"人和人要讲平等、自由"等。学校里一位名叫林修明(黄花岗七十二烈士之一)的进步老师,经常给同学们讲一些进步道理,给叶剑英留下了深刻的印象。叶剑英的心被震撼,他为自己家乡有这样敢于反抗的人物而骄傲。他开始

① 苗体君:《叶剑英鲜为人知的求学经历》,《文史博览》2007 年第 6 期。

懂得:社会上有穷人和富人,穷人要改变自己的处境,就不能向邪恶势力低头,不能任人摆布,而是要反抗,要斗争!一天,在学校进步老师的带动下,他和一部分同学毅然剪去了辫子。每遇"顽固派"要大骂剪辫子的人,他就跟他们说理。辛亥革命爆发后,叶剑英开始注意习武。他经常和一些同学扛着木棍、木枪到野外操练,还写过一篇题为《论兵》的文章,开头一句便是"兵之物,大矣哉"。

叶剑英在三堡学堂读书期间,对家乡的山山水水产生了浓厚的兴趣,每逢到了节假日,他便邀请三五个好友到附近的"称子岌"、"白帝庵"、"梅子坑"等地游玩,每次出游时叶剑英都会随身携带一个自制的小本子,每到一处,凡是有楹联的地方,他都要停下脚步,细细观察,一边吟诵,一边书写,这大大提高了叶剑英的写作水平。此后,诗词伴随叶剑英一生,他被称为中国人民解放军的"诗帅"。

1912 年,叶剑英以优异的成绩毕业于三堡学堂,考入了梅县务本中学。当时,广东军阀政府教育司司长钟荣光,责令将梅县仅有的四间中学合并到务本中学,由私立改为官办,改名为梅州中学,撤掉原来的校长,派来个官方校长。虽是"官办",但收费反而大大增加,这实质上是官府控制教育,加强盘剥。这样一来,城里的官僚、富家子弟更依仗权势,欺压从农村来的学生。叶剑英对这种状况十分愤慨,邀集了一部分反对官办和官方校长的教师、学生,毅然脱离梅州中学,搬到叶家祠上课。后来,又搬进晚清著名诗人和学者黄遵宪先生讲学处的东山书院,另建学校。叶剑英认为"东山"二字很好,便提议将校名定为"私立东山中学",得到了教师和学生的赞同。1957 年 3 月 25 日,叶剑英在母校校庆的贺词中写道:"东山,是被初升的旭日光芒照耀的地方。四十四个年头,年年桃李,岁岁芬芳。四十四年前,我们为了反对官方派来的校长,毅然从北门外搬到叶家祠堂,不久,又搬到东山书院,新建起自己的书房。这就是母校的来历,是同学们反对官方势力,不怕艰苦的首创。"①

学校是办起来了,但当时的境况十分困难,没有资金,没有设备,教师没有薪水发,上课用的桌椅还得学生从家里搬来。后来,由于社会进步力量的支持和华侨的资助,才逐渐渡过了难关。尽管叶剑英当时还是一个学生,却敢于领头与官方斗争。在极为困难的条件下,他创立了一所名望很高的中学,这确是个极不平凡的创举。

叶剑英在东山中学读书期间,被同学们推选为学生会会长。他常对同学们说:"我们必须为国家、民族做一番事业,使国家富强起来。"②在担任学生会会长期间,在为学生会起草的一个宗旨中,叶剑英曾写道:"昔人有言,天下兴亡,匹

① 苗体君:《叶剑英鲜为人知的求学经历》,《文史博览》2007 年第 6 期。

② 薛冶生:《叶剑英光辉的一生》,解放军出版社 1987 年版,第 3 页。

夫有责。今日之学生，即将来之公民，学校所以养成有用人才，为将来利国福民。故学生在校，当锻炼其身心，增进其学识，以实利为归。”[①]最终，叶剑英把“利国福民”写进了《学生会章程》中。叶剑英和同学们一起刻苦读书，还积极参加各方面的活动。通过学生会的领导机构，他在同学中组织了国文研究社、数学研究社、理化研究社、演讲会等组织。同学们从中培养了浓厚的学习风气，他自己更是以身作则，成为同学的表率。他各科成绩都很好，还利用课余时间阅读了大量的历史书籍和古典文学作品，尤其爱读孙中山的文章及《南社诗选》等进步书籍，经常在学生会所在地魁星楼上朗读唐诗及岳飞的《满江红》等诗词。他的诗文写得好，经常受到国文教员和同学们的赞赏。

年轻的叶剑英，很注重体质、意志等方面的严格锻炼。他对体育运动很有兴趣，尤其喜欢踢足球和打单杠，还长期坚持长跑锻炼。所以，他的身体很结实。

这一时期，他越来越爱好军事，常带领同学们开展军事体育活动，大家推他为排长。他自制一把指挥刀，和同学到野外去“打野仗”。教师、学生都很佩服他的组织才能，公认他是东山中学的学生领袖。

1915 年，东山中学第一届学生毕业时，大家请叶剑英为《同学录》作序，他欣然命笔，在序中写下了“声华之友，以利相交则争先，利尽交疏。道义之友，团结不懈，成则周武三千，败则田横五百，可常可变，可生可死”[②]的字句，鼓励同学们要立志为国家和民族的富强干一番事业。

在东山中学毕业前的两个月，学生会举办学生学业成绩展览。适逢省里要检查梅县各中学的成绩，叶剑英便主张将展览搞大一些，将东山中学的成绩充分显示出来，一定要把“官办”学校压下去。但校方唯恐得罪官府，不敢这样做。叶剑英据理力争，受到压制。他便愤然离校，回到家乡。后来，学校通知他要承认错误，回校领毕业文凭。他不屈服，回信说：“自古英雄，多出自草莽，大丈夫何患乎无文凭！”[③]

叶剑英东山中学毕业后，到马来西亚伯父处谋生，但他没有忘记自己在学校时救国救民的理想。1917 年，云南讲武学堂在南洋招生，叶剑英报考且考中。从讲武学堂毕业后，他放弃了到南洋招生的稳定工作，参加军队，投身革命。叶剑英的女儿叶向真回忆说：“当时他毕业了以后，在讲武堂是炮科的少尉，又是华侨，所以学校非常重视他，希望他再回到南洋去帮助招考一些学生到云南讲武堂来。当时他毅然拒绝了，他就要追随孙中山革命，要追随孙中山把中国从苦难

---

① 苗体君：《叶剑英鲜为人知的求学经历》，《文史博览》2007 年第 6 期。

② 苗体君：《叶剑英鲜为人知的求学经历》，《文史博览》，2007 年第 6 期。

③ 薛治生：《叶剑英光辉的一生》，解放军出版社 1987 年版，第 3 页。

中解救出来。”[①]最后，叶剑英走上了一条为共产主义理想而奋斗终生的伟大人生道路。

（资料来源：薛冶生《叶剑英光辉的一生》，解放军出版社1987年版；苗体君《叶剑英鲜为人知的求学经历》，《文史博览》2007年第6期。）

## 【思考讨论】

1. 什么是理想？如何实现人生理想？

2. 少年时代的叶剑英立志为国家和民族富强干一番事业与他后来成为无产阶级革命家、政治家、军事家有什么关系？

3. 少年叶剑英从小立志的故事给当代大学生什么启示？

## 【案例解析】

在中国传统文化特别是人生哲学中，非常重视讲志向。“志向”这个词具有两方面的涵义：一是确立一个目标和方向，二是以顽强的意志去追求它。可见，“志向”就是理想信念。而确立理想信念，就是“立志”。

少小立志，对人的一生影响最大。打开革命的画卷，无产阶级革命家大多在风华正茂时就树立起远大理想。马克思青年时代就确立了“最大限度地为人类工作”的崇高理想；恩格斯青年时代就立志奔向“生活的顶峰——建立功勋”，为新世界开辟一条前进的道路；列宁年轻时就立志推翻沙皇俄国专制制度这堵“朽墙”，创立一个劳动人民当家做主的新世界；毛泽东十五六岁时就心忧天下，立志让祖国独立、富强起来；周恩来少年时代就立下“为中华之崛起而读书”的志向。叶剑英也不例外。他从青年时代起就立志追求真理、救国救民。叶剑英从小立志与他后来成为无产阶级革命家、政治家、军事家是密不可分的。叶剑英出身贫家，从小就知道求学的机会来之不易，读书十分地用功。不论在私塾还是后来进新学堂，他都聚精会神地听讲背书。“八十三年一瞬驰，木窗灯盏忆儿痴。人生百步半九十，万丈霞光值暮时。”1980年，叶剑英重返故居时写下的这

---

① 刘万军：《叶剑英追随孙中山的革命历程》，《长春教育学院学报》2009年第3期。

首诗，就是回忆当年面对“木窗灯盏”刻苦读书的情景的。1912年，叶剑英以优异的成绩毕业于三堡学堂，考入了梅县务本中学。叶剑英在东山中学读书期间，常对同学们说：“我们必须为国家、民族做一番事业，使国家富强起来。”1915年，东山中学第一届学生毕业时，叶剑英为《同学录》作序，在序中写下了“成则周武三千，败则田横五百”的字句，鼓励同学们要立志为国家和民族的富强干一番事业。正是这种从小立志使他投身于孙中山先生领导的民主主义革命，征讨桂系军阀，抗击陈炯明叛军，护卫孙中山脱险，参与创办黄埔军校，驰骋东征和北伐战场，成为无产阶级革命家、政治家、军事家。

对大学生而言，立志也十分重要。立志不仅寄托了对美好生活的渴望和追求，更是激励成长的条件和动力。所谓有志者“事可成”，是因为有志就有了成长的精神动力和努力方向。但并非有志者就“事必成”，这要取决于你所立之志，是否符合当时社会的需要，是否顺应时代发展的趋势，而你自身是否具有实现志向的能力。因此，大学生在立志过程中，要把个人理想与社会理想紧密结合起来，把自己的宏伟志向与国家社会发展的需要结合起来。在当前就是要为建设中国特色社会主义这一共同理想而奋斗，用个人的聪明才智为国家、为人民服务。

## 【教学建议】

本案例充分体现了从小立志的重要性，它对于一个人的成长成才具有十分重要的意义。首先，立志能为我们指明人生的方向。俄国作家列夫·托尔斯泰曾说，理想是指路明星，没有理想就没有坚定的方向，没有方向就没有真正的生活。无数事实证明，理想一经确立，就可以使人方向明确，少走弯路，不致盲目、迷惘和空虚。而如果缺乏崇高理想或者没有理想，就会像失去航标的无舵小船，在生活的海洋里随波逐流，迷失方向。其次，立志能为我们提供人生奋斗的动力。立志是激励人们向着既定目标奋斗前进的动力。俗话说，“水激石则鸣，人激志则宏。”有理想在召唤，精神会为之振奋，力量会为之倍增。一个为理想而奋斗的人可以克服常人难以克服的困难，干出令人惊叹的业绩。

本案例可用于《思想道德修养与法律基础》绪论第一节“适应人生新阶段”以及第一章第一节“理想信念与大学生成长成才”的辅助教学。

# 爱国情怀篇

2-1　毛泽东:何以报仇？在我学子!

2-2　毛泽东:舍小家为大家

2-3　周恩来:誓做中华的主人

2-4　刘少奇:“刘卫黄”的来历

2-5　朱德:早年的爱国主义熏陶

2-6　任弼时:凡人宜有爱国心

2-7　陈云:声援“五四”的童子军

2-8　彭德怀:在湘军中组织“救贫会”

2-9　贺龙:善恶是非铮骨气

2-10　陈毅:一路怒激爱国志

2-11　聂荣臻:争国权以救危亡

2-12　叶剑英:上下求索救国路

## 2-1

# 毛泽东：何以报仇？在我学子！

【案例正文】

1907—1909年间，毛泽东停学在家。这期间，他白天务农，晚上自学，读了不少书。其中一本《论中国有瓜分的危险》的小册子，揭露了帝国主义瓜分中国的狼子野心，给他极大震撼。他后来回忆说："这本小册子的开头一句'呜呼，中国其将亡矣！'……我读了以后，对国家的前途感到沮丧。我开始认识到，国家兴亡，匹夫有责。"他还读了《世界英雄豪杰传》，并在书上的许多地方都有圈圈点点，尤其是讲华盛顿、拿破仑、彼得大帝、叶卡捷琳娜女皇、惠灵顿、格莱斯顿、卢梭、孟德斯鸠和林肯的章节。读后，毛泽东感慨："中国也要有这样的人物。我们应该讲求富国强兵之道，才不致蹈安南、高丽、印度的覆辙。"他也读到了郑观应的《盛世危言》和冯桂芬的《校邠庐抗议》，这两本书分析了中西方国家之间的差距及其原因，表达了对外国侵略和清政府腐败的强烈不满，而且还提出了很多富国强兵的主张。这些书籍使青少年时期的毛泽东萌发了爱国思想。

青少年时代，毛泽东就养成每天看书看报的习惯，但与众不同的是，他对每件事都要结合时局、国情进行深入思考。1910年4月，由于荒年粮价飞涨，民不聊生，长沙爆发了20多万人参加的"抢米风潮"。清政府调动军警进行镇压，造成死伤无数的惨案，震动了全国。一般人只有同情，但毛泽东却联想到："这是制度不好，政治不好，是因为世界上存在人剥削人，人压迫人的制度，所以使世界大多数的人都陷入痛苦的深渊。这种不合理的现象，是不应该永远存在的，是应该彻底推翻、彻底改造的!”这件事给他留下了深刻的印象,影响了他的一生。

1911年5月,清政府宣布“铁路干线收归国有”,国内掀起反对清政府出卖铁路权的运动,革命派策划领导了反清政府的长沙起义,在东山学校读书的毛泽东和同学一起卷入了这场斗争。“湘乡驻省中学学生以反对留辫子表示对清王朝的不满情绪,毛泽东和另一同学首先剪去自己的辫子,并强制十几个人也剪掉辫子。”[①]剪辫子事件表达了毛泽东对清政府腐败无能的愤慨以及推翻清政府的决心,表明了毛泽东从拥护君主立宪制到反对君主立宪制的转变,突出表现了毛泽东世界观的转变,也表现了他反对帝国主义、推翻封建主义的崇高的爱国主义情怀。

同年10月,以武昌新军起义为标志的辛亥革命爆发,毛泽东在湘乡驻省中学听取了一位革命党人激动人心的演讲后,认为干革命最好的办法是当兵。于是毛泽东和几个同学毅然退学参军,加入了湖南新军二十五混成协五十标第一营左队,成了谭延闿、赵恒惕部队的一名18岁的列兵。新军操练甚是辛苦,每天三操,点名训话,栉风沐雨,不得稍歇。军营之中没有是非对错可言,一切以长官意志为转移,稍有辩解,非打即骂。仅仅一个多月,毛泽东就掌握了军事基础知识和战斗基本技能。1912年春,由于袁世凯篡夺了辛亥革命的胜利果实,毛泽东便决定退伍,继续求学,他只当了半年兵。

在湖南省立第一师范学习时,毛泽东经常就一些重大时事问题,如列强如何侵略中国,中国为何被侵略而不能抵抗,青年应负起救国责任等发表演讲。1915年5月7日,袁世凯为了得到日本对他复辟帝制的支持,接受了“二十一条”,引起了全国各地的强烈反对和谴责,因此将5月7日作为国耻纪念日。消息传来,师生们也极为愤慨,由此展开了一系列的反袁活动。湖南省立第一师范的师生共同编辑印刷了一本名为《明耻篇》的小册子,毛泽东慷慨激昂,在封面上奋笔写下:“五月七日,民国奇耻;何以报仇?在我学子!”十六个大字。

1916年7月25日,他给好友萧子升写信,信中断言:中日之间,“二十年内,非一战不足以图存,而国人犹沉酣未觉,注意东事少。愚意吾侪无他事可做,欲完自身以保子孙,止有磨砺以待日本”。为此,他希望萧子升等多看书报,“注意东事,祈共勉之”,其忧国忧民和救国救民之情,昭然笔下。[②]

为寻求救国救民的道路,毛泽东与蔡和森于1918年4月发起成立了新民学会。学会以“革新学术,砥砺品行,改良人心”为宗旨,以“不虚伪、不懒惰、不浪

---

① 逄先知:《毛泽东年谱》(1893—1949)(上卷),中央文献出版社1993年版,第10页。

② 高菊村、刘胜生、陈峰等:《青年毛泽东》,中央文献出版社2008年版,第87页。

费、不赌博、不狎妓”为会规。为顺应形势的发展,新民学会的宗旨后来改为“改造中国与世界”,并规定了新会员入会的四个条件是纯洁、诚恳、奋斗、服从真理。学会规模不断扩大,会员发展到七八十名,其中毛泽东、蔡和森、何叔衡、向警予、李维汉、萧三、罗学瓒、张昆弟、郭亮、蔡畅、谢觉哉、夏曦等许多人,都是学会的优秀代表,后来都成为中国革命史上的著名人物。新民学会为中国共产党的建立作了最好的思想和组织准备。

为研究当时世界最进步的思想学说,了解各国实情,新民学会组织了留法勤工俭学运动。毛泽东为留法活动积极奔走,拿着杨昌济的请求信在上海找章士钊(1881—1973,字行严)帮忙筹措活动经费。章士钊发动社会名流捐款,共筹集两万银元,交给毛泽东。(从1963年起,每年正月初二这天,毛泽东必定用自己的稿费派秘书送给章士钊处两千元,一直到1972年送满累计两万元。毛泽东还说:这个钱是给你们那位老人家的补助,从1973年开始还“利息”,这个钱一直送到行老不在为止。)毛泽东还两次到上海为赴法勤工俭学的青年送行。他自己则留在国内,因为他另有深思。他后来回忆道:“虽然我协助组织了这个运动,而且新民学会也支持了这个运动,但我并不想去欧洲。我觉得我对我自己的国家了解得还不够。把我的时间花在中国会更有益处。”①

(资料来源:高菊村、刘胜生、陈峰等《青年毛泽东》,中央文献出版社2008年版。)

## 【思考讨论】

1. 毛泽东青少年时期的爱国思想是如何萌发的?
2. 毛泽东为什么没去法国勤工俭学?对你有何启示?
3. 当代青年应如何弘扬爱国主义的优良传统?

## 【案例解析】

“爱国主义就是千百年来巩固起来的对自己的祖国的一种最深厚的感

---

① 胡哲峰、孙彦:《毛泽东谈毛泽东》,中共中央党校出版社2000年版,第31页。

情。”[①]爱国主义是我国的优秀传统，是中华民族精神的核心，是推动我国社会前进发展的巨大力量。

毛泽东从小就与父母一起从事农业生产劳动，了解农民生活状况，同情和接济贫苦农民。学生时代，当毛泽东阅读《论中国有瓜分的危险》《世界英雄豪杰传》等书籍时，既羡慕美国等国家的进步与繁荣，又对祖国的前途深感焦虑，认识到中国与西方国家的差距，萌生要改变中国现状的想法，激起了他的爱国情怀。1910 年，长沙爆发“抢米风潮”，清政府调动军警进行镇压。毛泽东认识到“这是制度不好”，又萌发了彻底推翻和彻底改造旧制度的想法。

辛亥革命爆发后，毛泽东积极投入救亡图存的伟大洪流中，“剪辫子”、入伍当兵，都是毛泽东的爱国举动，并在湖南省立第一师范激发广大青年学生举行了轰轰烈烈的保家卫校活动。

为了探求真理，毛泽东、蔡和森等组织发起、创办了新民学会。这是五四时期著名的青年进步团体，也是当时湖南第一个进步、奋斗和向上的青年团体。学会以“革新学术，砥砺品行，改良人心”为宗旨，后修改为“改造中国与世界”，开展了一系列爱国活动。为了解、研究各国实情和进步学术，新民学会于 1918—1919 年先后组织了几批会员留法勤工俭学。毛泽东组织并筹措经费送同学去法国勤工俭学，而他自己则留下来研究自己的国家，因为他觉得“我对我自己的国家了解得还不够。把我的时间花在中国会更有益处”。

在全面建成小康社会的今天，爱国主义要赋予新时代的内容，建设和发展中国特色社会主义是新时期爱国主义的主题。爱国主义主要表现为弘扬民族精神与时代精神，献身于建设和保卫社会主义现代化事业，献身于促进祖国统一的事业。

## 【教学建议】

本案例讲述了学生时代毛泽东的爱国思想和行动，最主要的是展示了毛泽东对祖国的深厚情感。年轻的他当时认为对自己的国家了解得还不够，要把时间花在中国，而走了与很多同辈人选择出国留学的不同的路。他后来说过，中国革命要靠中国同志了解中国实际。他留下来了解中国实际，这也是爱国的实际

① 《列宁全集》第 28 卷，人民出版社 1956 年版，第 168—169 页。

行动。讲清楚这一点,有利于我们引导学生认识国情,做忠诚的爱国者,自觉维护国家利益,维护国家统一,根据实际情况赋予新时期的爱国主义新的时代价值。

本案例可用于《毛泽东思想和中国特色社会主义理论体系概论》第十一章第三节“巩固和发展爱国统一战线”,《马克思主义基本原理概论》第二章第三节“认识与实践的统一”,《思想道德修养与法律基础》第二章“继承爱国传统　弘扬中国精神”的辅助教学。

# 2-2
# 毛泽东:舍小家为大家

## 【案例正文】

在长期、尖锐的革命斗争中,毛泽东动员了他的绝大多数亲属,投身于国家和民族的解放事业。

1921年,毛泽东的父母均已去世,家里只留大弟毛泽民、弟媳王淑兰和堂妹毛泽建守着上屋场那栋房子和几十亩田地。这年正月,毛泽东回到韶山,他站在门前的池塘边,感慨万千,浮想联翩:他想到了严厉而又勤劳的父亲,一生奔波,为的是全家人的生计;他还想起了慈祥而又宽容的母亲。他也觉得,父母病逝后,自己作为长子,理应照顾弟妹。但是,目前革命形势发展这么快,自己不能留下来照料这个家,怎么办呢?

他请来了表兄文东仙、文南松,要宣布他的重大决定。一天晚饭后,毛泽东、毛泽民、毛泽覃、毛泽建、王淑兰、文东仙、文南松等围坐在火炉边,毛泽东满腹心事地坐在一边,谁也不知道他葫芦里卖的什么药。毛泽东开始发言了,他先是对毛泽民夫妇的辛勤劳动表示感谢,并对自己出门在外、没尽长兄之责表示歉意。毛泽民也对哥哥讲了些家庭的遭遇与困难。毛泽东耐心地听了弟弟的倾诉,然后说:"你讲的都是实情。败兵抢东西,日子不好过,不是我们一家人的事,大家都在受苦,国乱民不安生嘛!"他见大家点头称是,又接着说:"我的意见,把屋里收拾一下,田也不要耕作了,我在学校里找个安生的地方。泽民小时就在家搞劳动,没读多少书,现在离开这个家,跟我出去学习一下,边做些事,将来再正式参加做一些有利于国家、民族的事。”

毛泽东的这番话使毛泽民夫妇大为惊讶。毛泽东看出了他们的心思，继续开导说：“你们不要舍不得离开这个家，为了建设一个好的家，让千千万万的人都有一个好的家，我们只得离开这个家，舍小家为大家，为国家嘛！”毛泽民仍有顾虑，问：“那田怎么办？屋怎么办？人家欠我家的、我们欠人家的账又怎么办？”

毛泽东笑着说：“这个好办得很嘛！家里发出的票子，贴一张广告到外面，凡有我们顺义堂票子的，限几天来兑钱。钱不够，我们可以把栏里的猪都卖了换钱，让人家来兑。牛，就送给村里没有牛的穷人吧，田也让给村里人种。别人欠我们的账就一笔勾销算了。父母死了，他们留下的被子、衣服就送给那些最困难的人家用。至于房子嘛，就给没有房子的人住吧！”

“这样一来，父母留给我们的这个家，岂不毁在我们这一代手上吗？”毛泽民喃喃地说。

毛泽东哈哈一笑，说：“泽民，怎么是毁了呢？我们这样做，正是为了建立一个美好的大家、国家。有了大家，才有我们的小家。”

毛泽民、王淑兰夫妇都认为老兄说得有道理，迅速处理好家务，不久即带着孩子去了长沙，来到毛泽东身边，从此走上了革命道路。在毛泽东的教育影响下，弟妹们在以后的革命斗争中都成长为中国共产党的优秀党员、共产主义的坚强战士。毛泽民后来成为中华苏维埃共和国国家银行第一任行长、党内著名的理财能手。1943 年，他在新疆任民政厅长时被军阀盛世才杀害。小弟毛泽覃曾任苏区中共县委书记、中央局秘书长、红军独立师师长等职，红军长征后留在中央苏区坚持游击战争，1935 年在突围时牺牲。堂妹毛泽建在衡阳地区开展革命活动，任游击队队长，1929 年在衡山就义。加上夫人杨开慧、侄子毛楚雄、儿子毛岸英，毛泽东一家六位亲人，皆成烈士。他们的血肉已化成中国革命的铺路石，为全中国人民建立了一个真正美好、幸福的大家。

（资料来源：龙正才《毛泽东青少年时代的故事》，中国青年出版社 2013 年版。）

## 【思考讨论】

1. 你如何评价毛泽东“毁”家的爱国壮举？
2. 毛泽东一家为中国革命作出了巨大的牺牲，你有何感想？

## 【案例解析】

“有国才有家，国强家才富，家富国安定，国安享太平。”正是这样的千秋家国梦激起了多少中华儿女的拳拳爱国心！毛泽东就是一个有着这种家国梦的人。

毛泽东的祖上是贫农，由于父亲毛顺生勤俭持家、精打细算，经过多年的苦心经营，好不容易才有几十亩水田，成为当地比较富裕的家庭。毛泽东从1910年开始就在外面读书，很少过问家事，全靠大弟毛泽民夫妇在家操持。尤其是在父母最后的日子里，求医问药，端茶送水，都靠他们夫妇两人。毛泽东对他们心存感激。父母去世后，毛泽东就是这个家庭的家长，理当支持弟妹好好管理和经营父亲的产业。但自从去了长沙尤其是在北京结识了李大钊、陈独秀等人后，毛泽东已树立了改造中国与世界的宏伟志向。他觉得农村最缺少的，不是精明的生意人，而是矢志改造旧农村、建设新世界的革命者。因此，他动员弟妹们全家参加革命，把田地、耕牛和房屋都送给了贫苦的乡亲们，把父亲苦心经营一辈子的家给“毁”了。“为了建设一个好的家，让千千万万的人都有一个好的家，我们只得离开这个家，舍小家为大家。”毛泽东已经把自己全家人的命运与民族解放、国家振兴紧紧结合起来，牺牲“小”家而建设新中国这个“大”家，这是毛泽东惊天动地的爱国壮举，表现了崇高而伟大的爱国情怀。

在毛泽东的影响和带领下，毛泽东这个家庭中的每一个人都义无反顾地走上了革命的道路。毛泽东一家先后有毛泽民、毛泽覃、毛泽建、杨开慧、毛楚雄、毛岸英六位亲人为中国革命献出了宝贵的生命，“为有牺牲多壮志，敢教日月换新天”。毛泽东一家的六位亲人和千千万万的革命者一起，在为人民翻身求解放的伟大革命中前赴后继，舍生取义，不断地拼搏、奋斗、流血、牺牲，用鲜血和生命缔造了中华人民共和国。他们用自己的青春和热血谱写了一曲中国共产党人的英雄赞歌，他们把自己宝贵的生命奉献给了中国人民最壮丽的解放事业。他们的英名将永远留存在共和国的丰碑上。

## 【教学建议】

本案例展现了毛泽东为实现“改造中国和世界”的宏伟抱负，毅然“毁”掉他父亲一生经营的比较富裕的“小”家，带领全家人走上革命道路的爱国壮举。在教学过程中引导学生懂得正确处理个人、集体、国家三者之间的关系，懂得“天下兴亡，匹夫有责”和“国家好，民族好，大家才会好”的道理。

本案例可用于《毛泽东思想和中国特色社会主义理论体系概论》第十一章第三节“巩固和发展爱国统一战线”、《思想道德修养与法律基础》第二章“继承爱国传统　弘扬中国精神”的辅助教学。

# 2-3

# 周恩来:誓做中华的主人

## 【案例正文】

1911年的夏天,奉天(今沈阳)官立东关模范学校放暑假了。周恩来的同班同学,也是他少年时十分要好的朋友何履祯、何天章邀约他一起度假和郊游。

何家在奉天南郊的魏家楼子。何履祯的爷爷何殿甲是位秀才,当时已年逾花甲,在当地教私塾。老人一生饱尝辛苦,有强烈的民族精神和爱民情怀,对青年一代尤其抱有很大的希望,因而不顾自己年高体弱,亲自领他们去烟龙山参观日俄战争旧址。

魏家楼子地处沙河南岸。1904年至1905年,日俄为了争夺我国东北的控制权,曾在那里打了一场恶战。那场战争给无辜的中国人民带来了深重的灾难。战争结束后,俄军战败了,日军打胜了,连俄军总司令也被打死了。这位总司令是沙皇的驸马,消息传到圣彼得堡后,沙皇的公主哭着到奉天魏家楼子祭奠亡夫。她在丈夫战死的地方修了一座高大的纪念碑,碑的上部还镶上驸马的头像。俄国公主的用意很明确:败不忘耻,以图再起。日本人见战败的俄国竟然修建了这么一座高大的纪念碑,他们战胜国岂能示弱?于是日军就在俄国纪念碑的对面山头上也建造了一座比俄国纪念碑还要大一点的纪念塔,在塔身上雕刻上“奉天会战第九军战迹”九个大字。

何老先生悲愤地说:“在那场战争中,日俄两国都想吞并我国的东三省,互不相让,结果给我国人民带来无穷灾难。战败的俄国为发泄气愤,竟血洗了整个魏家楼子村，单我们何家就被杀死4人，重伤4人。我的父亲何朝云就是无缘无故地被乱军活活埋掉的。"说到这里，老人眼圈湿润，说不下去了。周恩来听了，一双大眼睛里直冒火花，他非常愤慨地说："日本和俄国打仗，怎么打到我们中国来了？真是欺人太甚了！"参观结束后回到何家，何殿甲老人抑制不住激情，奋笔疾书了一首《登东山歌》赠给周恩来。

周恩来读了《登东山歌》，心情久久不能平静，心中又浮起那两座碑塔……他含着眼泪唱起了当时在东北进步爱国人士中流行的歌曲《何日醒》："辽东半岛风云紧，强俄未撤兵，呜呼东三省，第二波兰错铸成，歌萨克队肆蹂躏，户无鸡犬宁。日本三岛，顿起雄心，新仇旧恨并，舰队联樯进，黄金山外炮声声。俄败何喜？日胜何欣？吾党何日醒？"

周恩来一边唱一边在心中默默地立志：一定要好好努力学习，学好本领报效祖国！这也是他在暑假后上学时回答"为中华之崛起而读书"的原动力。

在何老先生的书房，周恩来听到老人悲愤地吟诵《春望》《示儿》两首诗，深受老人忧国忧民情绪的感染，立即依律做了两首诗。周恩来在他的《村望》中写道："国破山河在，村残草木深。感时勿落泪，誓叫寇惊心！烽火连岁月，捷书抵万金。白头休志短，患除贺更新！"又一首写道："战火洗劫万室空，吾侪争见九州同。华师尽扫列强日，捷报飞传告鳌翁。"[①]老先生读了周恩来的诗，感慨无限，对周恩来喜爱有加。他似乎忘记了与周恩来之间那五六十岁的年龄差距，和他谈诗论文，说古道今，毫无顾忌地谈论国事。有一回，何老先生见周恩来文字颇见功底，出了个上联给他对："勿当列强之奴仆。"周恩来想了一想，马上对出下联："誓做中华的主人。"何老先生一听，工整对仗，字字得体，掷地有声，连声赞叹说："对得好，对得好。"后来，何殿甲先生自豪地说："周恩来是我一生中见到的一位最好的学生，他是一个前途无量的少年。"

1917年，周恩来得知何殿甲老先生已经作古，十分悲痛、难过，特为自己的同学郭思宁写下了"愿相会于中华腾飞世界时"的临别赠言，表达他继承何老先生遗志的坚强决心。此后，周恩来始终践行着自己"为中华崛起而读书"的座右铭。1917年，他为了寻求救国的真理而东渡日本，精心钻研新兴社会科学，努力掌握救国救民本领。1919年回国就投身五四运动，组织觉悟社，进行反帝反封建的革命活动。1920—1924年在法国、德国勤工俭学期间，发起组织旅欧中国少年共产党。

（资料来源：郭潇《为中华崛起而奋斗——少年周恩来高唱〈何日醒〉歌曲纪实》，《觉悟》2007年第2期。）

---

① 胡景芳：《为中华之崛起：周恩来同志少年时期的故事》，陕西人民出版社1980年版，第127页。

## 【思考讨论】

1. 日俄战争对中国的影响有哪些？

2. 青年一代应该怎样继承和发扬中华民族的爱国主义优良传统？

## 【案例解析】

自19世纪中期以来，日俄两国在中国东北地区展开了日益激烈的争夺。20世纪初，双方矛盾急剧升级，1904年2月至1905年9月，日俄两国以中国东北为主战场进行了一场帝国主义争霸战争。作为战争的受害国和当事方的中国却宣布“局外中立”，划辽河以东为交战区，任凭两个帝国主义强盗在中国领土上为争夺中国而厮杀。日俄战争的最终结果是日本获胜，俄国将其控制的中国东北南部的势力范围分割给日本，形成了俄、日分治中国东北的局面。

日俄战争给中国带来了严重后果和深远影响。在日俄战争中，中国主权被大肆攫取和破坏，1905年日俄两国签订的《朴茨茅斯和约》规定：沙俄把旅顺、大连的租借权转让给日本，并将中东铁路长春以南至旅顺口的铁路及其支线划为日本势力范围，至此中国的辽东半岛完全被日本控制。1905年底，日本迫使清政府签订《东三省事宜条约》，除强迫清政府承认《朴茨茅斯和约》外，还强迫清政府开放吉林、哈尔滨、满洲里等地为商埠。日本势力由此植入“南满”，这为日后日本扩大侵华埋下了祸根。在战争过程中，中国军民和官吏被惨无人道地大肆拘捕和残害，许多中国公民惨死于炮火之下，无数房屋被毁，万亩良田被践踏，数以万计的平民流离失所，再加上两军队进行的经济和文化上的掠夺，东北人民在战争中遭受了惨重的人身伤亡和财产损失。因此，日俄战争也使中国人民进一步认识到民族危机的严重与清王朝的卖国本质，激发着爱国救亡的革命运动迅速发展起来。

《何日醒》是一首学堂乐歌，原载沈心工编《学校唱歌集》，周恩来所唱第四段小标题为“东三省”，歌词痛陈帝国主义列强侵略瓜分中国的严酷现实，呼吁国人猛醒，奋起救亡图存。在国家民族危亡之际，爱国救国成为时代的主旋律，这首歌在当时广为传唱，风行全国。1998年拍摄的大型纪录片《百年恩来》就以此曲为剧中童声插曲，依据即为周恩来1911年参观日俄战争旧址，痛心国家危亡，高唱《何日醒》的历史场景。参观日俄战争旧址给少年周恩来的触动是巨大的，成为他日后为中华之崛起而奋斗的原动力。正是有感于帝国主义的残暴、封建主义的腐朽，周恩来产生了反帝反封建的要求，在实践中由一个破落的世家子弟转变成为一个为振兴中华、拯救国家而奋斗的爱国主义者和革命者。从此周恩来以天下为己任，视国家民族利益高于一切，忧国家民族之所忧，急国家民族之所急，在长期的奋斗探索中最终确立了共产主义的理想信念，为使中华民族腾飞于世界奋斗一生。日俄战争旧址中的纪念建筑和弹坑，永久地停留在周恩来的记忆深处。1955 年，中苏双方就旅顺港归还问题进行谈判时，苏军在答应撤走的同时提出要在旅顺港建立日俄战争纪念碑，周恩来断然拒绝了这一无理要求，这是对"吾党何日醒"这一历史呐喊的有力回应。

日俄战争已成为历史，今天的中国腾飞于世界，展现出了中华民族伟大复兴的光明前景。在新的历史条件下，我们必须以史为鉴，面向未来，继承爱国主义优良传统，弘扬中国精神，做一个忠诚爱国者。

## 【教学建议】

本案例讲述的是少年周恩来 1911 年在东北求学期间，参观日俄战争旧址，触景生情咏唱《何日醒》的故事。在近代中国救亡图存是最大的政治，爱国救国是时代的主旋律，周恩来勇担历史赋予的责任与使命，矢志报国，对青年一代有重要的教育意义。当代大学生所处的时代不同，爱国忧民的内容方式各异，但无论时代怎样变迁，方式如何变化，爱国主义的优良传统始终不能丢弃，必须代代传承，发扬光大。

本案例可用于《中国近现代史纲要》第三章第一节中"辛亥革命爆发的历史条件"，以及《思想道德修养与法律基础》第一章"追求远大理想　坚定崇高信念"和第二章"继承爱国传统　弘扬中国精神"的辅助教学。

## 2-4
# 刘少奇:“刘卫黄”的来历

【案例正文】

1969年11月14日,河南开封火葬场骨灰存放室多了一个骨灰盒,盒上写着“姓名:刘卫黄,单位:无业。”很少有人知道,这个盒子里装着的,是当时国家主席刘少奇同志的骨灰。他在“文化大革命”中受林彪、“四人帮”反革命集团迫害,含冤去世。刘卫黄是刘少奇同志的化名。

怀着崇敬的心情,笔者来到丘陵起伏、苍松环抱的刘少奇纪念馆。在第一陈列室,透过陈列柜明净的玻璃,看到几本署有“刘卫黄”几个大字的书——《资治通鉴纲目》《了凡纲鉴》等。经过近一个世纪的风蚀日化,这几本书页片已完全变黄发脆。而“刘卫黄”这个苍劲有力、赫赫醒目的名字,却让人们感受到了一份17岁热血青年的拳拳爱国之情。

“刘卫黄”这个名字有什么来历呢?

1915年5月下旬的一天,宁乡县东门龙王庙的戏台前黑压压地围了一大群人。他们被台上这位身材修长、面容清秀的少年那音调低沉却充满激情的演讲深深地吸引住了。他,就是刘少奇。

几个月来,刘少奇和他的同学一直怀着极度忧虑和忐忑不安的心情密切注视着一场正在秘密进行的“中日交涉”。每当他从报纸上看到“日本逼迫中国承认二十一条”、“延长关东租借四年”、“同意日人继承德人在山东的权利”的消息,每当他从老师、同学及其他人那里听到有关日本人步步紧逼、中国步步退让的报道,就经受着无地自容的屈辱,意识到丧权辱国的危险。

1915年5月9日,袁世凯不顾全国人民的强烈反对,对日本帝国主义于5月7日提出的所谓"最后通牒"作出答复,公然接受了日本妄图独吞中国的二十一条。从此,日本不仅继承了德国在山东的全部特权,而且还获得了独占中国的内蒙古、南满、福建、沿海各岛屿港口以及汉冶萍公司等各种特权。

消息传开,举国悲愤。湖南省各地人民群众纷纷起来举行游行示威,学生罢课、商人罢市。这股爱国热潮融进了全国讨袁护国的滚滚洪流,各地相约将5月7日定为"国耻日"。当刘少奇得知这个消息后,一股无法容忍的亡国奴耻辱与痛苦顿时袭透了他的全身。他当场咬破手指,含着泪,将奔流在血管中的爱国热血在雪白的纸上愤然写下"誓雪国耻"、"毋忘国耻"的血书。在著名进步教师梅冶成的支持下,刘少奇和玉潭学校的部分学生冲出校门,到县城各处散发和张贴"誓雪国仇"、"取消二十一条"、"打倒卖国贼"等标语口号。联合全县的学生与各界爱国群众组成一支1 000多人的队伍,连续几天从县城的南门到北门、再从东门到西门举行示威游行。每次游行,他总是身挂"毋忘国耻"的牌子,站在队伍的最前面,带领大家喊口号。除此之外,他还参加了玉潭学校组织的在县城四门的城隍庙、天后宫、武王殿、龙王庙的演讲。据曾和他一起参加过排日反袁学潮的同学贺执圭和彭国栋说,平日斯文有礼、少言寡语的刘少奇,在爱国反袁的大会上和演讲中却口若悬河,慷慨陈词:

"同胞们!我们中华民族是历史悠久的民族;我们炎黄子孙,是世界上最聪慧的人种。我们中国素称东方大国,但自鸦片战争以来,我们累遭外国列强侵凌欺侮,每次人家打进来破坏了我们的家园,我们却还得给别人赔礼道歉,赔款割地……自甲午战争以后,外侮纷来,中日之战、日俄之战、八国联军,哪一次不是把中国当鱼肉,任凭外国强盗来斫砍宰割呢?这是为什么?我们的国家积弱不振,一盘散沙;我们的政府昏聩无能,甘心卖国!如今,区区五千万人口的日本,竟然对我四万万同胞的大国以亡国的二十一条相要挟,欲灭我中华民族,绝我炎黄子孙,我们能甘心忍受吗……同胞们,猛醒起来,中华民族到了最危险的时候!同胞们,行动起来,打倒卖国贼!赶走日本和各国强盗……"①

他饱含激情、动人肺腑的演讲博得了全场的热烈掌声,他那强烈的爱国情愫和炎黄子孙不可侮的心声感染了听众。"打倒日本强盗"、"誓死不当亡国奴"的口号声在人群中此起彼伏,会场充满着反日倒袁的护国气氛,会后群众展开了储

---

① 黄祖琳:《刘少奇青少年时代》,中国青年出版社1996年版,第42页。

金救国、抵制日货、反对帝制的行动。

当时，学校迫于县里拥袁势力的高压，开除了刘少奇和其他几位带头的学生。他们毅然背上行李，走出学校，全身心地投入这场火热的斗争。为了表示誓死挽救中华民族的危亡、保卫炎黄子孙的志向和决心，刘少奇将自己的名字改为“刘卫黄”。

“刘卫黄”是刘少奇为革命取的一个新名字，是他经过反袁护国斗争洗礼后，对国家、民族的前途和命运开始充满忧患意识，是他感悟人生，选择革命人生道路的表现。青少年刘少奇之所以能够作出正确的选择，得益于他积极投身社会实践活动。

经过此次反袁斗争的洗礼，刘少奇心中那团激烈的爱国之火，更加不可抑止。这团火，激励着他更加一往无前地去探寻救国救民之路。在多次寻求、多次遇挫之后，他接触到了马克思主义。他由此坚信，马克思主义是真理，无产阶级革命道路是唯一行得通的救国之路。

（资料来源：胡长水等《一个伟人的奋斗与命运》，中共党史出版社 2001 年版。）

## 【思考讨论】

1. 刘少奇为什么改名为刘卫黄？
2. 刘少奇青少年时期的爱国行为对你有何启示？

## 【案例解析】

有人说，名字是个符号，没有很大的意义。但是，刘少奇将刘渭潢改成刘卫黄，则是将渭潢的名字赋予保卫炎黄子孙的特殊意义，是他经过反袁护国斗争洗礼后，对国家、民族的前途和命运充满忧患的体现。

当然，刘少奇之所以这样改名是基于当时的特殊时代背景。自鸦片战争以来，晚清王朝接连遭受西方列强的欺凌辱掠，中国人民处于内忧外患的水深火热之中面对“亡国灭种”的危机，保卫黄河、保卫炎黄子孙是当时的仁人志士内心发出的呐喊。

## 【教学建议】

本案例讲述了刘少奇这位政治家与马克思主义理论家青少年时代的爱国情感和报国责任。灾难深重的中华民族使青少年的刘少奇忧心忡忡,救国救亡成为他青少年时代的崇高理想。刘少奇将刘渭潢改名为刘卫黄,是一个生动的爱国主义典型事例。

本案例可用于《中国近现代史纲要》第一章“反对外国侵略的斗争”的辅助教学。

# 2-5
# 朱德：早年的爱国主义熏陶

## 【案例正文】

1896 年，朱德到家附近的席家碥私塾馆读书。私塾馆的先生席聘三，知识渊博，为人刚正不阿，敢于仗义执言，经常猛烈抨击旧制度，讥讽帝王将相和达官显贵。他时常把当地官僚豪绅骂得狗血淋头，当地的豪绅既恨他又怕他。他对穷苦人充满同情，很愿意接纳穷人的孩子，收费也很少。那些实在交不起学费的，还可以缓交或者免交。

入学那天，席聘三先生给朱德起学名“玉阶”，勉励他用功读书，像白玉那样清清白白地做人，扎扎实实地做事，立志沿着玉石砌成的阶梯步步登高。

朱德到席聘三私塾读书的时候，正值中日甲午战争失败不久。清政府可耻地屈服了，它的腐败和软弱无能彻底暴露。此时，中国面临着被世界列强瓜分的严重威胁，全国各地掀起了救亡图存的政治运动。正在北京参加会试的康有为，联合在京会试的举人，联名向光绪皇帝上呈万言书。要求拒和、迁都、练兵、变法，“下诏鼓天下之气，迁都定天下之本，练兵强天下之势，变法成天下之治”，[①]指出变法为“富国自强”的根本大计，主张推行“富国”、“养民”、“教民”、“练兵”之法，要求实行议会制。这就是历史上著名的“公车上书”。

地处川北山区的仪陇，得到消息很晚。席聘三先生好不容易才秘密地弄到

① 《变法以致升平：康有为文选》，上海远东出版社 1997 年版，第 266 页。

了一份“万言书”的手抄本。他如饥似渴地读了一遍又一遍，在上面圈圈点点，还批注了“良策”、“新法”、“拥护”等词语；他还广泛地联系历史和现实，一字一句，有板有眼地向学生们讲解“万言书”，并把听来的关于甲午海战的惨败经过和《马关条约》的情况告诉学生。他一开讲就忘记了时间，忘记饥渴，时而声泪俱下，时而激昂怒骂，朱德等人听得义愤填膺，热血沸腾。席聘三先生精彩动人的讲述，使朱德受到了深刻的爱国主义教育。

朱德最喜欢听席聘三先生摆龙门阵。他给朱德讲唐末的黄巢农民起义，讲了明末的李自成农民起义，又讲清朝太平天国的故事。有时，故事讲完了，席聘三先生一只大手拍在小饭桌上，愤怒地说：“现在的世道太坏了，是大鱼吃小鱼，小鱼吃虾米，老百姓就好比是小虾米。老百姓太苦了，他们多盼望有多几个黄巢、李自成、洪秀全起来造反呀！”他一边叹息，一边对朱德说：“为民除暴，才有光明世界；富国强兵，才不会任列强宰割啊！”朱德听了席聘三先生的惊世之言，如同寒冬风雪之中遇到了送炭人，心中充满了激动。

席聘三先生虽然十分痛恨外国列强对中国的凌辱和侵略，虽然没有学过西方的科学，但是从科学技术使西方许多国家成为强国的事实出发，他再三告诫自己的门生：要使中华民族强盛起来，不再受列强的欺辱，就要学习西方的科学技术，美国、法国、日本之强盛，就是依靠先进的科学技术。

朱德从10岁到18岁（1896—1904年），都在席聘三的私塾里读书。席先生对封建势力深恶痛绝、对平民百姓充满同情、对列强侵略满怀痛恨，这深深地感染和影响着朱德，使朱德萌生了救国救民的远大抱负。

（资料来源：刘晴、谭晓萍《朱德珍闻》，中央文献出版社2009年版。）

## 【思考讨论】

席聘三先生的品格和爱国言论对少年朱德产生了哪些影响？

## 【案例解析】

在青少年的成长过程中，老师的影响是深远广泛的。老师不仅要给学生传授知识，而且也要传授为人处世的道理，并且要率先垂范，身体力行。本案例生动地讲述了席聘三先生对少年朱德的巨大影响。这主要表现在以下几个方面：第一，席聘三先生为人处世的品格对朱德的影响。席聘三先生平易近人的品格使朱德很快就把老师视为良师益友。俗话说，“亲其师，信其道。”学生信任老师，热爱老师，就会更容易更自觉地接受老师讲授的道理。第二，席聘三先生的思想对朱德的影响。老师的思想对学生的影响是很大的。正是在席聘三先生的影响下，朱德扩大了自己的视野，对中国历史和中国现状有所了解，开始关心国家大事，初步确立了爱国主义思想和读书救国的理想，懂得了科学技术的重要性，激发了他的反抗精神，为朱德以后走上革命道路埋下了思想和心理的种子。第三，在席聘三先生的指导下，朱德学习了中国传统文化典籍，完成了最初的知识教育和思想启蒙，为以后的成长奠定了思想基础。在我们的人生中，遇到一些好老师是非常幸运的，我们一定要珍惜，认真领会他们的教诲。有幸成为教师，一定要不断提高自己的思想道德和知识水平，自觉地承担起自己的社会责任，更好地完成教书育人的社会职责和人生使命。

## 【教学建议】

本案例展现了师生的动人情谊和私塾教师对少年朱德的巨大影响。正是在席聘三先生的教诲和影响下，少年朱德的视野扩大了，思想发生了巨大变化，开始关心整个国家的命运，初步确立起爱国主义思想和读书救国的理想，激发了反抗精神，为以后走上革命道路埋下了思想和心理的种子。

本案例可用于《中国近现代史纲要》第三章第一节中“辛亥革命爆发的历史条件”，以及《思想道德修养与法律基础》第一章“追求远大理想　坚定崇高信念”、第二章“继承爱国传统　弘扬中国精神”的辅助教学。

# 2-6

# 任弼时:凡人宜有爱国心

## 【案例正文】

任弼时的父亲任裕道,又名思度,是一个教书先生,年轻时在家里开办一所私塾。任弼时还没上学之前,父亲便给他讲过许多历史故事,如花木兰代父从军、岳母刺字精忠报国,特别是家乡的屈原的事迹、岳阳楼上的千古名句"先天下之忧而忧,后天下之乐而乐"等,在他幼小的心灵里埋下了正义、爱国的种子。他还在序贤小学上学时,也就是10岁左右,便在一篇题为《爱国说》的作文中写道:"凡人之生,宜有爱国之心。何也?因身与国家大有关系。故宜大家保存。"①不难看出,少年任弼时已经懂得了"天下兴亡,匹夫有责"的道理,这是爱国之心的真诚自然流露。

1915年秋,任弼时进入湖南省立第一师范附属高小学习。当时,毛泽东正在这里的师范部求学。学校有个学友会,毛泽东等人活跃其中,组织开展各类课余活动,任弼时积极参加了其中的演讲部。每到晚上,自修室里灯火通明,任弼时经常在阅览室里阅读报纸,寻求新知。他炽烈的爱国情感也得到了进一步彰显。在一篇写于1916年9月的题为《说国民之义务》的作文中,他说:"国者,人民聚合而成,故人民宜有爱国之心,而为国家尽义务……即吾藐然一身,既为国民一分子,亦当自尽其力为国家尽义务也。"②可见此时的任弼时已有了以身许

① 蔡庆新、姚勇:《激扬文字:任弼时青少年时代作品赏析》,中央文献出版社2002年版,第13页。

② 蔡庆新、姚勇:《激扬文字:任弼时青少年时代作品赏析》,中央文献出版社2002年版,第30页。

国的担当。1917 年的一天,他温习地理,翻开地图,只见神州大地从北到南到处都是被帝国主义列强侵占的领土。“展章而观,即我国割让之地也。”①想起寸土尺地都是祖先们披荆斩棘艰难开拓而来,而如今却只能一任强国鲸吞蚕食,山河破碎,任弼时为此伤心不已,愤恨不已。“呜呼,我辈对之,当如烈火之烧心,众镝之丛体,芒刺之负背。”②他立志要待从头收拾旧山河:“若能时存卧薪尝胆之念,励精图治,何患不能收回割让之地乎!”②也正是在这种爱国情怀激励下,他发愤学习历史地理知识,涉猎古今名人传记,求索救国自强之道。

长沙求学期间,还有两件事深深地激起任弼时的爱国激情。第一件事是蔡锷将军的追悼会。蔡锷是湖南人,爱国名将。为反对袁世凯称帝,1915 年在云南组织护国军,通电起义,全国各地纷纷响应,袁世凯倒台。1916 年,蔡锷英年早逝,湖南各界为他举行了隆重的追悼会。任弼时在学校组织下参加了此次活动。追悼会后,他在作文中写道:“铲除帝制,恢复共和,其意气之盛可谓壮哉”,“今公已矣,吾人何不急起直追,继公之志乎!”③他对蔡锷的爱国壮举钦佩不已,立志要“急起直追,继公之志”。

第二件事是第一次世界大战结束,协约国战胜同盟国。中国是对德宣战的协约国之一,为此而举行了庆祝活动。1918 年 11 月 26 日,长沙城里举行盛大的提灯会,数万群众游行。任弼时走在队伍中,心里却在沉思:热热闹闹的庆祝会,究竟庆祝什么?德国在华利益被转让给了日本。中国“胜”在哪里?“利”在何处?回到宿舍,他即写下了不吐不快的心里话:“退而思之,我国之庆祝,止负协约之名而无协约之实,亦可愧也!自后我国可不力自振刷乎!”④正是基于这种与祖国共命运的赤诚,引导他此后投身五四运动,并且由此走向革命道路。

1919 年 5 月 4 日,北京爆发五四运动。消息传到长沙,此时已在长郡中学求学的任弼时,便和同学们一道走上街头,高呼“外争国权,内惩国贼”,“取消二十一条”,“拒绝和约签字”等口号。为限制学生参加爱国行动,学校提前放假,食堂停止膳食,要学生限期离开学校。许多学生愤慨地说,我们偏不走!任弼时说,毛泽东已组织学生到长沙的工人中进行宣传,我们也组织起来,回乡宣传民众!

五四运动后,蔡元培等有识之士,在北京成立了留学法国的勤工俭学会,组织了一批一批的青年学生出洋留学。李立三、李富春等任弼时在长郡的校友,都是留法的积极分子。不久,毛泽东发起的新民学会成立了俄罗斯研究会,发起留

---

① 蔡庆新、姚勇:《激扬文字:任弼时青少年时代作品赏析》,中央文献出版社 2002 年版,第 49 页。
② 蔡庆新、姚勇:《激扬文字:任弼时青少年时代作品赏析》,中央文献出版社 2002 年版,第 50 页。
③ 蔡庆新、姚勇:《激扬文字:任弼时青少年时代作品赏析》,中央文献出版社 2002 年版,第 40 页。
④ 蔡庆新、姚勇:《激扬文字:任弼时青少年时代作品赏析》,中央文献出版社 2002 年版,第 85 页。

俄勤工俭学团。任弼时和同班同学萧劲光参加了俄罗斯研究会的一些活动。1920年暑假的一天,任弼时和萧劲光得知上海新成立的外国语学社正在招生,学习俄语以后,可以选送到俄国去留学。这是共产国际帮助中国建立共产党的内容之一。去不去?还有几个月就要毕业,文凭还要不要?他们俩商量来商量去,最后下决心:去!

在上海外国语学社学习半年后,上海共产主义小组选送任弼时等赴俄留学。任弼时把赴俄留学的消息告诉父母时,他的父亲,一位正直的乡村教师,对于崭新的革命生活是难于想象和理解的。但他没有阻拦,而是写信委婉地劝导任弼时在上海谋个工作,从长计议。任弼时收到父亲的书信时,行期已近,决心已下。他写下一封告别的家书。信中,他一方面表达了对父亲的理解、挂念和感激之情:"常念大人奔走一世之劳,未稍闲心休养,而家境日趋窘迫,负担日益增加,儿虽时具分劳之心,苦于能力莫及,徒叫奈何。"①另一方面,又表达了自己的抱负和决心:"只以人生原出谋幸福,冒险奋勇男儿事,况现今社会存亡生死亦全赖我辈青年将来造成大福家世界。同天共乐,此亦我辈青年人的希望和责任,达此便算成功。"②事实上,他也是在告诉父亲,只有通过造成"大福家世界",才能从根本上解决"家境日趋窘迫"的问题。17岁的任弼时,自觉地将"造成大福家世界"作为自己的人生目标和对社会的责任,堪称时代青年的典范。这也是他青少年时代爱国主义的崇高升华。

远洋邮轮载着任弼时一行,在浩淼的太平洋上,乘风破浪前进。一个怀揣崇高理想的少年,去往莫斯科,当年的革命圣地。在那里,他见到了列宁,学习和掌握了马克思主义基本理论,坚定了为多数人谋幸福的人生理想,成长为一名坚强的共产主义战士。

(资料来源:蔡庆新、姚勇《激扬文字:任弼时青少年时代作品赏析》,中央文献出版社2002年版;章学新《任弼时传》(上),中央文献出版社2014年版。)

## 【思考讨论】

1. 谈谈对任弼时青少年时代爱国言论的理解与体会?
2. 结合任弼时赴俄留学前给父亲的信,谈谈你对孝亲与爱国的理解?

---

① 蔡庆新、姚勇:《激扬文字:任弼时青少年时代作品赏析》,中央文献出版社2002年版,第91页。
② 蔡庆新、姚勇:《激扬文字:任弼时青少年时代作品赏析》,中央文献出版社2002年版,第92页。

## 【案例解析】

爱国主义是每一个公民都应具有的基本情感和道德要求。10岁的任弼时就能说:“凡人之生,宜有爱国之心”。天下兴亡,匹夫有责。作为未来社会的中坚力量的大学生,应有心怀天下的担当。

爱国,就要热爱祖国的大好河山,热爱自己的骨肉同胞。少年任弼时看到国土被强占,对之如烈火烧心,众镝丛体,芒刺负背,并立志要卧薪尝胆,收回割让之地,就是对祖国河山炽烈的爱。他以“人生原出谋幸福,冒险奋勇男儿事”的信念赴俄学习,把将来造成“大福家世界”作为自己及青年一代的希望和责任,体现的是他对受苦受难同胞深沉的爱。

爱国,就要为祖国发展进步和繁荣昌盛而努力奋斗。少年任弼时认为中国之所以弱,工业不发达是一重要原因,所以他曾“志习工业”,寄希望于以工业振兴来强我中国。他这个理想的核心愿望就是祖国的发展进步。可是,我们知道,中国要发展,固然要发展现代工业,实现现代化,然而如果不推翻帝国主义的殖民统治,实现民族独立,要发展工业几乎是不可能的。他走向革命道路,一生为革命事业负重前行,就是为创造工业发展的前提而奋斗。

爱国主义是一个历史范畴,在社会发展的不同阶段、不同时期有不同的具体内容。在新民主主义革命时期,我们讲爱国主义,就是要万众一心,推翻帝国主义、封建主义和官僚资本主义这“三座大山”,把黑暗的旧中国改造成为光明的新中国,实现中华民族的彻底解放。在当代中国,我们讲爱国主义,就是要热爱共产党领导下的社会主义中国,集中精力建设中国特色社会主义,实现中华民族的伟大复兴。

## 【教学建议】

本案例展现了任弼时少年时代难能可贵、激动人心的爱国言论和行为,以及将爱国情怀与自己的人生理想相结合、舍小家为大家、忠于理想信念而“不孝”于家的事例。

本案例可用于《思想道德修养与法律基础》第二章“继承爱国传统　弘扬中国精神”的辅助教学,以及第四章第二节“继承和弘扬中华民族优良道德传统”中“孝行”的教辅材料。

## 2-7

# 陈云:声援“五四”的童子军

### 【案例正文】

1919 年 1 月,第一次世界大战的战胜国开始在法国巴黎召开和平会议。这实际上是一次由当时世界五强即美、英、法、日、意五个帝国主义国家操纵的重新瓜分世界的会议。作为战胜国之一的中国参加了会议。中国政府代表在全国舆论的压力下,为改变中国在国际上的不平等地位,在会上提出废除外国在中国的势力范围、撤退外国在中国的军队和巡警、撤销领事裁判权、归还租界、取消日本强加给中国的“二十一条”及换文等正当要求,但都遭到列强的无理拒绝。会议竟然决定德国应将在中国山东获得的一切特权转交给日本。迫于列强的压力,当时的北京政府竟准备在这个丧权辱国的和约上签字。中国在和会上外交失败的消息传到国内,激起了国内各阶层人民的强烈愤慨,以学生运动为先导的五四爱国运动在北京爆发。北京学生的爱国行动,得到国内各地学生、国外留学生、南洋华侨学生和广大人民群众的纷纷响应。1919 年 6 月初,工人阶级开始成为运动的主力,运动的中心也从北京转移到了上海。

上海西南郊的青浦人民素有反帝反封建的光荣传统。早在 1848 年,青浦就发生过运送漕粮的船夫痛打英国传教士的“青浦教案”。1853 年,周立春、周秀英领导塘湾农民开展抗粮斗争,继而发展成为上海小刀会起义的一支重要力量。1862 年,太平天国官兵在青浦重创华尔率领的“洋枪队”,沉重地打击了洋人的嚣张气焰,大长国人的志气,曾一时享有“铁青浦”的美誉。1911 年辛亥革命和

1913年“二次革命”期间，青浦的有识之士高举义旗，纷纷响应。因而，当五四运动的消息传到青浦后，青浦的知识青年和爱国群众纷纷行动起来，青浦的教育界率先开始罢课。5月9日，青浦各校师生响应全国学联的号召，举行声讨卖国贼曹汝霖、章宗祥、陆宗舆的游行示威。5月11日，青浦县教育会发动全县各校停课3天，上街宣讲国耻，并致电江苏督军、省长，要求北洋政府开释学生，罢免奸贼。6月8日，青浦县城商会邀集商界人士开会，专门讨论抵制日货问题，并作出了四条决议：(1) 变卖民国元年商团购买的洋货；(2) 通电北京，声援学生运动；(3) 提倡国货，抵制日货；(4) 从商界、平民界以及法学团等群众组织中推派代表到各船埠对过境和到站口客轮或货船进行逐一检查，倘查有日货，即行焚毁或议罚。城厢镇一些有学之士，还撰写了《商会警告》《泣告同胞》《留心灭种》《劝用国货》等醒目文章，提出“提倡国货”、“抵制日货”的口号。

陈云所在的颜安小学也积极投入到这场反帝反封建的爱国运动中。当时，陈云已是高年级学生。他品学兼优，既有较强的组织能力，又有极好的口才，而且在同学们心中有较高的威望，因此，他是学生中声援活动的核心人物之一。在张行恭老师带领下，陈云和一些同学参加了学校组织的“救国十人团”，他们还组织了宣传队，连日赴小镇街头、明因寺、小蒸、泖口等地发表演讲，表演短剧。据陈云幼年的同学回忆，陈云与同学们在练塘附近的乡村游行、演讲，用尚带着童声的声音，向乡亲们揭露日本帝国主义和北洋政府的罪行，号召大家抵制日货，不吃日本来的干贝，不穿东洋纱织的洋布，不玩日本原料做的赛璐珞玩具。他们侃侃的言辞、义愤的神情，不时博得群众一阵阵掌声。有些群众情不自禁地跟着颜安小学的师生振臂高呼“打倒袁世凯卖国贼”、“废除二十一条辱国条约”、“收回青岛”、“睡狮快醒”、“不做东亚病夫”等口号。同学们把平时积攒的铜板都捐出来，买纸张，做小旗。他们还发动了爱国贮金会，到街头募捐，为反日宣传活动筹措资金。

后来，1939年在延安纪念五四运动20周年时，陈云应《中国青年》杂志编者之约撰写短文，生动地回忆起这段经历：“‘五四’的时候，我才十五岁，是一个高等小学三年级的学生。那个学校在上海附近的乡间，很快就受到‘五四’的影响。我们由一个姓张的教员领导着罢课之后，还进行了宣传和演剧。我还记得我们演的剧叫做《叶名琛[1]》，我也扮了一个角色。有一次在茶馆里讲演，我演讲的时候手足似乎蛮有劲，把脚一顿，茶馆里桌子上的茶壶都给碰翻了。这个小镇

① 叶名琛，(1807—1859年)，清朝中后期的政治人物，官至两广总督擢授体仁阁大学士。第二次鸦片战争时期，英法联军进攻广州，不作战守，广州城陷被俘往印度，后绝食而卒。

也罢了市,人民反对日本和反对卖国贼的情绪,确是很高涨。”①

（资料来源:王敏玉《陈云——青年人应当奋发有为》,贵州出版集团、贵州人民出版社2013年版;中央文献研究室科研部图书馆《陈云人生纪实》(上),凤凰出版传媒集团、凤凰出版社2011年版。）

## 【思考讨论】

1. 五四运动发生的社会历史条件有哪些?

2. 结合陈云在五四运动中的表现说明五四运动是一场伟大的群众性爱国运动。

## 【案例解析】

五四运动是一场以爱国救亡和思想解放为主要内容的规模空前的群众性运动,并且使中国近代历史进入一个新的阶段。它的发生绝不是偶然的。首先是新的社会力量的成长、壮大。在1914年至1918年第一次世界大战期间,中国的资本主义经济得到了迅猛发展。中国资产阶级和工人阶级的力量也进一步成长起来。五四运动前夕,中国的产业工人已达200余万人。五四运动获得了比以往的革命斗争更加广泛的群众基础。因此参与运动的不仅有像陈云这样的爱国学生,还有一般民众,更有后来发展成为运动主力的工人阶级。其次是新文化运动掀起的思想解放的潮流。受到这个潮流影响的年轻一代知识分子,尤其是那些具有初步共产主义思想的知识分子,为五四运动准备了最初的群众队伍和骨干力量。这也是为什么走在运动最前面的总是青年学生。当五四运动的消息传到青浦后,青浦的教育界率先开始罢课,知识青年和爱国群众以实际行动来表达爱国之志。再次是俄国十月革命对中国的影响。俄国十月革命的胜利,是人类历史上一个划时代的事件,极大地改变了20世纪世界历史的进程。它唤醒了西方的无产阶级,也唤醒了东方被压迫民族。在当时,陈独秀就说,十月革命以后,“中国人也受了两个教训:一是无论南北,凡军阀都不应当存在;一是人民有直

① 《陈云文集》第1卷,中央文献出版社2005年版,第194页。

接行动的希望。五四运动遂应运而生”。[①] 俄国十月革命使中国人民看到了革命斗争的伟大作用,决定走革命的道路。正是在这样的社会历史条件下,五四运动得以发生。

五四运动具有伟大的历史意义。第一,它是一场伟大的群众性爱国运动。它的斗争对象直指帝国主义和北洋军阀政府,表现出的反帝反封建的彻底性是史上前所未有的。它充分发动了群众,工、商、学联合起来,农民也有部分参加了,实际上揭开了全民族进行彻底的反帝反封建斗争的序幕。陈云就读的颜安小学这样的乡间小学也积极投入到这场爱国运动,可见五四运动的规模之大,影响之远。第二,它是一场深刻的思想解放运动。它使中国人民进一步认识到帝国主义侵略的本质和军阀统治的黑暗,同时进一步提高了中国人民反帝反封建的觉悟,促进了全国人民对改造中国问题的反思和探索,也促进了新思潮的蓬勃兴起和马克思主义的传播。在陈云等小学生的影响下,当地有些群众情不自禁地跟着他们振臂高呼爱国口号。五四运动使中国人民的头脑更加清醒,思想更加解放。第三,它揭开了中国新民主主义革命的序幕。从此,无产阶级登上了政治舞台,民众的力量得到了广泛的发动等。这些不仅使五四运动本身具有新民主主义革命的基本内涵,还直接为中国共产党的成立创造了阶级上、思想上和干部上的条件。

## 【教学建议】

本案例主要讲述了在五四运动中以陈云为代表的小学生的报国热情。五四运动的影响不仅体现在参与主体的广泛性,还体现在参与地区的广阔性,从运动的起点北京一直扩展到陈云所在的小县城。

本案例可以用于《中国近现代史纲要》第四章第一节第三目“五四运动:新民主主义革命的开端”的辅助教学,用以说明五四运动的规模与影响。

---

① 陈独秀:《五四运动的精神是什么?》,《时事新报》1920 年 4 月 22 日。

## 2-8
## 彭德怀:在湘军中组织“救贫会”

### 【案例正文】

1916年3月,彭德怀进入湘军部队之际,正值中国社会发生激烈动荡的时期。一批受新文化运动影响的青年学生纷纷入伍,他们起初经常向士兵群众介绍中国近代历史,宣传爱国强兵、振兴实业的新思想。彭德怀也由此扩大了视野,看到了新的希望。但是,这批曾经是热情洋溢的有志青年,随着自身地位的不断提高,大部分腐败堕落了。他们追求升官发财,贪图安逸享乐,使诚朴的彭德怀不久就对他们失望了。

当时湘军中实行封建统治,军官花天酒地,争权夺利;士兵备受奴役,苦不堪言;军队奸淫抢掠,无恶不作。彭德怀对旧军队幻想的彻底破灭,使他经常注意结交一些志同道合的青年,包括黄公略、李灿等。他与结交的20多个知识分子和贫苦农民出身的士兵,相约以救国救民为宗旨,不做坏事,不贪污腐化(包括不刮地皮,不讨小老婆),不扰民。1920年夏天,他们背着那些反动军官,秘密组织了一个扶困济贫性质的团体“救贫会”。这个最初的秘密团体组织比较简单,但由于成员们志向坚定,信守公约,为以后开展革命活动打下了坚实基础。

1921年夏,彭德怀被任命为六团一营一连代理连长,率一个加强排进驻湖南南县之注滋口。期间,彭德怀从双喜堂酒店赎救弱女张素娥,除掉为害群众比土匪更甚的恶霸欧盛钦,为穷苦人民做了许多好事。但秘密处死欧盛钦一事不久被人告发到省里,督军赵恒惕命令团长袁植捉拿彭德怀,彭德怀被特务徐排长事先埋伏在路旁的一班士兵逮捕。在被押往长沙的途中，士兵们对彭德怀深表同情，有的士兵还为他出主意。行至午后休息时，操沅江口音姓李的士兵偷偷将绳索解松，示意彭德怀快逃。过离长沙不足 8 公里的捞刀河时，彭德怀乘机把徐排长撞进河里，逃脱了虎口。直到晚年，彭德怀仍回忆说："那位沅江口音的青年士兵，永远忘不了他"①。

彭德怀一直逃到湘潭城南的郭得云家，才安下心来。在郭得云的外甥李桂生家避难期间，彭德怀读了一些书报，反思了一些问题。他对组织救贫会以来的活动，特别是对杀欧盛钦被缉拿一事，进行了认真的反省。他感慨道，杀一两个坏人，无济于事，解决不了救贫问题，单纯打抱不平的做法行不通。要想打倒列强，灭财主惩贪官，实现孙中山的"耕者有其田"，使中国立于列强平等地位的愿望，实非易事。

一天，郭得云带着黄公略、李灿和张荣生来到住处。在议论时政中，大家认为应该有一个团体才行，没有实力光叫喊是不行的。大家谈到救贫会的章程，经一阵议论，将平时交谈成熟的意见归纳起来，给救贫会拟定了四条原则：一是灭财主，实行耕者有其田；二是灭洋人，废除不平等条约，收回海关、租界，取消领事裁判权；三是发展实业，救济贫民；四是实行士兵自治，反对笞责、体罚和克扣军饷，实行财政公开。尽管救贫会章程的四条原则"对灭财主和消灭封建剥削制度的关系是模糊的"②，但这四条原则集中反映了青年彭德怀的爱国主义和民主主义思想。

1922 年 8 月，彭得华改名彭德怀，与黄公略、张荣生一起考入讲武堂。彭德怀在讲武堂学习 10 个月，使他在已有丰富的实战经验的基础上，又有了相当的军事素养。讲武堂实行严格的军事管理和政治封锁，学生很少与外界接触。1923 年，为收回日本帝国主义占领的大连、旅顺，各地反对日本帝国主义运动掀起高潮。6 月 1 日上午，长沙民众抵制日货，日本水兵开枪屠杀示威群众，造成"六一"惨案。彭德怀愤慨难忍。这天，学生游行示威，他偷偷换上学生装，走进游行队伍中，高举拳头，第一次大声喊出"打倒列强"、"收回失地，废除不平等条约"等反帝口号。

（资料来源：《彭德怀自述》，人民出版社 1981 年版；王承光《伟人之初：彭德怀》，浙江人民出版社 1996 年版；李明国《彭德怀传》，贵州人民出版社 2001 年版。）

## 【思考讨论】

1. 青年彭德怀在湘军中是如何保持并增强爱国情怀的？

① 《彭德怀自述》，人民出版社 1981 年版，第 19 页。
② 《彭德怀自述》，人民出版社 1981 年版，第 30 页。

2. 青年彭德怀是如何把立志救贫升华为崇高的爱国情怀的?

## 【案例点评】

近代中国人民深受帝国主义、封建主义、官僚资本主义的压迫剥削,把人民群众从这三座大山的残酷统治中解救出来,既是爱国情怀的具体表现和实现,也是我们这个革命队伍的根本使命。

幼年历经重重磨难的彭德怀,自小立志要为穷人找出路,也使得他的爱国情怀与众不同。第一,爱国是一种永不褪色的情愫,永远放射出耀眼的光芒。不论是在部队任何岗位上,还是在腐化堕落的群体中,抑或在颠沛流离之间,彭德怀的爱国情怀从未有任何改变。第二,爱国必须从国家兴衰存亡出发,把自己与国家的命运紧密联系在一起。自幼苦不堪言的悲惨生活,使彭德怀自小立志改造国家和社会,并在1916年自愿选择去湘军中当兵,到国家的兴衰存亡最需要的地方去。第三,爱国必须团结一批志合道合的同志,结成有共同理想信念的爱国队伍。在湘军中彭德怀团结了黄公略、李灿等一批有志的爱国青年,组织了有信念和章程的救贫会,1927年初改为士兵委员会,成为他后来发动平江起义并发展成为红军劲旅的重要基础。第四,爱国必须体现为具体的行动,而不能满足于表面的口号。与受五四运动影响而入伍的一些青年不同,他们只会喊口号而无实际行动,而彭德怀则总是用实际行动来实现自己的爱国理想。

爱国情怀与思想也是一个不断发展、深化的过程。青少年时期彭德怀的爱国,更多地体现在“杀富救贫”上,还没能从国家的高度来看待和对待社会的黑暗。但自杀恶霸欧盛钦之后,彭德怀的爱国思想有了质的提升,从而也以更快的速度走上了革命救国的道路。

## 【教学建议】

本案例通过讲述青少年时期彭德怀爱国思想与情怀的发展过程,说明爱国有深刻的内涵和具体的要求,需要在实践上不断涵养、丰富和提升,以引导大学生从情感、思想和行动上成为爱国的好青年。

爱国是一种理性的情感和行为，大学生要与日常学习、生活和工作紧密结合起来，将对国家的深厚感情体现在点点滴滴的实际行动中，不断培养自己的爱国情感，不断提升自己的爱国思想、情感和境界。

本案例可用于《思想道德修养与法律基础》第二章“继承爱国传统　弘扬中国精神”的辅助教学。

# 2-9
# 贺龙:善恶是非铮骨气

## 【案例正文】

贺龙的青少年时代,正值中国社会半殖民地半封建统治不断加剧的年代。面对国家危亡、人民贫困,贺龙始终怀着赤胆忠心,不断探寻救国救民的道路。

面对帝国主义对中国的侵略日益加深,贺龙不畏强暴,敢于同恶势力作斗争。1914 年,袁世凯复辟帝制,竟卖国求荣,勾结日本帝国主义,并下令各省督军大肆屠杀革命党人。湖南督军汤芗铭对湖南人民的反袁反帝斗争实行残酷镇压和捕杀,引起湖南人民的极大愤慨,贺龙对此更是义愤填膺,积极投身到“倒袁驱汤”的革命斗争中。

1923 年秋,吴佩孚运用日本船只“宜阳丸”偷运军火。贺龙得知后,早已对日本帝国主义恨之入骨的他,认为这些军火是吴佩孚勾结帝国主义的罪证。我们不是卖国的北京政府,是孙大帅的革命队伍,我们要给他们一个下马威,长长中国人的志气。于是他毅然决定扣船、没收全部枪械弹药！贺龙化装成大老板,带领 300 名“客商”,击毙了企图反抗的船长,没收了船上所有军火,智截了日本船只“宜阳丸”。对于日本总领事的兴师问罪,他义正词严地以私运军火,参与别国内战为由,强有力地对其反驳,日本总领事只好灰溜溜地走开。贺龙智截“宜阳丸”的壮举,显示出中国人的铮铮骨气和深深的爱国情怀。当贺龙凯旋登岸时,江岸上人山人海,饱受日本帝国主义侵略欺侮的人民群众欢天喜地,举拳高呼:“打倒日本帝国主义!”“打倒北洋军阀!”

1924年，贺龙进驻沅陵。司令部设在旧府衙。衙外有一块因“辰州教案”设立的高达两米的大石碑。“辰州教案”即1902年两个英国传教士教唆某个人制造了一场流行病，当地群众死亡达千余人。群众得知疫病的起源后，气愤不已，自发地抓住那个人游街，并冲进教堂，打死了那两个传教士。这本是沅陵人民反抗帝国主义暴行的正义之举，但清政府慑于英帝国主义的压力，竟将辰州官吏统统革职查办，还逮捕群众300余人，严刑拷打。最令人发指的是，把10名群众捆在一起用大炮轰死。英帝国主义除了向清政府勒索1万英镑外，还强迫民工修建了大石碑，给湘西人民留下了奇耻大辱的标记。贺龙得知此碑的来历后，不禁义愤填膺，大声说：“这太可恶了！太丢人了！打死两个洋人，还赔了八九万两银子，杀了那么多百姓，还杀了两个正将，两个游击，还要一五一十地写上，立他妈的那么大块石碑，好像深怕中国人的脸丢不完一样。”贺龙立即命人将石碑炸毁，百姓闻讯，无不称快。

1925年5月30日，上海爆发了震惊中外的“五卅”惨案，全国顿时掀起声势浩大的反帝爱国运动。湖南当局赵恒惕采取残酷镇压政策，使湖南兴起的反帝爱国运动受到很大摧残。但在贺龙管辖的澧州却形成轰轰烈烈的反帝爱国热潮。

贺龙听闻“五卅”惨案后，悲愤交加，此后对于全国的反帝爱国运动不仅给予极大的肯定和赞赏，而且还发电声援、捐款资助上海工人、学生。在澧州当地，鼓励各界人士开展反帝爱国运动。据当时湖南《大公报》报道：“澧州镇守使贺云清氏，以此‘五卅’惨案，举国悲愤……沪上罢工已达数十万，自应设法援助，俾可坚持到底。爰于昨日(7月5日)致电驻省办事处严仁珊秘书长，就近由长沙中国银行汇寄捐助3 000元……”不仅如此，他还邀请爱国组织雪耻会领导人夏曦来到澧州作演讲报告，介绍各地反帝爱国形势，推进当地爱国运动的进一步高涨。

贺龙旗帜鲜明地支持共产党领导的反帝爱国运动，使赵恒惕怀恨在心。此时，发生了“戴生昌号事件”：“戴生昌”号是一艘由日本经营来往于长沙、常德、汉口之间的货运商船，由于“五卅”运动的影响，津澧一带商民出于爱国热情，坚决抵制日轮，致使日商生意严重亏损。日本驻长沙领事馆污蔑驻津市的贺部刘超群团长受贺龙指使，强行命令商家禁止与日商来往，并以违背《通商条约》和《保护外侨》协定为由，向湖南省政府提出抗议。这时，一味地在帝国主义面前阿谀奉承、唯命是从的赵恒惕，暗喜自己终于等到报复的机会，立即电令贺龙迅速查处。贺龙早已看透赵的罪恶目的，无非是让日商在中国重新有利可图，以便他邀功行赏。贺龙干脆假装不懂，而复电赵恒惕一份怒斥日商的电文。他说：自“五卅”惨案以来，津市人民义愤填膺，抵制日货，完全是出于爱国热情，值得赞赏,无可非议。贺龙义正词严,掷地有声,赵恒惕被反驳得无言以对,恼羞成怒,大骂道:“无法无天! 反了,反了!”但是他迫于当时的爱国反帝运动怒潮,最后只能不了了之。

贺龙的正义举动,既体现出他旗帜鲜明地支持共产党领导的反帝爱国运动,又显示出他的铮铮骨气和浓浓的爱国情怀。

(资料来源:《当代中国人物传记》丛书编辑部《贺龙传》,当代中国出版社 1993 年版;向同伦《早年贺龙》,红旗出版社 1996 年版。)

## 【思考讨论】

1. 贺龙为什么要冒险截拦“宜阳丸”?
2. 贺龙为什么要炸毁因“辰州教案”而设立的大石碑?
3. 从贺龙支援“五卅运动”和“戴生昌号事件”中,你得到哪些启示?

## 【案例解析】

面对日益加重的帝国主义侵略和压迫,当时社会上涌现出一批具有强烈忧国忧民思想的爱国之士。从贺龙的故事中,可以看出他就是一位典型的爱国主义者。

1914 年贺龙加入中华革命党后,便投身于救国救民的革命斗争中。他凭借自身的睿智和骁勇善战,被提升为团长、旅长等。面对帝国主义的强暴,他大义凛然,从不妥协。1923 年,他智截装满军火的日本船只“宜阳丸”,不仅是为了牵制吴佩孚的军火供应,更是为了灭日本帝国主义威风,长中国人民志气。对于事后日本帝国主义的叫嚣,贺龙毫无畏惧,理直气壮地反驳,显示了他疾恶如仇、临难不屈的高贵品行。1924 年,面对侮辱中国的“辰州教案”,贺龙义愤填膺,立即命人将大石碑炸毁。这一壮举,充分表现了他痛恨强权、爱国爱民的优秀品质。1925 年,贺龙支援“五卅运动”的行为,彰显出他系国家人民的命运于一身的可贵精神。在“戴生昌号事件”中,对于赵恒惕的刻意为难,贺龙也能从容回击,体现出他聪明睿达、不畏强权的性格特点。

从贺龙的故事中,我们看到了一位以国事为己任、赤胆忠心、救亡图存的爱国之士。他在为国家命运担忧的同时,以实际行动救国家和人民于危难之时。对于在中国专横多年的帝国主义,他毫无畏惧地与之斗争和对抗,并能够妥善处理。因此,我们应该学习他身上那种维护民族尊严的堂堂正气、中华民族英勇不屈的坚韧性格以及浓浓的爱国情怀。

大学生作为新世纪的青少年一代,是祖国的希望并决定着祖国的未来,肩负着实现中华民族伟大复兴的使命。因此在生活和学习中,一定要发扬崇高的爱国主义精神。少年兴则国兴,少年强则国强。教师应该引导学生:为了父母老师的希望,为了我们肩上的重任,为了祖国的腾飞,为了中国梦的实现,要勤奋努力学习,做一个具有爱国主义情怀的优秀学生。

## 【教学建议】

本案例属于对贺龙爱国情怀的描述,其教学目的在于培养青少年爱国主义情感,增强民族责任感,树立民族自尊心与自信心;引导青少年弘扬伟大的民族精神,锐意进取,自强不息,把爱国之志转化为报国之行。

在教学过程中教师在让学生增强爱国主义情怀的同时,应该注意对理智爱国与“盲目”爱国的行为进行区分,避免学生因“盲目”爱国造成过激行为。

本案例建议应用于《思想道德修养与法律基础》第二章“继承爱国传统　弘扬中国精神”的辅助教学,或用作相关教学的阅读材料。

## 2-10

# 陈毅:一路怒激爱国志

### 【案例正文】

1919年6月2日,四川成都留法预备学校第一批赴法勤工俭学生启程,经重庆坐船去上海赴法。陈毅是这批留法学生中的一员官费生,在一大批亲友的欢送声中,陈毅和哥哥陈孟熙一行先坐滑竿到简阳石桥镇,再换乘小木船,沿沱江南下,经资阳、资中、内江、富顺,到达泸州,在这里又换乘大木船,沿长江东行,于6月10日前后抵达重庆,准备由重庆坐轮船赴上海。

重庆是西南重镇,陈毅小时候曾跟随父亲先后两次路过这里。许多年过去了,陈毅对重庆的印象早已模糊,看到一座座挂着洋行招牌的高楼和街头不时碰到的趾高气扬的洋人,让陈毅对这座城市原本的兴奋之情瞬间增添了一丝不快和恼怒。不过,让陈毅颇为激动的是,五四运动掀起的反帝反封建的巨浪也波及重庆。市区街道和朝天门码头一带建筑物的墙壁上,贴满了各种反帝反封建的标语;街头上经常可以见到反对“二十一条”,声援北京学生的宣传和游行队伍;市面上抵制日货的行动也正在铺展开来……这些情景让陈毅那颗年轻的心激动不已,在呼啸而来的革命风暴面前,青年陈毅一腔爱国的热血逐渐开始沸腾了。由于只是取道重庆去上海赴法,并不允许陈毅他们在重庆停留时间过长,陈毅还未能及时投身这里火热的实际斗争,就要准备坐轮船离开了。

重庆到上海的客运轮船,有三家公司在经营:一家英国公司,一家日本公司,一家中国官商合资公司。为了招揽生意,吸引顾客,英国人办的公司许诺只要搭乘他们的船，便可获赠毛巾、床单，日本人开办的公司则向每位乘客赠送洋伞，而中国官商合资公司大约是赔了本，什么都不送给乘客。

在预定船票时，有的同学眼馋外国公司“免费”送的毛巾、床单、洋伞等洋货，提议搭乘英国人或日本人经营的公司的轮船。陈毅知道后激动得涨红了脸，气愤地说：“北京青年对于帝国主义列强欺负中华的仇恨，忿而爆发‘五四’；我们在这种时候，还为了一点洋货去乘外国船，那就太没民族气节了。”[①]很多同学都觉得陈毅讲得有道理，纷纷批评那几个建议搭乘外国轮船的同学。在陈毅影响下，全体留法勤工俭学的学生遂一致议决由护送委员吴钢（铁生）统一订购中国公司的轮船票。

六月的江水，正如陈毅那一腔爱国热血，咆哮奔涌……一艘名为“蜀享”号的中国轮船离开重庆，在湍急的江流中一路向东。陈毅倚靠在船舷边，注视着两岸陡峭的山峰不断向身后远去，任江风吹打着年轻而又略显沧桑的面庞，陷入了沉思……

轮船行至丰都附近，突然，后面传来了一阵惊呼声。陈毅和同伴们纷纷跑到后舱甲板查看是怎么回事。原来，一艘下行的外国轮船在江面肆无忌惮地高速行驶，一条中国木船闪避不及，霎时被撞得粉碎，撞击卷起的巨浪将船上的男女淹没，数人被淹死。更让人愤怒的是，事发后，外国轮船竟不管不顾，若无其事地鸣着狂傲的汽笛，扬长而去。[②]

“蜀享”号全部乘客都被激怒了，齐声怒骂外国船欺人太甚。陈毅操起一个罐头盒，向外国船砸去。他还专门找到船长，问：“政府为什么不管这些事？”

船长直摇头：“管，他敢管？他敢得罪洋人？山东半岛都肯送给洋人，几条破船，算啥子？”

陈毅气得咬牙切齿，怒目圆睁，一拳砸在船栏杆上：“中国这样受列强欺负，不奋斗不得了啊！”[③]

撞船事件带给陈毅的愤怒心情还未平复，抵达上海后，新的见闻又深深地刺激了他。十里洋场的上海，灯红酒绿，高耸的洋楼和外国资本家的别墅随处可见，西装革履的洋人和霓虹灯下的爵士乐，让人时时迷惑这里到底是中国的大都市还是外国人的后花园。陈毅和同学们在游览南京路、黄浦滩时，赫然见到公园门口挂着一块牌子，上面醒目地写着“华人与狗不得入内”的字样[④]，这让陈毅和同伴们大为光火，对帝国主义更加憎恨。而上海街头的罢工、罢市，抵制日货的

---

① 刘树发等：《陈毅年谱》（上卷），人民出版社 1995 年版，第 30—31 页。

② 刘树发等：《陈毅年谱》（上卷），人民出版社 1995 年版，第 31 页。

③ 张映波、王忠元：《陈毅的青少年时代》，河南人民出版社 1986 年版，第 31 页。

④ 刘树发等：《陈毅年谱》（上卷），人民出版社 1995 年版，第 31 页。

游行示威,以及"外争国权,内惩国贼","还我山东半岛"等随处可见的标语口号,又让陈毅仿佛置身于爱国运动的炽热火炉里,让他周身热血沸腾,更为深切地关注起国家命运,发奋探求真理,自强救国。

(资料来源:刘树发等《陈毅年谱》(上卷),人民出版社 1995 年版;张映波、王忠元《陈毅的青少年时代》,河南人民出版社 1986 年版。)

## 【思考讨论】

1. 选乘轮船事件和撞船事件说明中国当时处于一个什么样的环境?陈毅对这两次事件的反应为什么那么大?

2. 陈毅对事件的反应和举动对我们有什么启示?我们应当如何继承和发扬爱国主义传统?

## 【案例解析】

爱国主义体现了人民群众对自己祖国的深厚感情,反映了个人对祖国的依存关系,是人们对自己故土家园、种族和文化的归属感、认同感和尊严感、荣誉感的统一。陈毅看到自己的祖国遭受外国帝国主义的瓜分和压迫,看到自己的同胞被肆无忌惮的洋人欺辱乃至迫害致死,看到在自己的国土上还要看洋人的脸色行事,心情激动、悲愤,正是由于对自己故土、人民、国家和文化的热爱。

"中国这样受列强欺负,不奋斗不得了啊!"陈毅这慷慨激昂而又朴实的话语,实际上道出了最深刻的爱国理由:没有国哪有家,没有家哪有我,国家兴亡,匹夫有责。国家是小家的寄托,也是个人的依托;国家是物质利益的寄托,更是精神家园的归宿。每个人来到这个世界上,在社会中求生存,都要获取生存发展所需要的物质条件和精神条件,这些条件的获得,首先就依赖于祖国。失去祖国母亲的保护,人们就是无家可归的流浪儿。

"国之不兴,何以为荣?"爱国主义不仅体现为对祖国的一种浓厚的情感,而且也表现为对祖国的一种不可推卸的责任。这种责任要求我们把国家的安全、荣誉和利益放在高于一切的地位,与祖国同呼吸共命运。当祖国的领土和主权遭受外来侵略时,能够自觉担负起保家卫国的神圣职责;当国家的利益受到损害时，能够与一切损害国家利益的行为作斗争；当国家落后和遇到困难时，能够积极投身国家发展，迎接挑战，战胜困难，为祖国的兴旺发达贡献力量。只有将个人命运与国家命运紧密联系在一起，把情感、思想观念和行为规范统一的人，才是真正的爱国者。

在新的历史时期，大学生应当坚持以振兴中华为己任，努力学习和掌握报效祖国的本领，脚踏实地向前走，把实现自己的人生价值同报效祖国的志向结合起来，实现做一个忠诚的爱国者的人生追求。

## 【教学建议】

在国家和民族危难之际，以陈毅为杰出代表的众多青年，继承了中华民族“以天下为己任”的爱国主义优良传统，在情感、思想和行动上体现出深厚的爱国主义情怀。这种爱国主义，是应当代代传承和大力弘扬的，是实现中华民族伟大复兴的不竭动力。

本案例可用作《思想道德修养与法律基础》第二章“继承爱国传统　弘扬中国精神”和《毛泽东思想和中国特色社会主义理论体系概论》第八章第三节第二目“建设社会主义核心价值体系”的教辅材料。

## 2-11
# 聂荣臻:争国权以救危亡

【案例正文】

1920年1月,聂荣臻和留法勤工助学的同伴们一道,经过万里远航,来到法国马赛港。为了过语言关,他对着镜子,讲法文,读法文,纠正口型和发音。半年内,聂荣臻的法语有了很大的提高。从家里带的盘缠很快就用完了,他只好去工厂做工。挣了钱再学习,钱用完了又去做工,如此重复循环,生活很是艰苦。当时法国缺少劳动力,找工作比较容易。聂荣臻在不同的工厂干过多种活,如车轮胎检验工、钳工、车工、炼焦工等。面对海外求学路上的种种困难与变故,有些人中途回国了,而聂荣臻则在1921年12月8日的家信中宣告:"学不成,死不归。"①

1921年,聂荣臻积极投身于留学生开展的三次学生运动,他的生活出现了大的转折,世界观开始发生变化。学友们为国家、民族利益所付出的沉重的代价(104个学生被遣送回国)让聂荣臻非常痛苦,一个问题始终萦绕在他的脑海中:祖国的前途何在,出路何在?

1921年11月底,聂荣臻前往比利时,进入沙洛瓦劳动大学补习班,并于1922年暑期考入该校化学工程系。虽然沙洛瓦大学校园条件优越,但聂荣臻却无法潜心读书,他反复思索究竟应当选择什么样的道路。俄国十月革命后,西欧各国宣传马克思主义进入高潮,在法国,马克思主义非常流行,出版的相关书籍

---

① 《聂荣臻传》编写组:《聂荣臻传》,当代中国出版社2006年版,第11页。

和刊物很多。除了马克思主义外，还流行其他各种思想主张，对中国留学生影响很大，如国家主义派、无政府主义派、社会民主党、国民党和共产党的思想主张。中国留学生们一面做工、学习，还一面参加各种思想主张的论争。在各种思想的冲击下，为了找到正确道路，不再让自己陷于矛盾，聂荣臻开始阅读《共产党宣言》《共产主义运动中的"左派"幼稚病》《国家与革命》《共产主义 ABC》等著作，并认真阅读了从国内传到欧洲的《向导》等刊物。《向导》把传播马列主义同分析研究中国问题结合了起来，对聂荣臻启发很大，他的世界观开始逐渐转变。经过反复比较、思考，他终于认识到，出国时所抱的那种"实业救国"的愿望是不现实的。中国的经济命脉和工业几乎都被帝国主义及其走狗控制，军阀割据为政，年年混战。中国的民族资产阶级十分软弱，要发展民族工业，不推翻军阀统治的政权，只能是一种幻想，科学技术学得再好，即使是成为工程师，也因无施展才能的社会条件而终将无用。要想拯救国家，使四万万同胞都能有衣有食，只有建立劳工专政，实行社会主义。在 1922 年 6 月 3 日给父母的信中，聂荣臻写道：

"不得手谕久矣，海外游子，悬念何如？又闻川战复起，兵自增，而匪复猖！水深火热之家乡，父老之苦困也何堪？狼毒野心之列强，无故侵占我国土！二十一条之否认被拒绝，而租地期满，又故意不肯交还！尸位饱囊之政府，只知自争地盘，拥数十万之雄兵，无非残杀同胞，热血男儿何堪睹此？男也，虽不敢云以天下为己任，而拯父老出诸水火，争国权以救危亡，是青年男儿之有责！况男远出留学，所学何为！决非一衣一食之自为计，而在四万万同胞之均有衣有食也。亦非自安自乐以自足，而在四万万同胞之均能享安乐也。此男之素抱之志，亦即男视为终身之事业也！"①用这段话，聂荣臻将其伟大的社会抱负表达得淋漓尽致，这意味着他的世界观开始发生转变，他由刚出国时的实业救国者，转变为一名社会革命者。

1922 年 8 月，聂荣臻参加了旅欧中国少年共产党，走上了为共产主义事业奋斗的道路。当革命工作与大学学习无法兼顾时，他做出重要决定，放弃沙洛瓦劳动大学的学习，全身心投入到革命工作中来。1923 年春，聂荣臻加入中国共产党。暑假他来到巴黎，在周恩来的领导下，与李富春、邓小平等人积极向留法中国学生和华工宣传马克思主义，并与反马克思主义观点进行辩论，扩大了马克思主义的影响，争取了大批的青年加入旅欧中国共产主义青年团。1924 年 9 月，聂荣臻经德国来到莫斯科。10 月，奉命进东方大学学习。3 个月后，他被调到苏联红军学校中国班学习军事，和他在一个班的有叶挺、熊雄、颜昌颐等共二三十人，聂荣臻担任党支部书记。中国班对外是秘密的。学员着红军服装，进行严格的军事训练，教员都是苏军的高级干部。学习只五个月，却为聂荣臻日后的

---

① 《聂荣臻传》编写组：《聂荣臻传》，当代中国出版社 2006 年版，第 13 页。

戎马生涯打下了基础。

（资料来源:《聂荣臻传》编写组《聂荣臻传》,当代中国出版社 2006 年版;《聂荣臻回忆录》(上),解放军出版社 1983 年版。）

## 【思考讨论】

1. 聂荣臻为什么会走上职业革命家的道路?
2. 聂荣臻如何转变为一个信仰马克思主义的共产主义者?

## 【案例解析】

人生观是人们在实践中形成的对人生目的和意义的根本看法,它决定着人们实践活动的目标、人生道路的方向,也决定着人们行为选择的价值取向和对待生活的态度。聂荣臻青年立志报国,"为中华之崛起而建功立业",这样的人生目的决定了他积极进取,留学欧洲,努力求学,积极参与学生运动,积极思考实现理想(救国)的道路问题。当他发现只有先清除国内外反动势力建立一个和平平等的社会主义国家,才有建设实业的可能时,他由开始的主张实业救国转变到革命救国道路上来。

马克思主义以解放人类为己任,为人类的进步和解放指明了正确的方向,为人们认识世界和改造世界提供了科学的立场、观点和方法。历史上,从没有一种理论像马克思主义那样,与工人阶级和劳动人民的命运如此紧密地联系在一起。过去曾有种种同情人民群众的思潮或学说,但只有马克思主义才真正反映和代表人民群众的根本利益和要求,并用科学理论揭示了工人阶级获得自身解放乃至解放全人类的现实道路。马克思主义是科学性、革命性和崇高性相统一的思想体系。聂荣臻在学习马克思主义理论时深深地感受到这一理论的魅力,在与各种思想主张的论战中,更深刻地体认到这一点,所以自他树立起共产主义信仰后,再没有改变。正如他临终时所说:"我入党已 70 年,从未脱离过党的岗位,始终为党和人民的事业奋斗终生。"①

① 《聂荣臻传》编写组:《聂荣臻传》,当代中国出版社 2006 年版,第 419 页。

## 【教学建议】

本案例可用作《思想道德修养与法律基础》第三章第一节“树立正确的人生观”部分的教辅材料，说明人生目的对人生态度与价值的决定作用；也可用作第一章第二节“树立科学的理想信念”的教辅材料，揭示为什么应树立马克思主义的理想信念。

# 2-12
# 叶剑英:上下求索救国路

1920年7月的一天,一位身材魁梧,举止端庄的青年,操着一口浓重的广东客家口音,与同窗学友互致勉励,挥手告别,走出了云南陆军讲武堂的校门。他就是叶剑英。

此时,他满怀抱负,希望能投身到为民族独立和国家富强的革命斗争中去。早在读中学时,叶剑英就接受辛亥革命的思想影响,仰慕孙中山先生。后来,他谋生到了南洋,广大华侨对孙中山的敬仰和对其革命活动的强有力支持,鼓舞了他投身革命的信心。当时,南洋的亲友和同乡,有的拉他做生意,有的邀他教书,他均未同意。他说:"而今国难当头,我要学点本领,将来救国救民。"[①]于是,趁云南督军唐继尧派人到南洋招生之机,他报考了云南陆军讲武堂。云南是护国讨袁首举义旗的地方。在讲武堂3年期间,云南人民的革命斗争精神,给了叶剑英以熏陶和促进,他追随孙中山革命的愿望就越发强烈。但是,理想和现实总是矛盾的。辛亥革命后建立的民国,还是四分五裂,民不聊生。革命的前途在哪里?自己的归宿在哪里?"路漫漫其修远兮,吾将上下而求索。"年青的叶剑英怀着革命的愿望,回到了家乡广东。

但是,叶剑英从云南回到广东时,形势却发生了变化。孙中山建立的护法军政府,被盘踞在广东的桂系军阀和政学系头子所把持。陆荣廷、莫荣新等桂系军阀,并不是真心拥护孙中山的护法运动,不过是借护法之名,与北洋军阀讨价还价,以保持其军阀割据统治。后来,他们竟向北京的段祺瑞政府妥协,悍然改组

---

① 薛冶生:《叶剑英光辉的一生》,解放军出版社1987年版,第6页。

军政府，排挤孙中山。孙中山被迫于 1918 年 5 月 4 日辞去大元帅职务，离开广州再到上海。从此，“护法”军政府也失去了护法之实了。

面对这一复杂和混乱的局势，叶剑英为选择投身之地而苦思着。是桂系好还是粤系好，谁更倾向孙中山的革命？他一时还不能作出明确的判断。

就在此时，他中学的一位老师介绍他去见桂系军长兼潮梅镇守使刘志陆。刘志陆也是打着拥护孙中山革命旗号的。这个称霸一方的旧军官，听说叶剑英是梅县人，与自己同乡，便很热情地接见了他。在言谈之中，刘志陆不断用同乡关系进行拉拢。他对叶剑英说：“老叶，你还是来吧，‘楚才楚用’嘛！”可是，叶剑英只是笑了笑说：“这事我还需要考虑一下。”其实，叶剑英已经胸有成竹。他从刘志陆的言谈中，已经觉得不对味儿，又进一步了解到他的所作所为，发现他具有浓厚的地方割据思想。叶剑英看清了他的军阀本质，认为投身于他，是无法实现自己救国救民的愿望的。

人生多歧路。究竟投向何方？叶剑英在寻求孙中山。当时，他虽然还未见过孙中山，对这位闻名中外的革命领袖还不很了解，但从读过的介绍孙中山革命思想的书中，从听到的孙中山的革命事迹中，对孙中山的印象是颇好的。他觉得，孙中山提出的“三民主义”学说和革命政纲，以及他在辛亥革命前后，为推翻封建帝制，创建民国，寻求祖国独立、民主、繁荣、富强之路的革命行动和不屈不挠的革命精神，要比刘志陆之辈高明得多。孙中山这位伟大的革命先驱和他的革命事业，正是自己所向往和愿意效法的。有比较才有鉴别。他决定追随孙中山，为国家和民族利益尽力，绝不投靠军阀追求升官发财。

革命的路，只要不断探索总会找到的。叶剑英经过多方面的了解，打听到在福建的“援闽粤军”是归孙中山领导的武装力量。于是，1920 年 8 月上旬，他秘密前往漳州，投奔“援闽”粤军，开始踏上了漫长的革命征程。此后，他征讨桂系军阀，抗击陈炯明叛军，护卫孙中山脱险，参与创办黄埔军校，驰骋东征和北伐战场，成为国民革命军的名将。

国民革命军北伐，打下南昌后，蒋介石十分欣赏叶剑英的才干，许诺他为国民革命军第一师师长。叶剑英由于没有弄清蒋介石的面目，婉言谢绝了。后来，蒋介石还是任命他为新编二师代理师长。按照当时的规定，一个师的军费每月 15 万块，除去开销，每月节余 3 万多块，这样两三年就可以成为“百万富翁”。但叶剑英作为一师之长，克勤克俭，从不克扣军费，从不喝“兵血”。他告诫军需处长不能贪污，每月发完饷，要清理账目，向他报告。他关心部属疾苦，经常用节余的钱和自己的薪俸接济有困难的人。大家说他是个“不爱财”的师长。1927 年 4 月 12 日，蒋介石在上海发动了反革命政变。革命形势急转直下，右派势力极其猖獗。在历史发生重大转折之时，叶剑英如果追随蒋介石，可以升大官；如果反蒋，有可能被害。然而，在革命与反动的选择中，叶剑英毅然选择了公开通电反蒋的果断行动。究其根由，他是“一生只为百姓谋，不爱乌纱不要钱。”就在反革命分子向共产党人举起屠刀，全国笼罩于极端的白色恐怖之中时，他毅然通电反蒋，加入中国共产党，由一个爱国的民主主义者转变为共产主义者。

（资料来源：薛冶生《叶剑英光辉的一生》，解放军出版社 1987 年版；刘万军《叶剑英追随孙中山的革命历程》，《长春教育学院学报》2009 年第 3 期；苗体君《叶剑英鲜为人知的求学经历》，《文史博览》2007 年第 6 期。）

## 【思考讨论】

1. 从叶剑英投身民族独立和国家富强的革命经历中体会，大学生应该怎样弘扬中华民族的爱国主义传统？

2. 如何理解“天下兴亡，匹夫有责”这句话的含义？

3. 如何从叶剑英投身革命的经历中理解“人生目的指引人生道路”？

## 【案例解析】

“天下兴亡，匹夫有责”一语出自顾炎武的《日知录·正始》：“保天下者，匹夫之贱，与有责焉耳矣”，意思是国家兴盛或衰亡，每个人都有责任。没有国哪有家，没有家哪有我，祖国是每个人的根，其兴盛或衰亡与每个人的根本利益息息相关。所以，千百年来，中华民族的优秀儿女，都能以天下为己任，无论身居何位何处，都能心忧天下、关心国家的命运和前途，自觉地承担起对祖国的责任，把爱国的思想付诸爱国的实际行动中。叶剑英也用实际行动告诉了我们什么是“天下兴亡，匹夫有责”。在云南陆军讲武堂学习期间，在昆明城南的马街上，有一个宽敞的院落，这就是有名的“两广会馆”。叶剑英和南洋回来的同学，每逢节假日，都要到这里来聚会。这里是“客家人”的第二故乡，也是同学们高谈阔论的自由天地，大家来到这里谈论最多的是毕业后的前途、去向。有的同学对前途消极悲观，准备毕业后解甲归田；有的同学表示听从学校分配，在滇军中服役；有的同学准备留校当教官。同学们各抒己见，不时发生争论。而叶剑英满怀抱负，希望能投身到为民族独立和国家富强的革命斗争中去。他说：“而今国难当头，我要学点本领，将来救国救民。”抱着为民族独立和国家富强而奋斗的决心叶剑英踏上了漫长的革命征程，开始了上下求索救国路，用自己的行动诠释了“天下兴亡，匹夫有责”。“天下兴亡，匹夫有责”这句话在新的历史条件下，是对当代大学生继承爱国主义优良传统，弘扬民族精神和时代精神的基本要求。作为当代大学生，不应该把“振兴中华”仅仅当做一句漂亮的口号，而应该把“天下兴亡，匹夫有责”转化为“天下兴亡，我的责任”。在大学期间，要认真学好专业知识，时刻谨记“天下兴亡，我的责任”，学好本领将来投身到现代化建设中，用实际行动体现出新时代的爱国主义。

此外，人生目的是人生的航标，决定着人生的根本方向。当一个人把自己的人生目标与国家前途、民族命运联系在一起时，他就能自觉自愿地把个人的一生奉献于利国利民的大业。叶剑英深受孙中山的“三民主义”的影响，为孙中山不断寻求祖国独立、民主、繁荣、富强之路的革命行动和不屈不挠的革命精神所打动，这一正确的人生目的使得叶剑英决定追随孙中山，为国家和民族利益尽力，也走上了一条救国救民的革命道路。

## 【教学建议】

本案例主要讲述叶剑英在云南陆军讲武堂毕业后，选择了一条追随孙中山的民主主义革命道路。实践证明，他的选择是正确的，这为他以后投身于社会主义、共产主义事业打下坚实的基础，他也用自己革命和奋斗的一生诠释了“天下兴亡，匹夫有责”、“人生目的指引人生道路”这几句话的含义。叶剑英的一生也深深地体现了浓浓的爱国之情、矢志不渝的报国之志。

本案例可用于《思想道德修养与法律基础》第二章第一节“中华民族的爱国主义传统”、第三章第一节中“追求高尚的人生目的”、“用科学高尚的人生观指引人生”以及《中国近现代史纲要》第三章“辛亥革命与君主专制制度的终结”的辅助教学。

# 修学储能篇

3-1　毛泽东:勤学苦读,博览群书

3-2　毛泽东:善于思考,学习有法

3-3　刘少奇:雅号“刘九书柜”

3-4　邓小平:聪颖好学的巴蜀少年

3-5　陈云:奋发有为的小学徒

3-6　彭德怀:勤学不辍苦读书

3-7　刘伯承:勤读善思求学路

3-8　贺龙:从砸木牌位到刻苦求学

3-9　徐向前:坎坷求学之路

3-10　聂荣臻:面壁读书图破壁

# 3-1

# 毛泽东:勤学苦读,博览群书

## 【案例正文】

1902年,8岁的毛泽东进入私塾学习。此后,他先后在韶山一带的南岸、关公桥、桥头湾、钟家湾、井湾里、乌龟井、东茅塘等多处私塾读书。他后来把自己的私塾生活概括为"六年孔夫子"。在私塾里,毛泽东读了当时规定要学的《三字经》《百家姓》《论语》《中庸》《大学》《孟子》《左传》《公羊春秋》等,韶山毛泽东纪念馆至今还保存着他小时候读过的《诗经》和《论语》。

比起私塾规定的书籍来,毛泽东更喜欢读当时先生家长们认为的"杂书"、"闲书"和"禁书",如《精忠传》《隋唐嘉话》《西游记》《封神演义》《水浒传》《三国演义》等中国古典小说。根据他自己的回忆:"我熟读经书,可是不喜欢它们。我喜欢看的是中国的旧小说,特别是关于造反的故事。""许多故事,我们几乎背得出,而且反复讨论了许多次。"①

13岁后,毛泽东辍学,在家务农。白天干活,晚上还要帮父亲记账,但他自己学习兴趣丝毫未减,经常在小油灯下读书至深夜。他无论到哪里,都要带着书走。他每次很麻利地干完农活再坐在树下看书。开始,他父亲以为他偷懒,后来发现他按质按量完成了农活,也就没去干涉他看书了。夏天,农村的夜晚蚊子特别多,一点灯蚊子全来了,而蚊帐里不能放油灯,毛泽东就在床头放一条凳子,在

---

① 转引自孙宝义、刘春增、邹桂兰:《毛泽东的读书人生》,中央文献出版社2007年版,第9页。

凳子上放一盏灯，把头伸出帐子外读起书来；冬天，越到深夜越冷，他就把被子蒙在身上，半躺着看。父亲从门缝里看见灯光，说他浪费灯油，他便先熄灯睡觉再起来看书。后来就用床上的老蓝布印花被套遮住门窗，深更半夜还在看书。他如饥似渴地博览群书，凡是韶山冲、外婆舅舅家能找到的书全读了，甚至和尚的经书也找来读。就这样，他读了很多传统经典，也读了一些时务策论的文章和新书。一本叫《盛世危言》的书对他影响最大。他在这本书里第一次接触到西方国家的政治、经济和社会情况，以及改良派的“中体西用”主张。他开始思考国家民族的前途和救国问题。①

15 岁那年，在表兄文运昌的劝说下，毛泽东的父亲终于同意他继续上学。在当时的新式学校湘乡东山学校学习半年后，他考入了湖南全省高等中学（后改名为省立第一中学）。1912 年秋，毛泽东因“课程有限，校规也使人反感”，觉得“不如独自看书学习”，便退学了。他寄居在长沙城区新安巷的湘乡会馆，开始了半年的艰难而又充实的自学生活，每天到湖南省立图书馆看书。省立图书馆位于长沙定王台，他每天要步行 3 里路，总是在开门前赶到，第一个进去，最后一个离开，中午肚子饿了就到街上买两块米糕充饥，风雨无阻，从不间断。

省立图书馆是湖南省第一个图书馆，藏书最多，中国的经、史、子、集，外国的文学、哲学、经济学、历史、地理书籍，应有尽有，毛泽东无所不看。他广泛涉猎资产阶级革命的启蒙书籍，主要是严复翻译的亚当·斯密的《原富》、孟德斯鸠的《法意》、斯宾塞尔的《逻辑》、赫胥黎的《天演论》、达尔文的《物种起源》等，还读了俄、美、英、法等国的历史、地理以及古代希腊、罗马的文艺作品。他恨不得一口气把图书馆的书读完，后来对老同学周世钊说，他每读一本书，觉得都有新的内容，新的体会，于是“贪婪地读，拼命地读，真像牛闯进了人家的菜园，尝到了菜的味道，就拼命地吃一样”。② 图书馆的墙上挂着一张“世界坤舆大地图”，这是毛泽东第一次看见世界大地图。每次经过，他总会在此站立许久，思考着实际的问题，诚如毛泽东自己所说：“在这段自修期间，我读了很多书，研究了世界地理和世界历史。在图书馆里我第一次看到并以很大的兴趣研究了一幅世界地图。”③通过如饥似渴的阅读、深入细致的思考，并联系社会实际，进行比较、分析和研究，他获得了许多新的知识，受到了空前的启示。这是毛泽东获益良多而又“极有价值”的半年。

---

① 高菊村、刘胜生、陈峰等：《青年毛泽东》，中央文献出版社 2008 年版，第 41 页。

② 龙正才：《毛泽东青少年时代的故事》，中国青年出版社 2013 年版，第 14 页。

③ 胡哲峰、孙彦：《毛泽东谈毛泽东》，中央党校出版社 2000 年版，第 24 页。

1913—1918年,毛泽东在湖南省立第一师范学校学习了五年半。这里有幽雅的环境,宽敞的校舍,丰富的藏书。更为重要的是,有许多德高望重、学识渊博、思想开明的好老师,如杨昌济、徐特立、方维夏、黎锦熙、袁仲谦、王立庵、王季范等,为毛泽东的学习提供了极为有利的条件。这时,毛泽东读书的目的已经十分明确,是为探求人生的真谛和救国救民的道路,认为"才不胜今人,不足以为才;学不胜古人,不足以为学"。因此,他学习更加刻苦用功,"从早到晚,读书不休"[①]。上课时,他总是端正地坐着专心听讲,认真思考和做笔记。课余时间从不浪费,或到阅览室看书,或与老师同学交流讨论,即使晚上熄灯后,他依然借着茶炉室或走廊里微弱的灯光看书。毛泽东有着极强的求知欲,学校规定的教科书远远不能满足他的要求,他把家里给的钱的三分之一用来订阅报纸和购买书籍。新书太贵,就到古旧书店买折价书,但大量的是借书和抄书。这期间,毛泽东广泛涉猎中西人文社会科学著作,"凡先秦诸子、楚辞、汉赋、史记、汉书、唐宋古文、宋明理学、明末清初的思想家和文章家顾炎武、颜习斋、王船山、侯朝宗、吴伟业、宁都三魏、汪尧峰等,及桐城派、阳湖派诸家,以及曾国藩等,都曾涉及"[②]。1916年时,他曾列一个包含经史子集在内共计77种的书目,以之为中国应读之书,"苟有志于学问,此实为必读而不可缺"[③],并计划以十年之功来读完这些书。

《新青年》是当时最有影响的进步刊物。毛泽东是该杂志的忠实读者,他醉心于陈独秀、李大钊等人的启蒙文章,陈独秀、胡适取代康有为、梁启超成为他心中新的偶像。

从湖南省立第一师范毕业后,毛泽东一边从事各种改造社会的实践活动,如组织新民学会,成立文化书社和自修大学等,一边继续用功读书。1920年前后,他读了许多关于俄国革命的文章,开始热切地搜寻当时所能找到的共产主义文献。他读到了陈望道翻译的《共产党宣言》、考茨基的《阶级斗争》以及柯普卡的《社会主义史》。这三本书特别深刻地铭记在他心中,使他树立起对马克思主义的信仰,成为一个马克思主义者。

(资料来源:孙宝义、刘春增、邹桂兰《毛泽东的读书人生》,中央文献出版社2007年版;龙正才《毛泽东青少年时代的故事》,中国青年出版社2013年版。)

---

① 《毛泽东早期文稿》,湖南出版社1990年版,第53页。

② 陈晋:《毛泽东读书笔记解析》,广东人民出版社1996年版,第65—66页。

③ 《毛泽东早期文稿》,湖南出版社1990年版,第37页。

## 【思考讨论】

1. 毛泽东青少年时代博览群书对他的人生产生了怎样的影响？
2. 毛泽东青少年时代的读书生活对当代青年有何启示？

## 【案例解析】

毛泽东勤奋好学，嗜书如命。他告诫后人：学要胜古人，积学贵有恒，书要反复读，广收博览。他一生与书为伴，曾说过："饭可以一日不吃，觉可以一日不睡，书不可以一日不读。"学生时代他勤学苦读，革命战争年代他利用战争空隙争分夺秒地研读，社会主义建设时期更加嗜读。中南海毛泽东的故居就像个书天书地，居室的书架上摆满了书，办公桌、饭桌、茶几上到处都是书，床上除躺卧的位置外也全都被书占领，连厕所里也摆放着书。为了读书，毛泽东把一切能利用的时间都用上了。即使生病，仍然坚持看书。直到病重临终前，毛泽东也未放弃对书本的钟爱。在 1976 年 9 月 7 日至 8 日下午的弥留之际，毛泽东仍在坚持看文件、读书。据医疗护理记录，8 日这一天毛泽东看文件、看书共 11 次，达 2 小时 50 分钟。其中有一次在工作人员的帮助下看了 7 分钟的书，就又昏过去了。10 多个小时后，毛泽东在书香味中离世。毛泽东读书真正做到了"活到老，读到老"。

毛泽东一生爱读书，恒久而不间断。他似百丈高台的渊博学识，正是日积月累、一砖一石地筑起来的。他广泛涉猎各种人文社会科学书籍，打下了全面的中国文史知识的基础。他后来的著作、讲话中，就常常信手拈来，引用历史典故来阐明深刻的道理。他之所以能把马克思主义中国化，是与他勤学苦读马列主义著作和中国文化典籍分不开的。

## 【教学建议】

本案例展现了毛泽东从小勤奋好学、刻苦攻读、博览群书，从读孔夫子书到接受西学，从历史地理到哲学文学，从文言文到现代文，通过读书再结合实际，来了解中国和世界,树立崇高的理想和远大的抱负。

本案例可用于《毛泽东思想和中国特色社会主义理论体系概论》第一章第一节“毛泽东思想”、第八章第三节第四目“建设社会主义文化强国”和第十二章第二节第四目“建设学习型、服务型、创新型马克思主义执政党”,以及《思想道德修养与法律基础》绪论第一节“适应人生新阶段”的辅助教学。

# 3-2
# 毛泽东:善于思考,学习有法

## 【案例正文】

毛泽东从小爱读书,但他从来都不会读死书和死读书,而是善于思考。他在私塾里看《水浒传》《三国演义》等中国古典小说时,就发现了一个问题:这些反抗统治压迫的旧小说里的主人公不是帝王将相就是圣贤君子或是英雄豪杰,唯独没有农民。这个问题毛泽东想了两年,问了很多人包括老师、同学、长者和同辈,大家都不能回答。后来他经过分析,发现书里面赞颂的武将、文官、少爷和小姐都是不要种田的统治者和剥削者,而贫苦农民终年劳累,却吃不饱、穿不暖,没有多余的钱去读书认字,就是认识了字也不可能去著书立说,写书的没有农民,当然书里也不会写农民。为此,他与毛宇居谈这件事,并立志要奋起读书,"长大以后,一定要写农民的书!还要帮助农民能读书"①。

在湖南省立第一师范读书时,毛泽东偏好社会科学,尤好国语文学和历史地理。对此,他曾坦言:"对自然科学并不特别感兴趣,也不去钻研,所以这些课程我多半得到的分数很低。"②毛泽东之所以偏爱社会科学,是因为面对国家的衰落,他认为只有从根本上改变全国的思想,才能救民于水火之中。如他在1917年8月写给老师黎锦熙的信中所说:"觉吾国人积弊甚深,思想太旧,道德太坏。夫思想主人之心,道德范人之行,二者不结,遍地皆污。""故愚以为,当今之世,

① 唐振南、周仁秀:《学生时代的毛泽东》,中央文献出版社2007年版,第47页。

② 胡哲峰、孙彦:《毛泽东谈毛泽东》,中央党校出版社2000年版,第25页。

宜有大气量人，从哲学、伦理学入手，改造哲学，改造伦理学，根本上变换全国之思想。"①

青少年时代的毛泽东读书特别讲究方法。他在私塾读书时，私塾先生要求学生大声朗读，但毛泽东却从来不高声朗读。私塾老师曾对此不满，就给他点书，结果，毛泽东把先生点的几章书一字不差地全背出来了。原来他是把书上的内容默念着记在心里，对不认识的字，不理解的词，就去查《康熙字典》（舅父文正莹送给他的），不用先生教，省了许多麻烦，还把这方法教给同学，同学们都叫他"省先生"。很多当年的同学和老师回忆，都说毛泽东读书非常认真，不仅能背，还能默写，"记忆力特强，过目不忘"。读书学习时，他总是心无旁骛，从不东游西走，从不到处乱逛。作文时，老师出"破题作文"，他总是独立思考，做得最快，每次都交头卷，还常常帮别人做。

1913 年春，毛泽东考入湖南省立第四师范学校。1914 年春，第四师范合并到湖南省立第一师范学校。

在这里，他认识到了知识积累的重要性。他给好友萧子升的读书札记《一切入一》作序，认为学问好比筑台。百丈之台是由一块石头一块石头地积累，以至于成千上万块石头堆积而成，学问也是今日记一事，明日悟一理，积久而成学。因此，须"庇千山之材而为一台，汇百家之说而成一学，取精用宏，根茂实盛"。他还进一步说，有台而不坚，有学而不精，无异于无台与无学。学如何精呢？"学如何精，视乎积之道而已矣"，就是强调要积累。然而，积累之事，"非旦暮所能成就，必也有恒乎？"积累需有恒心，要"持之以久远，不中涂而辍"，要长期坚持，不能半途而废。②

在这里，为了锻炼自己在各种环境下专心致志读书的本领，毛泽东有时候去学校后山的妙高峰上"静中求学"，有时又到车水马龙、人声嘈杂的长沙城门口"闹中求静"去读书。他一边自学，一边听课。毛泽东上课时，总是端正地坐着专心听讲，认真思考和做笔记，做到"不动笔墨不看书"。他读任何一本书和文章，必须把重要的、关键的地方加圈加点，或在书眉上拟出提要、写出批语、提出问题，还要摘抄，或写出读书札记，一本 10 万字的《伦理学原理》，竟做了 12 100 余字的批语，全书都有圈点、单杆、双杆、三角、叉等符号。湖南省立第一师范学校的校史上记载说："在一师的五年半读书时间内，所写的《讲堂录》《读书录》《随感录》《日记》和抄本就有一大网篮。"这些笔记和抄本毛泽东非常爱惜，几次搬家他都带在身边，后又带回韶山老家。他的好友蔡和森也对他这些笔记爱不

---

① 《毛泽东早期文稿》，湖南出版社 1990 年版，第 86 页。

② 《毛泽东早期文稿》，湖南出版社 1990 年版，第 82—83 页。

释手。1927 年大革命失败后，韶山人为防意外，把这些书和笔记全烧了，只有两本教科书和一本读书笔记被一个同族老先生从灰烬中抢出。这本读书笔记共 47 页，有一万多字，前面 11 页是毛泽东手抄的屈原《离骚》和《九歌》，在《离骚》正文的上面批有各节提要，一丝不苟；后 36 页冠名《讲堂录》，主要是修身和国文的听课笔记，讲授者为毛泽东崇敬的杨昌济和袁仲谦老师。毛泽东还提倡学习要多交流，并广泛拜师求教。他认为，学问既要好学，又要"好问"，要进行讨论交流，他曾与同学蔡和森、萧子升等组织课外哲学学习小组，开展讨论，并经常向老师求教。此外，他还向长沙城里有学问的人多方求学，凡外地来城讲学的名流学者，总是千方百计去拜访、聆教。此外，他还主张"游学"，以体验生活，增长见识。

（资料来源：孙宝义、刘春增、邹桂兰《毛泽东的读书人生》，中央文献出版社 2007 年版；高菊村、刘胜生、陈峰等《青年毛泽东》，中央文献出版社 2008 年版。）

## 【思考讨论】

1. 学生时代的毛泽东是怎样学习的？他有哪些读书方法？
2. 当代青年应如何读书？毛泽东的读书方法给我们什么启示？

## 【案例解析】

毛泽东非常讲究学习方法。早年在私塾中对不懂的字词，自己查字典，人称"省先生"。在一师，他到车水马龙、人声嘈杂的长沙城门口"闹中求静"的学习方法，也是他的独创，形成了集中精力，不受外界打扰的良好方法。勤动笔墨和勤于讨论交流是他最推崇的读书方法。这种良好的读书习惯一直保留，在延安时期和新中国成立以后，毛泽东在青年时代形成的不动笔墨不看书的习惯仍然保留着，故他读书时作批注更勤。在读艾思奇的《哲学与生活》一书时，曾亲笔作了 3 000 余字的摘录，还致信艾思奇虚心求教。一部浩瀚的长达 4 000 万字的历史巨著二十四史，毛泽东长读不懈，浓圈密点，作批加注，少则几个字，多则几百个字甚至上千个字，不仅留下了一代伟人读书的心迹，而且留下了他那龙飞凤舞极富个性的珍贵手迹。有人把毛泽东读书笔记称为"六式"，即摘录式、符号式、批注式、日记式、纠谬式和评荐式，非常恰当。

事实上，毛泽东解决了一个“怎么学”的问题。这里包括学习方法和途径，它直接关系学习的成效。学习方法得当，可以收到事半功倍的效果。反之，如果方法错误，不但学习效果不佳，甚至还可能引上邪路。后来，毛泽东曾将任务比做河，方法比做桥。他说，我们的任务是过河，但是没有桥或没有船就不能过。不解决桥或船的问题，过河就是一句空话。关于学习的途径，毛泽东提出了向书本学习、向实践学习、向群众学习和向外国学习等。

毛泽东的读书精神和方法都值得我们学习，从毛泽东身上能够看到，一个民族的阅读水平，决定这个民族的精神境界；一个人的阅读史，就是他的精神发育史。古人说开卷有益，读书益志，读书强能，所以选择了学习，就是选择了进步。重学好学一定会结出丰硕的成果。这也是毛泽东读书给我们的重要启示。

高尔基说，书籍是人类进步的阶梯。今天，党中央提出了文化强国战略，构建学习型社会。中华文化博大精深，值得我们好好传承，作为新世纪的大学生，更应该努力学习，学好本领，深入思考，把理论与实际结合起来，把实现个人梦与实现中国梦结合起来，不断贡献自己的力量。

## 【教学建议】

本案例展现了毛泽东善于学习、善于思考，他读书不仅讲究科学的方法，而且有所取舍，把读书与祖国前途命运结合在一起，这正是对当代青年最大的启示。

本案例可用于《毛泽东思想和中国特色社会主义理论体系概论》第一章第一节“毛泽东思想”、第八章第三节第四目“建设社会主义文化强国”和第十二章第二节第四目“建设学习型、服务型、创新型马克思主义执政党”，以及《思想道德修养与法律基础》绪论第一节“适应人生新阶段”的辅助教学。

# 3-3

# 刘少奇:雅号“刘九书柜”

## 【案例正文】

少年刘少奇,人称“刘九书柜”。探究“刘九书柜”的来历,我们先要了解人们称刘少奇为“刘九”的原因。

距湖南省宁乡县城30公里的花明楼镇炭子冲东侧山坡下,有一所朝西而建的刘姓农舍。1898年11月24日,一男婴诞生在这里,这是农舍主人刘寿生和鲁氏的第六个孩子。根据刘氏族谱排列,男孩取名为“绍选”,字“渭潢”。由于他在叔伯兄弟姊妹中排行第九,又得“九满”的昵称。刘少奇的父亲刘寿生略通文墨,很受邻里乡亲的尊敬。他不仅重视对子女的文化教育,而且要求他们从小学习田间农活,掌握基本生存技能。耳濡目染父辈、兄长们的辛劳勤勉,幼年时有过劳动体验的刘少奇,幼小的心灵深处就烙上了可贵的农家风范的印记,很早就懂得了“谁知盘中餐,粒粒皆辛苦”的深刻含义。这些感悟帮助他日后就读私塾、诵吟经史子集时正确领略先圣前贤的思想精华,尽管童年时的理解是那么的朦胧与幼稚。譬如,他经常用《三字经》中的“如囊虫、如映雪、家虽贫、学不辍、如负薪、如挂角、身虽劳、犹苦卓”的诗句来鞭策自己勤奋学习;以《论语》中的“吾日三省吾身”的箴言来勉励自己正正派派做人;在对“吾十有五而志于学,三十而立,四十而不惑”,“天将降大任于斯人也,必先苦其心志,劳其筋骨,饿其体肤,空乏其身,行拂乱其所为,所以动心忍性,增益其所不能”等先哲格言的不断领悟中孕育着鸿鹄之志。

8 岁到 14 岁,刘少奇在私塾读书。6 年中所读课本主要是《三字经》、四书五经一类的蒙学读物和儒学经典。如果说 6 年严格而刻板的私塾训练使他打下了较扎实的国学基础的话,那么他去玉潭学校读书之前的一年多自学则开启了他接受新思潮的思想大门。在这期间,为了填补私塾无法满足的求知渴望,他经常到周围藏书多的人家借阅图书。其中光顾最多的是他的私塾同学周祖三家。周祖三的父亲周瑞仙有早年留学日本、参加过孙中山领导的同盟会的经历,是一位具有新潮思想、倾向进步的教育工作者。他不用封建思想来束缚子女的成长,而是鼓励他们多读有益和进步的书。他家僻静的书房里,充盈着各种各样的书。其中,有相当一部分是他从国外带回的,包括许多新编教科书、进步书刊。这对于基本上只读过经书的刘少奇来说,无疑是一个扩大知识面的极好契机。他反复借阅这些书刊,忘记了正常的饮食起居,贪婪地获取各种信息、汲取知识养分。从这些书刊中,他开始知道除儒、道、史学外,还有那么多新奇的自然科学。透过这些洞察社会与世界的窗口,他断断续续地了解到当时发生在中国与世界上的一些事情;脑海里不仅有了梁启超、康有为、谭嗣同这些维新派人物的名字,还知道了卢梭、华盛顿、瓦特、富兰克林等国外的政治巨人和科学家。当年对半殖民地、半封建的中国起过重要政治启蒙与救亡作用的康有为的"大同思想"、梁启超所宣传的西方的资产阶级思想以及《新民论丛》所载的抨击时弊、介绍各种外来的先进思想,深深地启迪了少年刘少奇。

然而,对他最有震撼力的书是他的二哥刘云庭推荐的《辛亥革命始末记》。这套书,他一口气读了两遍。20 世纪初叶,发生在中国大地上的那场彻底推翻两千多年的封建王朝并影响了整个中国历史进程的资产阶级革命猛烈地撞击着他年轻的心。他不仅为这一伟大的壮举以及它带来的伟大变革激动不已,而且对孙中山、黄兴等革命先驱由衷钦佩与崇敬。从孙中山的"三民主义"、"民主共和"和"以俄为师"的思想中,他似乎朦朦胧胧地看到国家与民族命运的趋势、隐隐约约感觉到自己也该做些什么。从此,在他稚嫩的心灵中多了一层浓浓的忧国忧民的思绪。他开始关注时事的发展,经常和同学们一起讨论和研究书报中出现的新思潮以及当时正在发生的事情。他还剪掉了象征臣服满清的男性长辫,表示对清政府的反叛和对孙中山领导的中华民国政府的拥戴。

从 13 岁到 15 岁,刘少奇的读书基本是以自学为主。然而,正是由于他有超出旁人的自学能力,在这一段时期,他阅读了超出几年私塾所读的许多倍的书籍。除了前述的一些有关维新改革、介绍西方资产阶级民主共和以及各种自然科学书刊外,他还读了大量的经典名著,如《论语》《孟子》《诗经》《礼记》《春秋》《左传》等。

刘少奇读书之专注,是出了名的。好几次在火塘边看书着了迷,连棉鞋被炭火烤燃了他都全然不知。他有一间理想的书房——一间由杂屋延伸的偏棚，这里堆满了他爱读的各种各样的书。当他躲进小棚与书成一统时，也就全然不管什么饮食起居、白天与黑夜。每当全家人都吃过饭，他的灵魂还在书海中遨游；当人们在梦中酣睡、万籁俱寂时，他还在与各种知识的字符尽情地交谈。

刘少奇读书钻研精神之强，也是远近闻名的。他十分崇尚“如切如磋，如琢如磨”的读书方法，经常与小朋友们、同学们一起讨论、交流学习心得，对不懂的问题喜欢刨根问底，知其然、还要知其所以然。一则广为传颂的“少奇解联”的故事，生动形象地说明了这点。一次他与六哥运货经过一座庙，看见庙门上写着“惠止南国，戴如北辰”的对联。一路上便与六哥讨论开了，还不时向路人询问。回到家中，又是翻书查证，又是找朋友们琢磨。小伙伴们都说不清，结果还是刘少奇的解释得到了大家的赞同。他引用孔子的话说：“为政以德，譬如北辰，居其所而众星共之”；又引证《诗经》关于周朝召伯在南国考察巡视，与老百姓同甘苦、共命运，深受老百姓拥护的典故。意思是说：为老百姓服务的、清正廉洁的官就会受到老百姓的爱戴，如同众星捧北斗一样。

刘少奇的勤学好思，使得他在十四五岁时便满腹经纶，成了炭子冲人人皆知的“大学问家”。乡亲们送给他一个雅号——“刘九书柜”。

（资料来源：胡长水等《一个伟人的奋斗与命运》，中共党史出版社2001年版。）

## 【思考讨论】

1. 刘少奇少年时代为什么热爱学习？
2. 刘少奇少年时代所读的书籍对他走上革命道路有什么关联？

## 【案例解析】

刘少奇少年时代热爱学习固然有其家庭重视教育这一重要的外因，但根据事物发展的内因与外因关系的原理，我们认为刘少奇少年时代热爱学习有其重要的内因。一方面，是他的记忆力与理解力很强，不然他很难对一副对联有长久的兴趣与探究热情。另一方面，更重要的是，他热爱学习与他学习救国的志愿密切相关。刘少奇少年时代，国家处于半殖民地、半封建社会。当时的国家遭受帝国主义、封建主义与官僚资本主义三座大山的压迫,人民生活在水深火热之中。通过学习,他能明白“天下兴亡,匹夫有责”的深刻道理。比较历史上多少仁人志士为国为民弃文从武、弃医从文的故事,刘少奇少年时代立志学习救国的抱负同样令人肃然起敬。

正因为刘少奇从小就树立宏大志向,他的学习题材与内容的选择就与此密切相关。他不满足于私塾死板的学习内容与学习方式,更乐于接受实用且紧密联系现实的新学。他不满足于才子佳人的风花雪月,更感兴趣于暴风骤雨式的革命与改良。

## 【教学建议】

本案例展现刘少奇少年时代热爱学习的故事。只有通过学习,才能寻求与探究真理。只有通过学习,才能理解与接受革命的理论。只有接受革命的理论,才能投身于革命的实践活动。本案例可用于《马克思主义基本原理概论》第二章第三节“认识与实践的统一”的辅助教学。

# 3-4

# 邓小平:聪颖好学的巴蜀少年

## 【案例正文】

1904 年 8 月 22 日,邓小平出生在四川广安县协兴乡的牌坊村。广安这片平凡的土地,养育了幼年和少年时期的邓小平,他波澜壮阔的一生自此从广安源起。

邓小平的父亲邓绍昌对其格外器重,取名先圣①,寄予了殷切的期望。1909 年五岁的邓小平被父亲送进私塾发蒙,开始他的学生生涯。蒙童的功课主要是读书写字,教材是《三字经》《千字文》等以识字为主的启蒙读物。这类读物塾师照例是不讲的,只逐字逐句教读,然后要求学生死记硬背。聪颖好学的邓小平在先生教读之后便能马上记住,而且能流畅背诵,颇得塾师喜欢。蒙童的主要作业是写毛笔字,先临摹再逐渐离开字帖进行仿写。邓小平对写毛笔字很有兴趣,每天读过书后便练习写字,放学回到家里还要反复练习,因此他的毛笔字进步很快。经过私塾写字课的严格训练,邓小平的书法有了良好的基础,直到晚年,他的字依然刚劲有力,这可以说是他童年时代私塾学习的最大受益。

一年私塾后,邓小平进入了协兴乡的北山小学接受新式教育。他更加勤奋自觉,刻苦努力。当时,从邓家老院子到北山小学是一条近两公里的乡间小道。小路高低不平,弯弯曲曲,一遇雨天,路面十分泥泞溜滑,很不好走。邓小平年龄

---

① 在邓小平入私塾时,教书先生认为"先圣"这个名字对于祖师爷孔夫子不敬,遂自作主张将其名字改为"希贤"。

虽小,但从不畏难。不管春夏秋冬,他始终风雨无阻。即使恶劣的严寒雨雪天气,邓小平仍按时前去学校。在北山小学的四载寒暑中,除了一次因病重无法起床外,邓小平从未落过一次课,一直保持全勤。在几年的全部考试中除一次因病落到第二名外,其余考试均是第一名,深受老师称赞和同学们的敬佩。在学习之余,邓小平还是个热爱劳动、乐于助人的孩子。平常在外面经常帮一些贫苦孩子割草放牛,在家里则尽力帮助母亲干一些力所能及的家务。尤其是到了养蚕季节,他放学后径自回家帮母亲采桑叶、添桑叶、捉小蚕,经常是坚持到最后,和母亲一样,忙到深夜才睡。

10 岁那年,邓小平离开北山小学堂,顺利地考入了广安高等小学堂。这所学校当时设在广安县城内的一个小山坡上。它是一幢两层的小楼,规模不大,每次只招一两个班,每班 20 人左右。但它却是当时全县二三十万人中唯一的一所高等小学,不是成绩拔尖者,要想考进来是十分困难的。由于学校距离牌坊村有十公里之远,邓小平平常只在周末回家添置些日常用品,其余时间在校寄宿。父母不在身边,邓小平的学习更是全凭自立自觉了,但他仍未放松对自己的严格要求,没有忘记父母对自己的深深厚望。1918 年,邓小平顺利完成在广安高小的学习,成功考入全县唯一的一所初级中学——广安县中学堂。

1919 年 5 月 4 日,北京爆发了轰轰烈烈的反帝反封建的爱国运动。5 月下旬,革命的号角传到了广安。广安县中学堂的学生积极响应,于月底成立了广安学生爱国分会,组织了游行、罢课,15 岁的邓小平积极参加了这些爱国活动。由于之后学校一直处于罢课状态,学习生活无法正常进行,加之接近暑假,邓小平同其他学生一样离开了学校回到家中。这次离开广安县中学堂就永远结束了他在故乡学习的历史。

1919 年夏,邓小平的父亲邓绍昌从重庆回来,带来了重庆成立留法勤工俭学会重庆分会并准备开设留法勤工俭学预备学校的消息,他主张儿子去报考留法勤工俭学预备学校。邓绍昌作出这样一个不平凡的决定不是偶然的,他是在成都受过几年新式教育的有远见的知识分子,对军阀统治和贫困混乱的社会现状不满,希望儿子到欧洲去学点真本事,将来光耀门庭,报效社会、国家。对于父亲的意见,邓小平十分高兴,因为这与他科学救国、工业救国的想法是一致的。事实上,在五四时代潮流的冲击下,他已不再满足于中学堂里的"之乎者也",他渴望到新的世界里寻找新的事物,企求能掌握一门可以富国强民的实用技术。尽管母亲竭力反对,但邓小平早已坚定自己的目标。他收拾好行装,离开了家乡,遂将革命步伐从广安延伸至更远的地方。

重庆留法勤工俭学预备学校——这所当时西南重镇的最高学府,要想考进去是不容易的。但邓小平依靠其扎实的学识基础,如同以前每次入学考试一样,一考就金榜题名，如愿成为首期一百多名学子中的一员。经过一年的紧张学习，在最终达到毕业条件的八十多人名单中，邓小平赫然在列，而且是年龄最小的一名。① 就这样，经过 10 年刻苦学习，一步一个台阶，邓小平于 1920 年 8 月 21 日，和 80 多名同学一道在重庆码头登上了开往万县方向的“吉庆”轮，一路顺长江东下，开始了他赴法勤工俭学的艰难旅程。

（资料来源：李和文《邓小平的故事》，中共党史出版社 2006 年版；中央文献研究室科研部图书馆《邓小平人生纪实》，凤凰出版社 2004 年版。）

## 【思考讨论】

1. 结合邓小平在中国革命、建设以及改革开放时期的伟大实践，谈谈在其少年时期的求学经历中已经萌发了哪些可贵的品质？

2. 结合邓小平的少年求学生涯，简单谈谈社会环境对学生思想的启蒙影响。

## 【案例解析】

一个人的少年时期是至关重要的，在这个阶段里的重要经历都将对之后的人生产生深远的影响。邓小平无疑是幸运的，他在人生的起步阶段受到了良好的教化和启迪。邓小平的父亲邓绍昌——一个典型的新旧时代交替的混杂着新旧思想的人，在时代背景的激发下坚持把邓小平送上了求学之路，并让其接受新式教育。而邓小平在时代影响下，追求真理，逐渐萌发了救国救民的理想。从此，这种使命感引导了他波澜壮阔的一生。

邓绍昌家族自明初由江西迁入以来，期间虽也曾中过进士，封过翰林，但后来家道逐渐中落。到邓绍昌父亲时，家境已日益零落困窘，除一所住房外，田地不多，收入很少，而且人丁不旺，已是三代单传。邓绍昌把重振家业的希望寄托在了邓小平这位长子身上。5 岁进私塾发蒙，6 岁时进家乡的初级小学，10 岁时考进全县唯一的高小，14 岁时又进入广安中学。这对一个仅有十几亩地、家境并不宽裕的家庭而言，无疑是一笔不小的负担。但不管遇到多大苦难，邓绍昌对

---

① 此时的邓小平才刚满十六岁。

此始终不渝,甚至最后通过变卖家产,把邓小平毅然送上了万里求学的征程。

邓小平在学业上的努力没有辜负父亲的殷切希望。但他此时面对的是一个特殊的年代,这使得他有可能把个人的抱负与整个国家民族的命运紧密地结合起来,走上一条与父辈迥然不同的人生道路。自鸦片战争爆发以来,中国沦为半殖民地半封建社会,无数志士仁人为挽救中华前仆后继,英勇斗争。地处内陆的四川也不例外。1911 年夏秋,席卷巴蜀大地的"保路运动"深刻地波及广安,邓小平正在就读的北山小学以罢课的形式积极响应。随后,邓绍昌在当地还参加了辛亥革命的武装暴动行动。革命形势在全国渐成燎原之势,结束了统治中国长达两千多年的封建帝制。然而,国家并未独立统一,人民并未安居乐业。

十月革命的一声炮响给中国送来了马克思主义,为中国人民指明了新的出路。1919 年北京爆发了反帝反封建的五四运动,15 岁的邓小平积极参加了广安学生爱国分会组织的游行、罢课活动。这年夏天,重庆当时的最高学府留法勤工俭学预备学校开办,为正在苦思国家前途的邓小平打开了一扇全新的窗户。在父亲的支持下,他迈出了赴法寻求救国真谛的第一步。正是在这汹涌澎湃的革命大浪潮中,邓小平从一个懵懂无知的孩童逐渐成长为一个渴求救国救民的热血青年。他从广安踏出了自己革命生涯中最重要的一步,此后再未回到故乡广安,但他的一生开始和我们的党、我们的国家、我们民族的命运紧密地联系在了一起,随后的历史见证了这一切。

## 【教学建议】

本案例展现了少年邓小平从一个懵懂无知的孩童逐渐成长为一个渴求救国救民的热血青年。从邓小平祖上的脉络可以看出,无论是邓氏家族的家庭遗风,还是父辈们的前瞻预测和把握大局的能力,都给了邓小平很大的影响。早年邓小平接受新式教育,在新的时代熏陶和感染下,自立自强,奋发上进,逐渐在年轻的内心萌发了救国救民的使命感。少年邓小平爱国的种子在心底深处已经萌芽了,有了朴素的爱国思想。

本案例可用于《中国近现代史纲要》第四章第二节"马克思主义进一步传播与中国共产党诞生",以及《毛泽东思想和中国特色社会主义理论体系概论》第一章"马克思主义中国化两大理论成果"的辅助教学。

# 3-5

# 陈云:奋发有为的小学徒

## 【案例正文】

上海商务印书馆创办于 1897 年,是当时中国最早的、在国内外有广泛影响的重要文化教育出版单位。1919 年 5 月底,陈云从青浦县颜安小学高小部毕业后,在张行恭老师的关心下,由张行恭老师在上海商务印书馆工作的弟弟张子宏介绍,到商务印书馆当学徒。在人生的道路上,陈云进入了一个新的起点。他后来曾说:“从青浦到上海,这在我人生中间,非常重要的一段,这步迈出去以后,才有机会接触到共产党,才有这一生。”[①]陈云对商务印书馆怀着深刻的眷恋,1982 年商务印书馆建馆 85 周年时,他满怀深情地写下这样的题词:“商务印书馆是我在那里当过学徒、店员,也进行过阶级斗争的地方。应该说商务印书馆在解放前是中国的一个很重要的文化教育事业单位。”[②]

初到大上海的陈云,深感自己的知识不够,除了努力做好自己的工作外,十分注意抓紧业余时间学习,努力提高自己的文化水平。商务印书馆发行所营业时间长达 12 个小时,早晨 8 点钟开门,晚上 8 点钟收市,加上路上往返时间,实际上需要 14 到 15 个小时。一天工作下来已经疲惫不堪,所以工友们往往回到宿舍都早早休息了。陈云却与他们不同,他虽然年纪小,但很有志气。他回到宿

① 陈云故居暨青浦革命历史纪念馆:《走近陈云——口述历史馆藏资料辑录》,中央文献出版社 2008 年版,第 6 页。

② 中共中央文献研究室:《陈云文集》第 3 卷,中央文献出版社 2005 年版,第 500 页。

舍后,仍抓紧点滴时间学习,他总是最后一个睡觉,最早一个起床。

陈云利用商务印书馆图书特别丰富的有利条件,如饥似渴地看书,接受新知识,常常读到深夜,长年累月从不间断。商务印书馆很重视职工教育,在当时上海火车北站华兴路职员集体宿舍附近设立了上海图书学校,为员工业余教授英文、图书分类知识以及书刊出版和印刷的有关知识。陈云参加了进修班的学习,内容有英文、练习大小楷毛笔字等。

据商务印书馆的老工人回忆,陈云自到商务印书馆当学徒后,不管工作多忙、多累,都始终坚持自学。在商务印书馆的青年当中,他是学识渊博、有理想和抱负的人之一。因而,在青年工人中,陈云的威信很高,受到他们的尊敬和信赖。

陈云后来也回忆说:“我应该说在商务时期,对我在文化上的得益很大,全部‘童话’、‘旧小说’、‘少年丛书’都看了,有时也可翻翻杂志。同时我自信也是很用功的一个人,练字,上夜校(商务印书馆办的),读英文。”[①]当时商务印书馆发行所的主任和高级职员,对这个穿着布鞋布袜而极其上进的人,十分钦佩和看重。

在商务印书馆,陈云有机会接触到当时社会上流行的种种思想和政治主张,阅读了很多种政治书籍,其中有宣传政治人物的,有宣扬国家主义的,也有介绍三民主义的。当时,一些进步人士为了宣传中国共产党的主张,也创办了秘密推广共产党书刊的图书馆。陈云也经常到那里去学习,这使他有机会读了不少宣传马克思主义的书,包括《马克思主义浅说》《唯物史观》等。陈云后来回忆说,他先是很赞成以“爱国军人”姿态出现的吴佩孚,后来接受了国家主义派“外抗强权,内除国贼”的主张,再后来又相信了“民族、民权、民生”的三民主义,并且加入了中国国民党。但是他一接触马克思主义,便为其中的道理所吸引,感到这些道理比三民主义更好,并终生为之矢志不渝。正是在比较的基础上,陈云说“共产主义是最好的主义”。

陈云不仅勤奋好学,而且对生活有正确的态度。当时商务印书馆有不少青年职工和学徒比较喜欢时髦的生活。陈云来后,时常劝勉同伴:“青年人应当奋发有为,做些对民众有益的事情,这样生活才有意义。”他还说:“一个青年人,生活态度和生活方式安排是否得当,对一个人的前途很有关系。我们应当认真看些有意义的书,也应当学会过正当的生活,我们要掌握环境,掌握生活,不要做环境和生活的奴隶。”

陈云从小身体就很弱。来到上海后,他注意从各方面锻炼自已,特别是锻炼身体。他每天早晨6点起床,去闸北公园锻炼身体;尝试各种球类活动,乒乓球

① 中共中央文献研究室:《陈云传》(上),中央文献出版社2005年版,第20页。

室、篮球场上时常能见到他的身影。他还抽空去打靶，射击成绩在同伴中总是遥遥领先。

陈云的业余生活也安排得很丰富。他喜欢听评弹，当有评弹演出时，他常拉着朋友去听，还经常要听最后演出的一档书，认为这是水平最高、最值得听、也最能学到真东西的。他买了二胡、笛子，一有时间就练习拉胡琴、吹笛子，因为房间狭小，怕影响别人休息，就到楼顶的晒台上去练习。有的同事不太理解陈云学拉二胡这件事，问他："你不是常说应当抓紧时间多看进步书籍吗？我看你读书已经够累了，怎么还花时间学拉胡琴呀？"陈云笑着回答说："学习拉胡琴正是为了更好地休息呀！我们的生活很苦，很单调，没有什么娱乐，学会了拉胡琴，有空时大家拉拉唱唱，兴奋兴奋精神，对身心不是很有益处吗，这是最好的休息。"

（资料来源：王敏玉《陈云——青年人应当奋发有为》，贵州出版集团、贵州人民出版社2013年版；陈云故居暨青浦革命历史纪念馆《走近陈云——口述历史馆藏资料辑录》，中央文献出版社2008年版。

## 【思考讨论】

1. 谈谈艰苦奋斗精神对当代大学生实现理想目标的重要意义？
2. 陈云的人生态度对当代大学生成长成才有什么样的启示意义？

## 【案例解析】

理想必须通过实践才能转变为现实，再好的理想，如果不付诸行动，就没有实际意义。历史上凡有成就者，其渊博的知识、卓越的才能、闪光的智慧、不朽的业绩，多是从艰苦奋斗中得来的。陈云在商务印书馆工作时期，除了努力做好自己的工作，还克服困难，抓住一切可以利用的时间去学习，充分发扬了艰苦奋斗的精神。正是这种艰苦奋斗的精神，使他成为一位知识渊博、有远见的坚定的马克思主义者。艰苦奋斗是成就伟业不可或缺的条件。中国共产党靠艰苦奋斗起家，党的事业靠艰苦奋斗发展壮大，人民的幸福生活也靠艰苦奋斗去开创、去实现。当代大学生要学习陈云这种艰苦奋斗的精神，要把敢于吃苦、勇于奋斗的精神落实到日常的学习、生活和工作中去。在学习上，刻苦钻研，不畏艰难，孜孜不倦地学习理论和专业知识,不断提高思想道德和专业知识水平;在生活上,提倡艰苦朴素,勤俭节约,抵制和反对铺张奢华的思想和生活作风;在工作上,奋发图强,不怕困难,不避艰险,努力完成各项任务。践行艰苦奋斗精神,是大学生实现理想的根本途径。

时代呼唤英才,希望在于青年。成为德、智、体、美全面发展的社会主义事业的合格建设者和可靠接班人,是大学生需要确立的成才目标。青年陈云在德、智、体、美方面的严格要求,为当代大学生树立了一个榜样。他不仅在学习方面勤奋刻苦,还在品德修养、体育锻炼以及业余生活方面提高自己。他对生活有正确的态度。正如陈云所言:“一个青年人,生活态度和生活方式安排是否得当,对一个人的前途很有关系。我们应当认真看些有意义的书,也应当学会过正当的生活,我们要掌握环境,掌握生活,不做环境和生活的奴隶。”德是人才素质的灵魂,智是人才素质的基本内容,体是人才素质的基础,美是人才素质的综合表现。陈云在那个条件艰苦的年代就把德、智、体、美全面发展的理念很好地贯彻在他的实际生活中,为他后来的成功奠定了坚实的基础。

## 【教学建议】

本案例主要讲了陈云在商务印书馆勤奋好学的情况。陈云充分利用工作之外的业余时间来自学,并且还积极培养自己其他的兴趣和能力。对于今天的大学生来说,如何在激烈的竞争中获得成功,如何全面地提升自己,陈云成为一个很好的榜样。

本案例可用于《思想道德修养与法律基础》绪论第一节“适应人生新阶段”和第一章第三节“架起通往理想彼岸的桥梁”的辅助教学。

## 3-6
# 彭德怀:勤学不辍苦读书

【案例正文】

彭德怀自小就有强烈的求知欲,但命运总爱捉弄人,由于家境贫寒,他童年只是断断续续地在私塾读了两年书。而且,这两年中又只有雨天才会去私塾,因为晴天要帮母亲干农活。但他一生对知识的热爱从未减弱。

彭德怀小名"钟伢子",快满 6 岁的时候,爹爹对他说:"钟伢子,你想读书吗?"钟伢子渴盼地说:"很想读书。"爹爹听了之后,又喜又愁,喜着儿子爱学习,以后能有出息,愁着那笔不小的学费。爹爹告诉彭德怀,读书需要笔墨纸砚等学习用品,还要不少的钱,他以后要少玩点,多捡点柴,可以卖柴换钱。从这以后,彭德怀每天一大早就到山上砍柴,他捡来的柴枝都快堆满整个棚子了,母亲看着儿子那么卖力,心疼地说:"已经够烧啦,钟伢子,快休息会儿。"可彭德怀依然不满足,他说要帮家里多砍点柴,多赚点钱,这样他才能去读书。彭德怀在砍柴的过程中,脚掌有好多次被刺破。但不管刺穿得多严重,他都忍着疼痛,嚼一口草药简单地一敷,或者干脆找个蜘蛛窠盖住伤口。在读书的两年中,家里烧的柴火都是由钟伢子砍来的。

爹爹把钟伢子砍来的柴卖了,换了钱,他终于可以上学了。母亲把他送到姨夫肖云樵的私塾去念书。肖云樵对彭德怀说:"钟伢子呀,欢迎来到我家读书。从今天起,你要叫我肖先生,因为你是我的学生了,你要听先生的话,认真读书。凡是我让你背的书,你都要能背、能默写出来,你知道吗?"彭德怀懂事地连连点头。彭德怀每一节课都听得入神,牢牢记住先生的教导。每天晚上,他会温习上课的内容,背诵肖先生点过的课文,到第二天肖先生检查背诵情况时,彭德怀都能背诵如流,点的字也能默写出来。肖先生特别满意,认为他"文思敏捷,他日必成大器"。

彭德怀学习刻苦,求知欲特别浓厚。课余时间,除了上山砍柴,帮母亲干农活之外,他把时间都花在学习上。又因为他接受能力强,在短短的两年中,他就广泛阅读了《百家姓》《论语》《大学》《幼学琼林》《孟子》《增广贤文》等书。可是两年之后,因为母亲逝世,本来就拮据的家庭更是雪上加霜,彭德怀不得不辍学养家。可肖先生依然关心他的学习,把自己手写的楷字蓝本送给彭德怀,并再三叮嘱:"你已学过不少字了,不能丢,必须发愤自强。常言道,聪明书打底,你认得字了,就要多读些书。"

虽然离开了私塾,整天为养家糊口而奔命,但彭德怀从未忘记父母、肖先生的谆谆教诲和对自己的期待。他晚上一有时间就看书,复习在私塾学过的课文,有时也会练习毛笔字。家里没钱买油灯,他就上山去采松香和找竹片,用它们代替蜡烛、灯油来照明读书。沉重的生活压力不但没有扑灭彭德怀对学习的炽热,相反还练就了他刻苦好学的美德。

随着年龄的不断增长,彭德怀的阅读能力进一步提高,他已不满足于学习那几本四书五经了,开始涉猎更广泛的知识领域。他借来《水浒》《三国演义》等中国古典小说,津津有味地读起来。他不但从书上了解到中国的历史,而且还从中发现了农民揭竿而起的无畏。后来他还看了《二十年目睹之怪现状》《老残游记》《包公案》等书,书中对封建地主和贪官污吏压迫百姓、残害农民的残酷现象描述得真实逼人,书中的英雄为民除害的义举更是鼓舞了他那颗稚嫩而善良的心。彭德怀在卖力养家的日子里所目睹和经历的不平世态,都让他不自觉地想起了他看过的书。他也渐渐地懂得,穷人要找活路,决不能再逆来顺受、任人宰割,要学会斗争。但他当时还小,还未接触马列主义,对于革命,他依然缺乏认识。

1916年,彭德怀投军入伍,在部队里,他不但刻苦自学,还带动了连里其他官兵一起学习。他抓住一点一滴的时间读书、练字,遇到不懂的问题就请教别人。他敏而好学,学而不厌,在学习上的进步也越来越大。彭德怀在训练队当学员的时候,有两篇作文引起了国文教员的赞赏和共鸣。一篇是《爱惜光阴》,内容大概是:"大禹圣人爱惜寸阴,陶侃贤人尤惜分阴,况吾辈军人乎!欲为国负重任者也,岂不勉哉……"另一篇题为《论立志》,内容大意:"志不立,吾人无可成之事,国亡家亡,灭种随之。覆巢之下,岂容完卵?弱肉强吞,莫此为甚。吾人生逢斯时,视若无睹,何异禽兽为伍……志不立如无舵之舟,无衔之马,飘荡奔逸，何所底平……"两篇作文虽然都不满三百字，但足以让国文教员折服，国文教员推荐给了营长和团长阅读。这两篇作文深刻展现了彭德怀对国家、人民的热爱及其远大的理想抱负。

彭德怀勤学不辍，不断接触新的知识，尤其当他接触了马列主义的时候，更是开阔了视野。到 1926 年，他就已经读了《共产党宣言》、《资本论》简介、考茨基的《阶级斗争》以及一些革命文章和册子。彭德怀说："以前我只是对社会不满，看不到有什么进行根本改革的希望，在读了《共产党宣言》以后，我不再悲观，开始怀着社会是可以改造的新信念而工作。"在 1927 年，彭德怀认真读了段德昌送给他的不少进步书刊，包括《向导》《新青年》《共产主义 ABC》和《通俗资本论》。这些书籍就像茫茫沙漠的一泓清泉，滋润了他干渴的心田。

彭德怀不断学习读书，开阔了视野，提高了明辨是非的能力，也更加坚定了他为中国和人民谋幸福、找出路的理想信念。

（资料来源：何敏、谢海燕《放眼看平江起义》，国防大学出版社 2007 年版；江涌《从湘军士兵到共和国元帅：忆彭德怀》（上），岳麓书社 1998 年版；彭德怀传记编写组《一个真正的人——彭德怀》，人民出版社 1994 年版。）

## 【思考讨论】

1. 为什么彭德怀在干活养家的艰苦岁月里和在忙碌紧张的从军日子里依然能够坚持学习？

2. 在知识爆炸的时代背景下，在快餐文化如此泛滥的社会环境下，你认为大学生应该如何正确对待学习和知识？

## 【案例解析】

"非学无以广才，非志无以成学"。[①] 一个人只有不断地向实践学习、向生活学习、向人民群众学习，才能博采众长、增长才干。但求知之路也是充满坎坷和荆棘的。没有坚定的信念和坚强的意志，就容易对学习失去恒心和信心，最终不

① 诸葛亮：《诫子书》。

能对国家和人民作出任何贡献。

"立身以立学为先,立学以读书为本"。[①] 也许彭德怀的父母不知道这句话,但他们应该是明白读书求学的要义,才含辛茹苦送彭德怀去私塾读书。而彭德怀从小就知道学习来之不易,也就更加认真地对待学习,也学习得更加认真刻苦。这时的钟伢子也许还不明白"为中华之崛起而读书",也许只是为了不辜负爹娘的一片苦心。但在私塾里的学习打开了他心灵的窗口,使少年彭德怀学会观看并看透这个世界。带着他这个年纪不该承受的苦难,带着对社会不断深入的感受,彭德怀阅读了《水浒》《三国演义》《包公案》等一系列揭露旧社会丑恶、为穷人申冤的小说,也激发了他为穷人谋活路的斗志,鞭笞他做一个自强不息、刚正不阿的大丈夫,而决不做一个任人欺凌侮辱的懦夫。

"非淡泊无以明志,非宁静无以致远"。[②] 彭德怀投军之后的求知欲比以前更加强烈,也更加自主、全面地学习。在军队里他结识了不少有志之士,接受了许多爱民救国的思想,更加明确了学习的目的。彭德怀的崇高理想和先进思想都离不开他广泛而刻苦的阅读。尤其是通过阅读马列主义等进步书刊,更让他开阔了视野、更新了观念、坚定了信念。在彭德怀看来,读书是对民族前途的孜孜探索,是对国运兴衰的深刻反思,正是不断地向生活学习、向人民群众学习,才让他的青年时代焕发光彩。

"大学之道,在明明德,在亲民,在止于至善。"[③]当代大学生应该更加科学地理解学习的内涵,把"有字之书"和"无字之书"结合起来,把读书学习和为人处世结合起来,把学本领和中国梦结合起来,真正做到树立自主、全面、终身学习的理念,为中华民族的伟大复兴贡献自己应有的力量。

## 【教学建议】

本案例通过叙述彭德怀从童年到青年时期的求知路程,可以帮助大学生树立自主、全面、终身、创新学习的理念,有利于让大学生保持一种积极进取、不断探索的精神状态。同时,还有利于启发大学生对新时代学习内涵和学习方法的思考和创新。

本案例可用于《思想道德修养与法律基础》中绪论"珍惜大学生活 开拓新

---

① 欧阳修:《欧阳文忠公集》。

② 诸葛亮:《诫子书》。

③ 《大学》。

的境界”的辅助教学,或用于该部分课程内容的考核。

本案例使用过程中要注意:第一,引导大学生正确理解学习的内涵,要把“有字之书”和“无字之书”相结合;第二,如毛泽东所说过的,读书是学习,使用也是学习,而且是更重要的学习。要引导学生正确看待学习和实践的关系,学以致用。

# 3-7

# 刘伯承:勤读善思求学路

## 【案例正文】

1897年夏,四川开县浦里区赵家场乡张家坝紧傍刘家老屋的一间房子里,一所小学堂正式开办,创办人就是刘伯承的父亲刘文炳。因学堂就在华山脚下,便取名“华山书舍”,5岁的刘伯承于是成为最初的二十多个学生之一。

虽然进了书舍,但年幼的刘伯承与同龄的大多数小男孩一样,贪玩好动,无心于学业。一次放学回家,母亲要他把当天念的书背诵一遍,调皮的刘伯承知道母亲识字不多,便胡乱地背了一通。不料被父亲在里屋听见,走出来斥责他说:“我告诉你,我没得南庄田、北庄地,只有一支笔、一锭墨留给你,你不用功,看你日后如何得了!”

母亲得知儿子是在欺骗她后,伤心地流下了眼泪。父亲的训斥和母亲的哀伤深深地触动了刘伯承,他感到对不起父母,暗下决心今后一定好好念书。此后每天他总是最早赶到书舍,回家后一有空闲,便捧书就读。

书舍教师任贤书不仅熟读诗书,而且精通武术,尤其擅长拳法和腿功。他在教书之余,还教学生练习武术。刘伯承在他的指导下学会了长拳、八卦掌、棍棒和投掷等功夫。习武极大地磨砺了刘伯承的意志。为了练好弹子功,每天早晨刘伯承用从河滩上捡来的鹅卵石朝屋后的一棵大树投掷,练习“飞弹”,久而久之,树干上被打出了一个烧饼大的洞。

功课方面,刘伯承从《三字经》《幼学琼林》等启蒙读物开始,接连学习了《论语》《孟子》《大学》《中庸》《左传》和《史记》中的短文。刘伯承虽然活泼顽皮，但读书却非常刻苦认真，重要的文章总要反复读几十遍。他读过的《论语》《孟子》等书本上密密麻麻地划了很多记号，有的还写了批注。练习毛笔字，他也是一丝不苟，专心致志，一笔一画苦练楷书。为了节省笔墨纸张，刘伯承以右手食指为笔，左手掌心为纸，在上面练笔势、笔锋。甚至用破毛笔蘸水在旧砖头上练习写字，每次都直至把砖头写得湿漉漉的方才作罢。

"华山书舍"的7年学习可以说让刘伯承终身受益。任先生传授的不仅仅是知识、美德，还有胆略。尤其是任先生"武能救国，武能强身。文能聪慧，文能修身。只武不文，亦为莽夫。只文不武，亦为懦夫。文武相彰，天下莫敌"的教诲深深烙刻于少年刘伯承的心中，在一定程度上铸就了此后戎马一生有勇有谋的刘伯承。而期间所养成的良好的读书习惯，更是伴随并影响刘伯承一生，即便是在残酷的战争岁月，刘伯承也不忘抽出时间读书，孜孜不倦地从书中寻求、探索人生的真谛。

随着年龄的增长、知识的增多以及当时新学的发展，小小的"华山书舍"再也不能满足少年刘伯承求知的欲望。1904年秋刘文炳将刘伯承转到灯草坝的"汉西学院"就读。"汉西学院"的主持人刘华英是个博学多才、踌躇满志的老廪生，同维新派、洋务派人士有广泛接触，受到西方文化和改良主义思潮的影响，思想比较开化，有志于干革新之事。在他的带领下"汉西学院"设有语文、数学、物理、化学和地理等课程，知识面比"华山书舍"要开阔得多，这更激起了刘伯承的学习兴趣。由于他勤奋好学，才智过人，各个科目的成绩都是第一名，因而深受刘华英喜爱。在这里，刘伯承第一次接触到了现代科学知识，第一次了解到了开县以外的中国，中国以外的世界，特别是了解了很多的时事知识。

1905年随着科举的废除和新学的大力兴办，开县的高等小学堂决定扩大招生，在刘华英的资助下刘伯承参加了县高等小学堂的招考，考试成绩名列前茅。学生按考试成绩编为甲、乙、丙、丁、戊五个班，刘伯承被编入甲班。开县高等小学堂开设的课程除国文、修身外，还有外文、数学、理化、史地、体操等。学校教师大多数水平较高，其中的一些教师如毕业于日本弘文师范学校的傅让、朱璜等甚至是同盟会会员，他们不但宣传变革的新思想，还秘密传播一些进步杂志和革命书籍，如雷铁崖、邓洁等在东京出版的《鹃声》和吴玉章等编辑的《四川》杂志，这些杂志所发出的忧时爱国之声极大地震撼了少年刘伯承，促使他开始思考国家、民族的前途命运。而同时期所读到的邹容的《革命军》、梁启超的《饮冰室文集》等书籍，使刘伯承初步接触到了资产阶级民主主义革命的思想；赫胥黎的《天演论》所宣扬的"物竞天择"、"优胜劣汰"的生物进化思想亦深刻地影响了少年刘伯承，可以说在这里变革社会的种子在刘伯承的心中开始播下。

（资料来源：《刘伯承传》编写组《刘伯承传》，当代中国出版社 2007 年版；楚客、黄其子《伟人之初（将帅篇）——刘伯承》，浙江人民出版社 1996 年版。）

## 【思考讨论】

1. 早年刘伯承在求学过程中是如何实现个人追求与国家命运相结合的？
2. 试分析青少年时期刘伯承在求学的每一个阶段能取得优异成绩的因素有哪些？给我们以什么样的启发？

## 【案例解析】

本案例主要讲述了青少年时期的刘伯承读书求学的事迹。从“华山书舍”开始，中经“汉西学院”、开县高等小学堂，再到夔府官立中学，刘伯承在早期学习的每一个阶段都取得了优异成绩。骄人成绩的取得来自他的刻苦努力、勤学善思。为了练好投掷功夫，每天早晨坚持不懈地朝屋后的一棵大树扔“飞弹”，久而久之将树干打出一个大洞；为了练好毛笔字，右手为笔，左手为纸，在上面练笔势、笔锋；为了掌握好所学知识，反复诵读、批注、记背。启蒙之初，就先后阅读了《三字经》《幼学琼林》《论语》《孟子》《大学》《中庸》《左传》和《史记》等一批堪称中国传统文化精神典范的书籍。稍大进入“汉西学院”后又学习了数学、物理、化学和地理等现代科学知识，并了解了很多的时事知识。既增长了知识、开阔了视野，又使他开始关注社会问题。考入开县高等小学堂后，在一些宣传变革的新思想的影响下，刘伯承接触到了《鹃声》《四川》等进步杂志，并且阅读了《革命军》《饮冰室文集》《天演论》等书籍。这些杂志和书籍所发出的忧时爱国、变革社会之声极大地震撼了少年刘伯承，促使他开始思考国家、民族的前途命运。

“书山有路勤为径，学海无涯苦作舟。”求学之路，无捷径可走，只有勤学苦练，多思善思，才能在求知之路上有所收获。求知之路是人生必经之路，求知既是学习和了解宇宙、社会之真谛，也是探究人生价值之真义。早年刘伯承正是凭借自己的勤奋苦学，取得了不俗的成绩。也正是在求知之路上，他开始将目光从书本转向社会，将读书与救国联系起来，将个人命运与国家、民族的命运联系起来。

## 【教学建议】

本案例通过介绍刘伯承青少年时期的求学历程，说明了勤奋善学、刻苦努力在求知过程中的重要作用。

本案例可用于《思想道德修养与法律基础》绪论“珍惜大学生活　开拓新的境界”的辅助教学，或用于该部分课程内容的考核。

在使用本案例时一定要把握好主题，不要把注意力放在故事情节的叙述上，而应通过故事叙述，重点分析青少年时期刘伯承为什么每一个阶段都能取得优异成绩的原因，突出勤奋努力、善于思考的主导作用。

# 3-8

# 贺龙:从砸木牌位到刻苦求学

## 【案例正文】

贺龙原名贺文常,字云卿,乳名常伢,贺家家境虽贫寒,但在贺龙十岁那年,父亲还是决定送贺龙进私塾读书。私塾先生是个小地主,他平时除了盘剥受苦农民以外,还在私塾的学生身上刮油。每个学期,每个年节,学生都要给他送礼。贺龙的父亲经过好几天的筹划才凑齐一篓子鸡蛋,随后,带着贺龙向私塾走去。

一进门,父亲就恭恭敬敬地给先生送上鸡蛋并说明来意,那先生接过鸡蛋,打量了一下贺龙,便在花名册上写了"贺文常"三个字。从此,贺龙开始进私塾读书。

贺龙每天进入私塾,所做的第一件事就是要对一块木牌牌行礼,然后,先生才准开卷读书。刚开始贺龙还勉强做一做,日子久了,便感到厌烦。他心想:"为什么上学要给先生送礼?为什么要给木牌牌行礼?"有一天,贺龙暗地里同几个小伙伴商量:我们偏不给木牌牌行礼。但是这种"不敬"的行为,触怒了先生,他举起手里的竹片,要打学生的屁股。贺龙心里更是疑惑:"先生天天让我们给木牌牌磕头作揖,是不是牌牌里装了什么宝哟!"后来,他趁先生外出的时候,好奇地攀到中堂的台子上,拿着木牌翻来覆去地看,并用手叩着木板。除了中间有一行字,两边画了盘龙的花纹外,什么也没发现。

为了把事情弄个水落石出,一天早上行礼的时候,贺龙质问道:"先生,这是块什么牌牌,天天给他行礼干么子?""是呀!这是块么子木牌牌?"同学们也都提出问题。先生板起脸说道:“这是大成至圣先师孔夫子牌位!”“孔夫子!孔,什么孔啊,木牌牌上没有孔呀!”大家七嘴八舌地说,一些学生还发出笑声。“切莫胡闹,孔夫子乃圣人也!”贺龙随后追问一句:“什么生(圣)人、熟人?”又是一阵笑声。先生两手一摆,然后有板有眼地说:“圣者,崇高也,圣人,乃具有崇高智慧和道德之人也!”他想:那个孔圣人讲的尽是些生死有命、富贵在天之类的鬼话,俺爹做阳春、做裁缝的话却一句也没有。怎么称得起圣人?

自那次以后,贺龙便决心再不给木牌牌行礼了。被先生发现后,他冲过去扯起贺龙的耳朵,硬逼着他给木牌牌叩拜。贺龙攥紧拳头,强忍着心中的怒火。第二天,贺龙口袋里塞满了很多小石子。到私塾后,跑到中堂孔圣人的木牌牌前练习栽跟头,这下彻底激怒了先生。先生见状袖子一挽,拿起一根竹片便向贺龙挥去,贺龙那敏捷的身体一闪,从口袋里摸出石子,叭叭向圣牌打去,那块薄薄的木牌瞬间被打得开了拆,先生被他气得半天说不出话来。从此,贺龙离开了私塾。他砸圣牌的故事却被广泛地流传开来!

贺龙辍学后,先是回家务农。后来赶骡子运盐。在此期间,受辛亥革命的影响,他“两把菜刀闹革命”,凭借骁勇善战提升为国军团长、旅长。多年的征战,使得贺龙痛感学习文化知识的重要性。1918 年,他驻守桑植后,生活相对安定,他开始广交知识分子,并聘请很多新老知识界人士为随营老师,给他讲解中外历史、兵法军制和古书古文,使贺龙受益匪浅。他还邀请曾参加过武昌起义的前湖北荆宜施鹤总司令唐栖之检阅部队,请教建军良策。在唐建议“注重军训”和革命党人陈图南的帮助下,贺龙开办了军事讲习所,并亲自拜访聘请一批有学问的人为讲习所教师。在开学典礼上,贺龙鼓励大家:操练军事,学习文化,把救国救民的重担挑起来。开学后,贺龙常与学员一起下操上课,使他和学员取得显著进步。1921 年,贺龙奉命驻守桃园。在此期间,通过花汉儒他初步接触到马克思主义,并产生浓厚兴趣。之后,他经常让秘书长严仁珊为他阅读并讲解关于共产党的书刊,使他从思想上坚定了马克思主义信仰。

南昌起义后,宋庆龄发表宣言。派驻在贺龙军部的共产党员周逸群将宣言念给他听,贺龙听完后又让周连续念了 3 遍,结果贺龙竟一字不落地背了下来。周逸群听完后很是惊喜,他觉得如此聪明的总指挥不识字太可惜了,所以他决定教贺龙认字读书。贺龙欣然接受了周的意见,并决心每天学习认字 20 个。之后的岁月里,贺龙不管工作多繁忙,也不管酷暑寒冬,坚持每天刻苦学习,从未间断。一次,贺龙指挥战斗,战役持续了两天两夜,期间贺龙从未合眼。即便如此,他仍在战斗的间隙挤时间学习。他身边的工作人员见状,称赞说“贺老总真是把学习看得比吃饭、睡觉更重要”。

由于贺龙天资聪明,学习又孜孜不倦,再加上他丰富的阅历,使得他在学习上取得显著成绩。到长征时,他已能够熟练地阅读马列名著和中央文电,并练得一手漂亮的毛笔字。

(资料来源:《贺龙同志的故事》编写组《贺龙同志的故事》,湖南人民出版社 1978 年版;向同伦《早年贺龙》,红旗出版社 1996 年版。)

## 【思考讨论】

1. 贺龙求学遇到曲折后,是怎样重新认识到文化知识的重要性的?
2. 贺龙渴求知识对他后来成为马克思主义者起到了什么重要作用?

## 【案例解析】

贺龙小时候尽管家境贫寒,但他父亲还是想让他进私塾读书。进私塾后有两个事情使贺龙很反感,产生了逆反心理。一是每个学期,每个年节都要给先生送礼;二是每天来校都要向孔夫子木牌行礼,行礼后才准开卷读书。贺龙很纳闷,邀约伙伴不向木牌行礼,触怒了先生而遭打。他又问孔夫子是谁,当先生做了解释说:孔夫子就是孔圣人,是有崇高品德和智慧的人,这使贺龙更为反感。结合所学的孔夫子的那些言语,讲什么生死有命、富贵在天之类的话,贺龙联想到如他们父老乡亲一样的勤苦劳作的人连一句话也没有讲,越发觉得这算什么圣人,于是更产生了叛逆心理,要砸掉木牌,并将之付诸行动。这样,被他气得半天说不出话来的先生也就自然把贺龙赶出了学堂,于是贺龙失学了。

辍学后的贺龙先是务农,后来拉枪闹革命,随着他的队伍的扩大和多年的征战,他深深感到文化知识对于建军打仗的重要性。比如学习战略战术,了解分析乡土民情,给士兵做思想政治工作,了解敌军状况,分析敌我力量对比及社会和军事大的环境背景等,都需要文化知识,没有文化知识就会如同睁眼瞎子。于是在战事处于相对安定的环境后,他就广交知识分子,并聘请知识分子为随营老师,给他讲中外历史和军事知识。

为了使他渴求文化知识的正确认识惠及各级军官直至广大士兵,他还接受进步人士的建议和帮助,开办了一个军事讲习所,并亲自拜访和聘请了一批有学问的人士为讲习所的教师。贺龙鼓励大家努力学习文化,懂得救国救民的道理并学会担任重任的本领，而且他自己率先垂范，同大家一起学习。正是由于这个阶段的学习基础，使他具备了接受和分析、鉴别新思想的能力，选定了马克思主义、社会主义作为自己的信仰。后来周逸群发现了贺龙的学习天赋，决定亲自教贺龙学习，贺龙欣然接受。正因为他尝到了学习文化知识的甜头，此后，不管工作多忙，也不管酷暑严冬，从未间断。甚至在连续紧张战斗的间隙，也不放下学习，把学习看得比吃饭、睡觉还更重要。

时代不同了，在当今知识经济的时代、世界科技日新月异的年代，大学生更应该懂得学好知识，掌握科技本领的重要性。自觉为自己的人生理想，为中国梦的实现而刻苦努力学好本领，为中华民族的腾飞贡献力量。

## 【教学建议】

本案例通过贺龙的曲折求学历程，使大学生了解一个真实的贺龙求学故事，并从中受到启发，懂得文化科学知识对改造客观世界、改变人生命运的极端重要性，从而在大学期间自觉学好本领，为将来服务国家、造福人民打好基础。

本案例可用于《思想道德修养与法律基础》绪论“珍惜大学生活　开拓新的境界”的辅助教学，或用于该部分课程内容的考核，或作为阅读材料布置学生阅读。

本案例使用时要注意：引导学生正确理解和把握学习的内涵，不同时代学习的内容也不同。对大学生来说不同专业学习的主要内容也不同，但刻苦勤奋学习的精神是一致的，是共同需要的；引导学生不但要重视读“有字之书”、重视基础知识的学习，也要重视新的时代特点下的实践经验；在讲贺龙砸掉孔夫子木牌的故事时，教师也要注意正确引导和解释。

# 3-9

# 徐向前:坎坷求学之路

## 【案例正文】

1901 年 11 月,徐向前出生在山西省五台县永安村。徐家原先也是大户,到徐向前爷爷一辈,家业开始衰败。为了养家糊口,徐向前的父亲——一位清末秀才,远离家乡,在外教书。

徐向前出生在"秀才之家",按理说六七岁该读书了,可是,因为家境不好,直至十岁,他才进入私塾上学。这时孙中山领导的辛亥革命已经涉及山西,但五台山区的私塾里念的仍是四书五经之类的老书。徐向前读了 3 年四书五经,没读完,离家不远的东冶镇上兴办了沱阳高小学堂,他这才进了洋学堂。

沱阳高小学堂是所新式学校,以语文算术为主,还有历史、地理等新课程。书本是白话文,还有插图,好读又好记。徐向前很爱这个学校。徐向前每门功课都很好,只是算术有点吃力。为了解开那些算术题目,他白天下苦功,晚上作习题。他碰到不会做的题,随时随地求教同学。刻苦勤学,弥补了他算术课的先天不足,慢慢地跟上了班。老师不禁称赞说:"好小子,有出息!"

沱阳高小学堂是徐向前接触新世界的起点。然而,好景不长,父亲认为徐向前的文言文写得不好,是洋学堂没有教好,又把他送回了私塾读书。徐向前不得不又捧起了他不喜欢的四书五经这些老书。

令徐向前苦恼的事不只是没有新书读,后来,家里生活越来越艰难,再也供不起两个孩子读书了。父亲决定只供大儿子读书,让徐向前休学。于是 15 岁的徐向前走出了学校的大门，失学在家，干起拾粪、砍柴、背煤、种地以及烧火、看小妹妹等家务事，挑起了生活的重担。失学的徐向前非常羡慕私塾的学生，更向往哥哥上学的沱阳高小学堂这个“洋学堂”。他每次到东冶镇经过那里，心窝里都像有把无形的刀子在绞动。他暗暗发誓，一定要争口气。

徐向前16岁的时候，为了营生，经人介绍，在河北省阜平县的一家店铺当了学徒工。因该店铺中经营有书，人们又管它叫“书店”。

徐向前高兴地接受了他人生中的第一个社会职业，背着行李卷，告别了父母，跟着大姐夫上了路。一路上想的全是好看的书。走到那里，他才知道，这是一个小杂货铺，主要经营的不是书，而是点心、红白糖、香油、小枣、烧饼等，还卖自家磨的面粉。

徐向前每天天不亮就要起床，挑水、扫院子、倒尿壶、纺线、磨面粉。这家店有两头大骡子，一天磨6斗麦子。徐向前那时不满17岁，力气不足，一天下来，腰酸背痛，夜间还要起来两次，给骡子添草添料。

两年艰辛的学徒生涯，虽然很苦，但徐向前在这里找到了慰藉。书是他最亲密的伙伴，读书是他唯一的快乐。店里的书，差不多他全看过。诸如《三国演义》《西游记》《罗通扫北》《薛仁贵征东》《薛丁山征西》《水浒传》《七侠五义》《封神榜》《东周列国志》等。而他最感兴趣、最喜欢的还是《孙子兵法》之类的兵书。他不喜欢《荡寇志》，里面写梁山好汉被官兵捉拿，一个个被杀掉了、招安了。白天没有空，他就在夜深人静的时候，借着煤油灯光读书，有时通宵达旦。因为读书耗油太多，他曾为此挨了店主人不少责骂。

读书，使徐向前的阅历又向前延伸了许多年。从书里，他领略了中华民族的正气，豪侠英烈的爱国思想和侠义行为。最使他倾倒的，是那些为民除害的剑侠武豪，谋勇兼备的将帅。那时，他还没直接想到从戎，但萌发了学军习武的兴趣。

1919年3月，徐向前结束了两年的学徒生涯，决定去太原投考学校。这个失学四年的小徒工，居然以优异成绩考入了山西国民师范第一期速成班。

山西国民师范学校是当时山西第一流的学校。学校设置的课程很多，语文、数学、英语、心理学、教育学、地理、军事，还有音乐、体育、美术等。另外，还有武术，教些套路拳术。徐向前对学校的课程产生了浓厚的兴趣，每门课他都能认真对待。每天早早起床，列队跑操、洗漱后，就立即捧起书高声朗读。功夫不负有心人，毕业时，他考出了全年级第一名的优异成绩。

在国民师范学校读书时，徐向前的思想受到了五四运动的巨大冲击，开始接触到进步思想。《七侠五义》之类的小说，不再使他着迷，他最爱看的，是一些与政治形势有关的书。他在这里第一次知道了苏联的十月革命，在报纸上看到了“里宁”（列宁）和“劳农政府”的概念，开始对社会主义有了一些朦胧的认识。他经常思考一些问题,如“民众何以贫穷”,“国家何以危亡”,“中国的出路何在”?这些题目的答案,在课堂上是找不到的。正课之外,他要用一半以上的时间翻阅报纸,阅读一些政治理论书籍或刊物。

随着年龄的增长,民族的压迫、社会的冷遇都激励着这位充满一腔热血的青年。此时的徐向前已经不是那个单纯为了有个出路而拼命读书的少年了,他越来越感到自己和祖国的血脉相连,息息相通,深深认识到国家的兴亡、民族的昌盛无不要以坚实的知识积奠为基础。为了进一步寻求真理,他南下广州,就读黄埔。这一选择使他成为伟大的无产阶级军事家,也成为他毕生奋斗之路的起点。

## 【思考讨论】

1. 徐向前的求学之路和他以后成为无产阶级革命家有什么关系?
2. 徐向前的求学之路给我们什么启迪?

## 【案例解析】

“立身以立学为先,立学以读书为本。”读书与一个人的成长有非常紧密的联系。立志成长,必须努力读书,专心致志,持之以恒地读书。

中外历史上有许多名人少年发愤读书、长大成才的故事。屈原小时侯不顾长辈的反对,不论刮风下雨,天寒地冻,躲到山洞里偷读《诗经》。经过整整三年,他熟读了《诗经》305 篇,从这些民歌民谣中吸收了丰富的营养,终于成为一位伟大的爱国诗人。鲁迅先生从小认真学习。少年时,在江南水师学堂读书,第一学期成绩优异,学校奖一枚金质奖章。他立即拿到南京鼓楼街头卖掉,然后买了几本书,又买了一串红辣椒。每当晚上寒冷时,夜读难耐,他便摘下一颗辣椒,放在嘴里嚼着,直辣得额头冒汗。他就用这种办法驱寒坚持读书。由于苦读书,后来终于成为我国著名的文学家。

读书在徐向前的人生成长中具有十分重要的地位。他的父亲虽然是一位读书人,但由于家庭贫困,很小就要帮助家里干活,直到 10 岁才有机会进私塾。但由于家里供不起他和哥哥两人读书,徐向前只好把读书的机会让给了哥哥,自己辍学。在做学徒的两年时间里,尽管环境艰苦,还有店家的冷眼,但徐向前仍然利用一切机会读书。读书,开阔了这位山里孩子的眼界。让他从小就立下了为贫苦老百姓除霸惩恶的志向。在国民师范两年的学习中,他又萌发了“教育救国”的志向。读书不仅使徐向前增长了知识,更是受到了先进思想的启蒙,从而为他以后走上共产主义道路奠定了基础。

徐向前的读书经历告诉我们,读书有利于树立正确的理想信念,是一个人成才的重要因素。同时,读书也须勤奋。“书山有路勤有径,学海无涯苦作舟”。当代大学生读书不但要勤奋,更要树立正确的理想信念,把读书和祖国的命运联系起来,这样才能作出更大的成就。

## 【教学建议】

本案例可用于《思想道德修养与法律基础》绪论第一节“适应人生新阶段”以及《毛泽东思想和中国特色社会主义理论体系概论》第一章“马克思主义中国化两大理论成果”的辅助教学。

# 3-10
# 聂荣臻:面壁读书图破壁

## 【案例正文】

1899 年 12 月 29 日,聂荣臻出生在四川省江津县吴滩镇石院子一户贫穷的农民家庭。父亲聂仕先按《随身宝》中最后一句"百福骈臻得双全"及家谱中的"荣"字辈,给他取名"荣臻",字"福骈",小名"双全"。聂荣臻自小就体会到了生活的艰辛,农民生活的苦难,他总主动帮助父母干些家务活和照顾妹妹。

由于家庭困难,8 岁时,聂荣臻被父母送到外祖父家上私塾,开始了他的求学生涯。在外祖父家最令聂荣臻快乐的事是在重庆法政学堂读书的三舅回家。每次三舅回家都会带回很多社会上的消息,并经常与他的同学朋友议论时政。聂荣臻第一次听说了共和党、国民党,知道了孙中山领导的民主主义革命,当听说四川进行的轰轰烈烈的保路运动,并促成了辛亥革命的爆发,他顿觉痛快。这些使年幼的聂荣臻模糊感受到中国社会正在发生大变化,他心潮激动澎湃,无心"只读圣贤书",开始关注社会,更愿与同学议论那些"激动人心的大事"。①

聂荣臻受父母善良品性的影响,乐于帮助同学。他有个同学,家里比他家还穷,连一方砚台都买不起,聂荣臻就把自己的砚台送给了他。父母亲知道后,没有责怪,而是理解与支持,给他再买了一方新砚台。后来那同学的笔墨纸砚,一大半是由聂荣臻接济的。

---

① 《聂荣臻回忆录》(上),解放军出版社 1983 年版,第 2 页。

辛亥革命后聂荣臻转新式小学读书，1917年又以优异成绩考入江津中学学习。他学习非常刻苦认真，很珍惜来之不易的学习机会。在陈食高等小学时，他在课桌上刻下了“三更灯火五更鸡，正是男儿立志时”，作为自己的座右铭，激励自己学习。他读书时认真记笔记，写批注，他读过的书的空白处都写满蝇头小楷，端端正正，一丝不苟；对所学知识务求弄懂；他的作文常作为范文贴在中堂供同学阅读学习；他曾无数次在别人已进入梦乡时，还在挑灯夜读。在他的出生地故居里，至今还保留着他当年用过的一个笔筒，上面刻着两个字——“破睡”，意思是学习的时候不要打瞌睡。他面壁而读的精神，在江津中学也广为传颂。一次，教室里空无一人，他仍在面对墙壁高声朗读，他的国文教师看到后，问他为什么这么努力，他说：“学问就如一堵厚厚的墙壁，不下工夫就不能凿穿它。”①

聂荣臻在学好课本知识之余，还博览群书。小学时就仔细地研读甚至背诵过《太平天国》《离骚》等书籍，在他心中埋下了对美好社会的向往与爱国情怀的种子。中学时，他阅读了大量宣传新思想的书报，如《天演论》《物种起源》《新青年》等，关注时事，不断思索国家出路。他开始接触到社会主义、无政府主义和社会民主主义等各种思想。虽当时各种主张众说纷纭，但他能独立思考，并不盲从。他认为当时影响较大的无政府主义与孙中山的三民主义理论并不能解决中国面临的问题。因他没有弄懂社会主义思想，当时社会主义的宣传对他并没有发生多大的影响。但进步思想提倡反对封建，反对禁锢妇女，提倡新文化，提倡向西方学习科学技术，他非常赞成。尤其赞成学习西方的科学知识与技术，实业救国，这为他后来留学法国奠定了思想基础。

接触这些新思想后，他的爱国情感越来越强烈。一次端午节，与同学驾乘小船，畅游长江。当追念到屈原报国之志时，不禁热血沸腾，以酒酹江，吟诵起《离骚》中的诗句：“不抚壮而弃秽兮，何不改乎此度？乘骐骥以驰骋兮，来吾道夫先路！”一次和同学们议论时政，聂荣臻动情地说：“我辈要以报国为根本，为中华民族的崛起而建功立业。诸君将来再聚时，要有所成就方不负我们同窗之谊。”②铿锵之誓，荡气回肠。

1919年1月，巴黎和会召开。这次会议漠视中国的主权和战胜国的地位，非法决定让日本继承第一次世界大战前德国在山东的特权。消息传到中国，举国震惊。五四爱国运动爆发了。聂荣臻和同学们一起，撒传单，贴标语，游行集会，江津的大街小巷到处都响起“外抗强权，内惩国贼”、“坚决抵制日货！不买仇货！不用仇货！”的口号声。这年6月末，《凡尔赛合约》正式签订，激怒了学

---

① 《聂荣臻传》编写组：《聂荣臻传》，当代中国出版社2006年版，第4页。

② 《聂荣臻传》编写组：《聂荣臻传》，当代中国出版社2006年版，第5页。

生，在聂荣臻等人的鼓动下，立即集会游行，将搜查到的日货搬到东门江边，搭起高台。聂荣臻等在高台上就其爱国主张慷慨陈词，激起了群众的爱国热情，把日货全部焚毁。暑假期间，聂荣臻又与江津学生联合会一起发动同学们回家后进行广泛宣传，呼吁民众抵制日货，共赴国难，并在吴滩、石门等地做爱国主义的宣传演讲。

由于反动势力镇压学生运动，聂荣臻不能再在家乡读书，他决定留学法国，学习西方先进技术，以实业救国。1919 年重阳节后，他拜别父母，与同学一起搭乘去上海的小火轮，顺长江而东下。瞭望白帝城，仰观巫山十二峰，一位同学面对壮景叹道："'朝辞白帝彩云间，千里江陵一日还'，此去异国他乡，不知何时能归？"聂荣臻接口说道："立志报国，哪管他日久天长。"①船到了"十里洋场"、"冒险家的乐园"——上海，看到外国人在租界中享有各种特权、外国人寻欢作乐的各种场所，更坚定了他的富国强兵之志，觉得出国求学走对了路。面对海外求学路上的种种困难与变故，有些人中途回国了，而聂荣臻则在 1921 年 12 月 8 日的家信中写道："学不成，死不归。"②

（资料来源：《聂荣臻传》编写组《聂荣臻传》，当代中国出版社 2006 年版；《聂荣臻回忆录》（上），解放军出版社 1983 年版。）

## 【思考讨论】

1. 少年时代的聂荣臻读书求破壁的精神给我们大学生怎样的启示？
2. 聂荣臻少年求学经历与其一生的志向有什么关系？

## 【案例解析】

聂荣臻求学的故事回答了青年大学生为什么而学、应如何学的问题。

大学生进入大学学习首要任务是解决为什么而学的问题。大学生应认识到自己的历史使命，立下远大的志向。人既是自然的存在也是社会的存在，人们在社会中生活，不仅要走完自己的人生历程，还要完成各种人生任务。其中，人们

---

① 《聂荣臻传》编写组：《聂荣臻传》，当代中国出版社 2006 年版，第 7 页。

② 《聂荣臻传》编写组：《聂荣臻传》，当代中国出版社 2006 年版，第 11 页。

担负的重大的历史任务和重大的历史责任就是历史使命。聂荣臻在十多年的求学期间，渐渐明确自己的历史使命，即求学的目的——“为中华民族的崛起而建功立业”。这决定了他不平凡而伟大的一生，20岁出国留学，学法语，边做工，边学习，学科学知识，学习马克思主义理论，去苏联学军事，由主张科技救国到主张革命救国，皆为完成此使命，这是他成为中国无产阶级革命家、军事家、开国元勋的原因。此使命使他经受住了万里行船的精神上和体力上的磨炼，并指引着他后来寻找到了正确的救国之道，加入共产党；此使命也使他经受住二十多年血雨腥风的革命战争的洗礼，是他历尽艰辛万苦的力量源泉。1922年他写回的家书中强调他的志向：“男也，虽不敢云以天下为己任，而拯父老出诸水火，争国权以救危亡，是青年男儿之有责！况男远出留学，所学何为！决非一衣一食之自为计，而在四万万同胞之均有衣有食也。亦非自安自乐以自足，而在四万万同胞之均能享安乐也。此男之素抱之志，亦即男视为终身之事业也！”①

聂荣臻的求学故事回答了大学生应如何学的问题。大学生应刻苦学习、学会学习，树立自主学习、终身学习的理念。首先要端正态度，刻苦学习，形成良好的学习作风。少年聂荣臻“读书图破壁”的精神很好地诠释了为学的态度。古人说，“志不强者智不达”②，“道成于学而藏于书，学进于振而废于穷”。③ 学习要端正态度，唯有刻苦勤奋，严谨求实，才能学有所成。一些大学生进了大学后便产生“船到桥头车到站”、“该轻松了”的想法，学习的积极性下降，学习的兴趣减弱，有同学自甘堕落，信奉“分不在高，及格就行”的错误观点。大学是一个人成长成才的关键期，要想以后的人生有所作为，就必须不断学习，充分利用大学的有利条件，刻苦学习，那种期望轻松获得成功的想法是不切实际的。

其次，树立新的学习理念，即自主学习、全面学习、终身学习的观念。诸葛亮说：“夫学须志也，才须学也。非学无以广才，非志无以成学。”④聂荣臻在小学、中学时代刻苦学习，学习之外广泛涉猎其他历史知识，背诵《离骚》，关心国家大事，阅读《新青年》等杂志，与同学讨论时政，参加爱国运动。他接触各种思想主张，但不盲从，始终有自己的独立思考，得出自己的结论，努力做到“博学”、“慎思”、“明辨”、“笃行”。他20岁出国留学，学习西方科技以实业救国，接触马克思主义理论，转变为共产主义者，都是自主学习的结果。回国后，经历无数大小战争，在战争中学习、思考，总结经验与教训，不断提高革命斗争的本领，也提高了自己保命的本领，所以他不仅能够一次又一次地躲过敌人的追捕，化险为夷，

① 《聂荣臻传》编写组：《聂荣臻传》，当代中国出版社2006年版，第13页。

② 《墨子·修身》。

③ 王符：《潜夫论·赞学》。

④ 诸葛亮：《诫子书》。

而且能够运筹帷幄，一次次战胜敌人，取得胜利。比如在广东省军事干部培训班中，他结合南昌起义、广州起义以及太平天国成败的经验教训讲军事技术和战术，很受欢迎。又如为了逃避特务和叛徒的追捕，他学会了从行驶的电车上跳下来，把敌人甩掉的本领。他还养成了听大街上脚步声的习惯：香港的警察穿皮靴，走起来“咔”、“咔”地响，很有节奏，老远就能听到，每当他听到“不祥之音”，就及时避开。每到一个接头点或住处，他也十分注意观察可疑的征候。一次，他与恽代英一起和叶剑英碰头，谈完话后回到住所，在门口看到雇请的阿姨正从楼上搬出他的行李，觉得很奇怪，便没有吭声。阿姨给了他个眼色，他便知道出事了，转身迅速离开。事后得知，省委机关被破获，敌人在一张纸条上发现他的住处，正在等着他。

聂荣臻是我们大学生永远学习的榜样。

## 【教学建议】

本案例适合《思想道德修养与法律基础》绪论“珍惜大学生活　开拓新的境界”的学习，通过案例法、讨论法，让大学生思考为什么上大学，认识自己的历史使命，树立正确的学习理念；也适合第一章“追求远大理想　坚定崇高信念”的学习，理解有什么样的人生理想就会走怎样的人生道路，引导学生树立科学的理想信念，把个人理想与社会理想紧密结合起来；还可以做该课程第二章“继承爱国传统　弘扬中国精神”的辅助案例。

# 磨砺意志篇

4-1　毛泽东:“文明其精神,野蛮其体魄”

4-2　毛泽东:“行乞”游学　读无字之书

4-3　刘少奇:赴俄留学的惊险之旅

4-4　周恩来:以大志向战胜心理挫折

4-5　朱德:苦难的童年

4-6　任弼时:勤奋自立　敬业奉献

4-7　邓小平:留法勤工俭学的艰难岁月

4-8　彭德怀:伸张正义斗官商

4-9　刘伯承:独眼“军神”美名传

4-10　贺龙:两把菜刀闹革命

4-11　聂荣臻:百折不挠　坚持真理

4-12　叶剑英:云南习武　戎马一生

# 4-1

# 毛泽东:“文明其精神,野蛮其体魄”

## 【案例正文】

青少年时期的毛泽东心忧天下,立志要改造中国和世界,他深知没有健康的体魄是不能完成救国救民的宏大志愿的。因此,他十分注重体育锻炼,以锻炼体格和磨砺意志。在湖南省立第一师范(以下简称一师)求学期间,杨昌济老师主张德智体全面发展,他常说:“一个人没有健壮的身体,就会缺乏坚强、勇敢的精神;没有抵抗力和坚韧性,学问、事业就会受很大影响。”“体弱多病的人,有志不能坚持,有理想不能实现。”[①]毛泽东谨记杨老师的教诲并身体力行。他进行体育锻炼的项目繁多,其中最主要的是游泳、露宿、冷水浴、雪浴、雨浴、风浴和日光浴。

游泳是毛泽东一生爱好的体育运动。他从小就喜欢游泳,他家门前的那口池塘,便是他最早的游泳池,他能在水里面来回往复游好几圈。在一师求学期间,他经常和同学们一起在湘江游泳。南湖巷、橘子洲头是游泳的好地方,他经常任技能指导。他担任学友会总务兼研究部长的时候,还组织游泳组,起草了别具一格的启示,贴在“学生揭示处”:铁路之旁兮,水面汪洋;深浅合度兮,生命无妨;凡我同志兮,携手同行;晚餐之后兮,游泳一场。毛泽东是一师的游泳能手,有许多技术超群:一是持久。湘江涨水时,江面宽达 2 华里,他能从东岸游到西

① 唐振南、周仁秀:《学生时代的毛泽东》,中央文献出版社 2007 年版,第 98—99 页。

岸；二是耐寒。寒冬腊月，大家穿着棉衣，他却可以在江水里游上半个钟头；三是游泳姿势多样：仰泳、侧泳、自由式、蛙泳式……他曾在自己的游泳诗里这样写道："自信人生二百年，会当击水三千里"，表达了他的豪迈气魄。

露宿是毛泽东在一师求学时锻炼身体的一种方法。一师后山君子亭、岳麓山、爱晚亭和湘江橘子洲头等处，常成为毛泽东等露宿的地方。当夜幕降临，游人散尽后，他们相约来到这里切磋学问，畅谈人生，直到夜深人静，各自找地方并彼此隔开相当距离，露宿到天明。甚至在寒霜季节还在坚持，以此来磨砺意志。

冷水浴也是毛泽东常年都坚持的习惯。每天早上，当其他同学还在酣睡，毛泽东却悄悄爬起，带着一条洗澡手巾，快步走到浴室旁边的一口水井进行冷水浴。他脱光上身衣服，把水一桶一桶地从井里吊上来，先是用水擦拭全身，直到擦到皮肤发红发热，再用水淋，擦一阵，淋一阵，这样反复一二十分钟。他常对同学们说："冷水浴有两大好处：第一，它可促进血液循环，增强身体的抵抗力，并能强化筋骨；第二，它可以培养勇猛无畏的气魄和战胜困难的精神。"因此，无论是严寒还是酷暑，毛泽东不受气候的限制，始终坚持进行冷水浴。有的同学问他为什么能坚持几年之久，他说："在冬季坚持冷水浴尤其不容易，但只要下定决心，难关是可以突破的"，"重要的问题，在于持之以恒"。

除冷水浴外，毛泽东还有另外四浴，即雪浴、雨浴、风浴和日光浴。冬天，大雪纷飞，寒风刺骨，他便迎风搏雪，说是"雪浴"。夏天，遇到狂风暴雨，别人都往屋里跑，他却往外走，常常脱去上衣，一个人在操场上奔跑，让倾盆大雨浇个痛快，是为"雨浴"。有时趁着大风来临，跑到操场上、城墙上，或天心阁一带，赤着身子迎风奔跑，并大声呼唤，以进行"风浴"。1917 年夏天的一个晚上，乌云四合，暴雨雷电交加，毛泽东一个人顶着狂风暴雨爬上岳麓山山顶，又从山顶上跑下来，浑身湿透地跑到蔡和森家里，以此体会《书经》上"纳于大麓，烈风雷雨弗迷"的境界，并借以锻炼自己的胆量。长沙的夏天很热，学校到了午休和课间休息，同学们多半回寝室躺躺，或找片树荫乘凉。毛泽东却常常脱掉衣服在操场上暴晒。他去湘江游泳，也喜欢躺在沙滩上，任烈日炙烤，或做长途旅行，他称之为"日光浴"。

毛泽东根据自身锻炼身体的经验，于 1917 年 4 月 1 日在《新青年》杂志发表了《体育之研究》。文章说："夫体育之主旨，武勇也。武勇之目，若猛烈，若不畏，若敢为，若耐久，皆意志之事。"[①]文章阐述了德智体三者的关系，指出："体者，为知识之载，而为道德之寓者也。德育、智育，皆载于体；无体，则无德智。体育在人生中，在德智体三者中，居于首位。""国力苶弱，武风不振，民族之体质日

① 《毛泽东早期文稿》，湖南出版社 1990 年版，第 71 页。

趋轻细,甚可忧虑。”[①]文中他还介绍了自创的“毛氏六段操”,现在已有很多地方在推广。在这一思想基础上,他提出“文明其精神,野蛮其体魄”的著名口号。

青年毛泽东服膺谭嗣同提出、杨昌济推崇的心力说,认为以“人之心力与体力合行一事,事未有难成者”,他把意志当做“人生事业之先驱”,特别注重自身意志力的培养。在艰难的革命生涯中,他把这种意志力与实事求是精神有机结合起来,创造了辉煌的历史功绩。

(资料来源:高菊村、刘胜生、陈峰等《青年毛泽东》,中央文献出版社 2008 年版;唐振南、周仁秀《学生时代的毛泽东》,中央文献出版社 2007 年版;龙正才《毛泽东青少年时代的故事》,中国青年出版社 2013 年版。)

## 【思考讨论】

1. 青少年时期的毛泽东是如何锻炼身体以磨砺意志的?这对毛泽东以后领导中国革命产生了怎样的影响?你受到什么启示?

2. 试结合现实谈谈健康的体魄在人的全面发展中的重要性。

## 【案例解析】

孟子说过:“天将降大任于斯人也,必先苦其心志,劳其筋骨,饿其体肤,空乏其身,行拂乱其所为,所以动心忍性,增益其所不能。”[②]青少年时期的毛泽东不仅有超人的智慧、胆识,而且博览群书、爱好广泛、才华横溢,加上健康的体魄和钢铁般的意志,具备了杰出领袖的素养,以后能成就如此伟业也就不足为奇了。

毛泽东钢铁般的意志不是天生的,而是在一师学习时通过游泳、露宿、冷水浴、雪浴、雨浴、风浴和日光浴等名目繁多的体育锻炼磨砺而成的。他认识到“国力衰弱,武风不振,民族之体质日趋轻细,甚可忧虑”,健康的体魄、顽强的意志是完成救国救民宏伟抱负的前提和条件,即“身体是革命的本钱”。学生时代,他把读书、讨论、交友、参加社会实践、锻炼身体以磨砺意志与承担起救国即

---

① 《毛泽东早期文稿》,湖南出版社 1990 年版,第 65 页。

② 《孟子·告子》(下)。

"改造中国与世界"的神圣使命紧密结合起来。

毛泽东一生持之以恒地坚持锻炼身体,即使在年迈的晚年也不放弃游泳和冷水浴,其毅力非常人能比。这不仅保证了他有充沛的体力和精力从事革命战争和社会主义建设活动,而且保证了他以钢铁般的意志战胜革命斗争中的一切艰难险阻。他经历了上井冈,下遵义,步行二万五千里,会师陕北……忍受了失去至亲的痛苦。即使在革命处于低潮时,仍然能保持革命的乐观主义精神,相信"星星之火,可以燎原";在无数次艰苦卓绝的斗争中,每到生死危急关头,毛泽东钢铁般的意志都表现得淋漓尽致,成为渡过难关、战胜困难的根本保证。

早在 1935 年 12 月,《共产国际》杂志第 33—34 期合刊在介绍"中国人民领袖毛泽东"的标题下写道:"钢铁般的意志,布尔什维克的决心,英勇无畏的精神,革命名将和政治领袖的无限天才——这就是中国人民的领袖毛泽东的优秀品质。"苏共《真理报》也在介绍毛泽东的专文中,说他有"钢铁般的意志,布尔什维克的不屈不挠精神,惊人的胆略,杰出的革命统帅和政治家的天才"。①

## 【教学建议】

本案例展现了毛泽东青少年时期通过露宿、游泳、冷水浴、雪浴、雨浴、风浴和日光浴等体育锻炼来磨砺意志的方法,再现了毛泽东不畏艰难、不辞劳苦、始终坚持锻炼身体磨砺意志,从中领略了伟人青少年时代的风采,明白了毛泽东人格魅力所在。顽强的意志是成功的必备条件,当代青年应该从毛泽东磨砺意志的方法中受到启示,强身健体,以充沛的精力和满腔的热情投身于实现中华民族伟大复兴的中国梦的历史潮流中去。

本案例可用于《毛泽东思想和中国特色社会主义理论体系概论》第一章第二节"毛泽东思想",《马克思主义基本原理概论》第二章第三节"认识与实践的统一",以及《思想道德修养与法律基础》绪论第一节"适应人生新阶段"、第三章第三节第一目"促进自我身心的和谐"的辅助教学。

① 转引自许全兴:《毛泽东论意志》,《毛泽东邓小平理论研究》2003 年第 3 期。

## 4-2

# 毛泽东："行乞"游学　读无字之书

【案例正文】

毛泽东认为一个人的学识不能仅仅靠读书，还要靠社会调查和社会实践，"才有从学问一方得者，有从阅历一方得者"。他在读书笔记《讲堂录》中记下："闭门求学，其学无用，欲从天下国家万事万物而学之。"读书不仅要读有字之书，还要读无字之书。要读懂这本无字之书，就必须走出学校，深入社会实际，进行社会调查，体验民情，向人民群众学习。毛泽东曾几次和好友"游学"，其中影响最大的是1917年和1918年的"游学"。

1917年暑假，毛泽东邀请好友萧子升，穿着草鞋，带着雨伞，背着包袱，装着简单的换洗衣服和文房四宝，开始徒步"行乞"（因不带一文钱，靠写字换钱糊口，形同乞丐而得名）游学活动，体验"叫花子生活"。他们历时一个多月，行程九百多里，游历了长沙、宁乡、安化、益阳、沅江等5个县的许多乡镇，进行了广泛的社会调查。他们从长沙动身，走了两三天后，毛泽东和萧子升的脚就起泡了，脚的疼痛给走路带来了困难，但这并没有阻止他们的行程。在途中，发生了许多有趣的故事。

到宁乡时，他们实在太饿了，打听到附近有一位刘翰林（清朝时做过翰林）的诗文造诣很高，家里十分富裕。于是，毛泽东就和同学写了一首诗送给刘老先生，在诗中用含蓄的语言表明来此拜访的目的。诗是这样写的："翻山渡水之名郡，竹枝革履谒学尊，途见白云如晶海，沾衣晨露浸饿身。"他们签上了各自的真名,装在一个信封里,并写着“刘翰林亲启”,送到刘家。刘翰林读了他们的诗非常高兴,在书房里接见了他们,同他们谈论了古典经籍及其注疏问题。他们临走时,刘翰林赠送了他们 40 个铜板。

还有一天他们来到安化县境内一条不知名的河边,晚上,他们以沙滩为床、蓝天为帐、大树为衣柜、月亮为灯笼在沙滩上露宿一夜。为此,毛泽东写下了《归国谣》这一阕咏月词:“今宵月,直把天涯都照彻。清光不令青山失,清溪却向青滩泄。鸡声歇,马嘶人语长亭白。”

“游学”安化梅城时,拜谒当地名流劝学所所长夏默庵,两次遭拒。第三次求见时,夏默庵以对对联作为接见的条件。夏先生出上联:“绿杨枝上鸟声声,春到也,春去也?”才思敏捷的毛泽东略作思考后便挥笔写出下联:“清水池中蛙句句,为公乎,为私乎?”夏先生一看下联,就为眼前这个青年小伙毛泽东的才华所折服,惊异不已,立即道歉,并以贵宾之礼热情接待,临别时赠送 8 块大洋作路费以表惜才之情。

毛泽东两人一路上都是靠智慧和知识解决燃眉之急,并且每到一处,就找到当地的农民了解地主收租、农民交租的情况,了解农民的生产、生活,了解土豪劣绅奴役、欺压和剥削农民的真相,了解各地的历史地理、文物遗存、风土人情、风俗习惯和新发生的事情。他们把每天接触到的新问题、收集的新材料、获得的新知识,都用笔和纸记录下来,还写了很多的笔记和心得,有些还发表在当时的《湖南通俗教育报》上。回到学校的时候,老师和同学们传阅他们的笔记,纷纷赞扬他们“身无半文,心忧天下”!

1918 年春,毛泽东与蔡和森一起沿洞庭湖南岸和东岸,经湘阴、岳阳、平江、浏阳几县,到好友陈昌、陈绍休、罗章龙的家乡去游学考察,进行了为期半个多月的徒步游历活动,重点了解了各地农村的政治、经济、社会状况。

(资料来源:龙正才《毛泽东青少年时代的故事》,中国青年出版社 2013 年版。)

## 【思考讨论】

1. 毛泽东年轻时的“游学”活动对毛泽东后来的革命有何影响?对我们今天有何启示?

2. 当代青年应当如何把理论与实践结合起来,为实现中华民族伟大复兴的中国梦努力奋斗?

## 【案例解析】

纸上得来终觉浅,绝知此事要躬行。行千里路,读万卷书。读书、认识社会是一个交互的动态过程。书本为我们提供的是一个间接的知识世界,而社会这本大的无字之书却更需要去直接体验、具体了解。

青年毛泽东深受杨昌济的"知行统一、实践为本"思想的影响。他认为:"闭门求学,其学无用,欲从天下国家万事万物而学之,则汗漫九垓,遍游四宇尚已。"[①]他早期的"游学",与这种治学思想密不可分。

青年毛泽东曾几次游学,这些经历对他志向的确立,对中国国情的认识有很大的影响。他把每天接触到的问题、收集的材料,都用笔和纸记录下来,还写了很多的笔记和心得,有些还发表。老师和同学们看了他们的笔记后,赞扬他们"身无半文,心忧天下"!

这种"游学",也是毛泽东后来注重和善于进行调查研究的早期实践,对实事求是的思想路线、理论联系实际的工作作风的形成有重要影响,从而对中国革命的进程起着至关重要的作用。

对于当代大学生来说,书本知识、间接知识的获取不是难事。信息时代,通过网络,足不出户似乎可以尽知天下。然而,这些知识是抽象的知识,难以学以致用。中国革命要靠中国同志了解中国情况,我们进行社会主义建设,实现中华民族伟大复兴的中国梦,也同样要靠我们年轻一代了解中国情况。要了解国情,光知道"百度一下"是很不靠谱的,必须深入社会,了解社会。

## 【教学建议】

本案例展现了毛泽东青少年时期"游学"行乞的艰辛过程,把一个"身无半文,心忧天下",为国为民,思维敏捷,才华横溢的青年学子表现得淋漓尽致。通过"游学",了解了民情。当代青年应当把理论与实践结合起来,学以致用,这正是对今天的重大启示。

---

① 《毛泽东早期文稿》,湖南人民出版社 1990 年版,第 587 页。

本案例可用于《毛泽东思想和中国特色社会主义理论体系概论》第一章第二节"毛泽东思想"、《马克思主义基本原理概论》第二章第三节"认识与实践的统一"、《思想道德修养与法律基础》第三章第二节第三目"在实践中创造有价值的人生"的辅助教学。

# 4-3
# 刘少奇:赴俄留学的惊险之旅

## 【案例正文】

五四运动的大潮过后,刘少奇开始探寻个人的出路。最初,他到北京,打算赴法勤工俭学,但没能成行。1920年初冬,他去了上海外国语学社,这是共产国际为了培养和输送一批青年到俄国学习马克思主义和十月革命经验而资助陈独秀创办的,位于上海的霞飞路新渔阳里6号。在这里,共产国际东方局派代表维经斯基等人来中国传播俄国革命经验,与陈独秀、李大钊等人商谈筹建中国共产党的工作。先后在这里学习的还有任弼时、萧劲光、汪寿华、罗亦农、许之帧、傅大庆、曹靖华和李启汉等20多人。到达上海后,他给母亲写了一封信。信中说:"我离开祖国远行,离开母亲,正是为了祖国,也是为了母亲啊。"

上海外国语学社的主要课程是俄语。刘少奇除了课堂上专心致志外,课余总是虚心向俄语老师维经斯基夫妇和王元龄小姐请教,和他们用俄语会话,还经常和同学们一起用俄语研究问题。因此,他的俄语学习进步很快。

马克思主义也是上海外国语学社的重要教学内容。当时在上海复旦大学任教的陈望道教授是这门课程的主讲。陈望道是一位年轻的马克思主义者,是中国最早的马克思主义传播者之一,中国第一个中文版的《共产党宣言》的翻译者。除此之外,刘少奇还阅读了由李汉俊翻译的《马克思资本论入门》等马克思主义的书刊。从这里,他踏上了无产阶级革命的征程。1921年4月初,刘少奇作为赴俄小组的负责人,与任弼时、萧劲光、蒋光赤、曹靖华和吴葆萼等十多位同学一道，由上海吴淞口登船，开始了艰难的远征。

当时去莫斯科的道路并不畅通，他们走了3个多月。陆路从哈尔滨经中东铁路再转道西伯利亚，但这条路早已被北洋军阀封闭。也可绕道欧洲再转到莫斯科，但路程太长，旅费昂贵。刘少奇他们选择了第三条道路，即上海—日本长崎—海参崴—莫斯科。

这批热切盼望早日到达莫斯科的青年在海上颠簸飘荡了一个多星期后，终于到达了旅途的第一站——日本长崎。上海已春暖花开，这里却依然冰天雪地。巨大的温差使他们只能待在中国街的一个旅馆里。这样熬了一个星期后，他们才又搭乘上了去往海参崴的轮船。

海参崴是俄国重要的贸易和军事港口，当时由日本支持下的白俄统治着，与伯力（当时已由苏维埃政权统治）隔河相望，“白区”、“红区”相对而立。到达海参崴后，刘少奇一行虽然行动异常小心，但仍然出现了危急情况。原来，他们的行动早已在北洋军阀政府驻海参崴领事馆的监视之下。

刘少奇等与海参崴大学教授伊凡诺夫接上了头，并安排了去伯力的行程。一行人在一个小旅店里住下。天很冷，只好都挤着睡在一起。那时海参崴正发生鼠疫，北洋军阀政府驻海参崴领事馆排查很严，他们被当做孙中山派到俄国去的代表，被抓去审问。敌人摆出一副威风凛凛的阵势，两边站着刀枪手。领事馆的人问他是干什么的，刘少奇沉着地回答说是做裁缝的。因为当时南方人跑到北方来大多是做苦工或者是做裁缝、理发等手艺活的，刘少奇是湖南人，讲湖南话，他们也听不太懂。不管怎么问，他矢口只讲是学手艺的。审问没有结果，只好威胁一顿，把他们放了。

从领事馆出来后，伊凡诺夫教授安排他们赶紧离开海参崴去伯力，以防发生新的不测，并发给他们每人一个俄文打印的秘密通行证，一再叮嘱，除非遇到红军，千万不要暴露身份。

在去伯力的路上，他们又遇到了一次“险情”。火车到达海参崴与伯力交界处后便停下来。刘少奇等人见把守要口的都是日本人，觉得不宜久待，乘机跳上一辆既无灯光又不鸣笛的只有3节车厢的列车。车上的人员都无标志。刘少奇等人顿生疑窦，答起问题来也是吞吞吐吐。列车人员见他们人多，又有些躲躲闪闪，也误会了，说要把他们统统枪毙。紧张的气氛使得部分人十分慌乱，一个同学的秘密通行证突然掉了出来。列车上的人死死盯住通行证，半晌没有吭气。顷刻间，同学们都紧张得屏住了呼吸。突然，列车员在一阵大笑中亮出了赤卫军的标志。原来，他们遇到了苏俄红军。

在红军的护送下，刘少奇一行顺利地到达了伯力。因铁路的破坏，他们到达伯力后，等候了五六天，然后改乘黑龙江轮船到海兰泡（布拉戈维申斯克）。根据预先的安排,他们到达布拉戈维申斯克后,立即找到了当地驻军司令部。这个司令部的一位中国支队队长见了这帮年轻人,十分喜欢。不论刘少奇他们如何陈述去莫斯科的理由,非要将他们留下不可。还是司令部的卡兰达什将军有远见,认为仗已经打得差不多了,应该让这些青年人去学习。在他的劝说下,那位队长只好放行。

于是,刘少奇一行背上海兰泡红军发给的长长的黑面包,坐上一列闷罐车,沿着外兴安岭的山地,吭哧吭哧地在茫茫的西伯利亚缓缓而行。闷罐车上既无饭又无水,也没有取暖设备。如果不是这长长的黑面包,他们真不知如何去抵挡这漫长的饥渴与严寒的煎熬。闷罐车的燃料不是煤,而是木柴。列车开一段,又得停下来,大家一起帮着找木柴。这样停停走走,走走停停,连他们自己也不知走了多少天,才到达伊尔库茨克。这一路上,他们唯一享受到的一顿"美餐",是经过贝加尔湖时,自己动手做的"烧烤鱼"。在伊尔库茨克,他们换乘了一列设备较好的直达莫斯科的列车,但列车燃料还是木柴。当老牛拉破车似的列车终于爬出了西伯利亚进入苏俄的腹地后,映入他们眼帘的是越来越多被毁坏的公路桥梁、倒塌的房屋、荒芜的农田。但他们同时也看到,在一个个被破坏的城市和农村中,无数的红军战士、工人、农民和布尔什维克们都在为重建家园而顽强忘我地奋斗着。这些场面只有在列宁所缔造的布尔什维克领导下的社会主义国家才能见到。只有当家做主并且已经觉悟了的人民群众才有可能表现出意气风发的工作和战斗精神。从这里,刘少奇开始感到,从被砸烂的旧世界新生的社会主义国家虽然不是天堂,她的发展要经历一个非常艰难的历程,然而她的前途却充满光明和希望。

从伊尔库茨克到莫斯科的路上,他们同样遇到了种种困难:铁路被毁,车停下来不能前进;没有燃料,上山搬运木材时又遇到了白匪……每当这种情况出现时,刘少奇总是和大家一起下车,尽力协助红军和工人们工作和战斗;同时还热情鼓励大家克服困难。在他的身上,同学们感到了一种无形的力量,这种力量感染了大家,即便当时一些同去的同学在思想上已经发生了动摇,但也坚持到了目的地。而与刘少奇同时被派往苏联学习的另一个小组的青年,因途中遇到困难被迫返回中国。

整整3个月,横贯了几千公里的西伯利亚,历尽了千辛万苦,刘少奇一行终于在当年7月9日到达莫斯科。这次远征,是实现他少年时立志做"志在四方"的"好男儿"誓言的开始。这次艰苦的磨炼,也是他人生一次严峻的考验。这次考验,使他坚定了自己所选择的人生坐标。40年后,他对苏联人民回忆起这段旅程,不无感慨地说:"为了学习十月革命的经验,到1921年春,我和其他几十个青年团员第一次来到你们国家。我们从上海到海参崴,经过赤塔到莫斯科……走了三个月,火车时开时停。当时火车是烧木柴的,有时候还要乘客从山里去搬运木柴,火车才能继续行走。当时你们国家处在革命后最困难的时期,我们看到了并且亲身经历了这些困难,我们当中有部分人对于社会主义的信心发生了动摇,但我们另一部分人对于社会主义的信心却由此更加坚定了。”①

(资料来源:胡长水等《一个伟人的奋斗与命运》,中共党史出版社 2001 年版。)

## 【思考讨论】

1. 刘少奇为什么敢于冒着生命危险赴俄留学?
2. 十月革命后马克思主义在中国的传播是一帆风顺的吗?

## 【案例解析】

俄国资产阶级二月革命后,由克伦斯基以及其他一些社会革命党、立宪民主党组成了俄罗斯临时政府。1917 年 11 月 7 日,十月革命爆发。取得了政权的布尔什维克党人,随即与德国签订《布列斯特和约》,退出了第一次世界大战。

当时的俄国,国内反动势力是由支持沙皇的保皇党、军国主义者、自由民主分子和温和社会主义者组成的白军,国外反动势力是众多西方国家的武装干涉。在随后的几年里,由托洛茨基指挥的红军艰难抗击了白军和众多西方国家的武装干涉。1922 年 12 月 30 日,俄罗斯、乌克兰、白俄罗斯和南高加索联邦共同组成了苏维埃社会主义共和国联盟,苏联正式成立。

由于年轻的苏联遭受着国内外反动势力的危害,维护革命胜利的成果相当困难。这一点,当年赴俄留学的刘少奇一行其经历就是很好的说明。刘少奇一行赴俄留学,不仅要克服交通不便的困难,而且要克服国内反动军阀与苏联残余反动势力的阻挠。因为反动势力的阻挠,使当时本来就落后的交通更加不便。这样的交通状况,加剧了严寒天气夺走中国南方人性命的风险。即使天气仁慈,国内反动军阀势力与苏联白军可是“武装到牙齿”,稍有闪失,极有可能牺牲在赴俄留学的路上。

---

① 《刘少奇主席在莫斯科苏中友好群众大会上的讲话》,《人民日报》1960 年 12 月 8 日。

刘少奇敢于冒着生命危险赴俄留学,是怀揣着救国救亡崇高理想的壮举。强烈的改造贫穷落后社会的信念,使他不畏艰险。

## 【教学建议】

本案例反映了刘少奇年轻时就树立了崇高的理想,有坚定的改造社会的信念。同时,从刘少奇一行赴俄留学经历的艰难曲折可以理解,十月革命后马克思主义在中国的传播不是一帆风顺的。

本案例可用于《思想道德修养与法律基础》第一章第一节“理想信念与大学生成长成才”、第二节“树立科学的理想信念”的辅助教学,也可用于《毛泽东思想和中国特色社会主义理论体系概论》第一章第一节“马克思主义中国化及其发展”的辅助教学。

# 4-4

# 周恩来:以大志向战胜心理挫折

## 【案例正文】

1917 年年底到 1918 年年初,正在备考东京高等师范学校的官费生周恩来,经历了一场严重的心理危机。一连串不如意的事情接踵而来,使他的苦闷几乎达到极点。首先是学业上的不顺,由于方法不当,他的日文进展缓慢,考期日益临近,心理压力越来越大。他在日记中写道:”我想我现在已经来了四个多月了,日文日语一点儿长进还没有,眼看着高师考试快到了,要再不加紧用功,不要(说)没有丝毫取的望,就是下场的望恐怕也没了。”[①]他在给同学的信中写道:“官费考试临近,届时背城之战,十有九必败。”[②]正当他为日文问题焦虑万分之时,又接到堂弟的来信,告诉他在家久病的三叔父周贻奎去世的消息。那些天,周恩来的情绪低落至极,他在日记中写道:“我身在海外,猛然接着这个恶消息,那时候心里不知是痛是悲,好像是已没了知觉的一样。”想起家中一个要紧的男子也没有,后事如何了法?这几年来八伯(指周贻奎——引者注)同八妈的苦处已算受尽了,债务天天逼着,钱是没有,一家几口子饭是要吃的,当也当净了,卖也卖绝了,借是没处借,赊是没处赊,不要说脸面是没了,就是不要脸向人家去要饭吃,恐怕也没有地方去要。八伯这个病,虽说老病,然而病到现在何曾用一个钱去医治的呢?简直可以说是穷死了。他又写道:“连着这几天,夜里总没有睡

① 刘焱:《周恩来早期文集(1912. 10—1924. 6)》上卷,南开大学出版社 1993 年版,第 275 页。

② 刘焱:《周恩来早期文集(1912. 10—1924. 6)》上卷,南开大学出版社 1993 年版,第 264 页。

着,越想越难受。家里头不知是什么样子,四伯急得更不用说了,只恨我身在海外,不能够立时回去帮着四伯、干爹做一点事儿。如今处着这个地位,是进不得也退不得。"①

学业上的挫折,失去亲人的痛苦,初到异国的孤寂,使周恩来苦苦思索解脱之路,他一度考虑能否用当时日本流行的佛教"无生主义"来摆脱世间的凡事。然而,对于他这样一个对祖国、对亲人怀有深挚感情、把为人类服役作为最大乐趣的人,又怎么能从"涅槃"的宗教教义中得以解脱呢?这个自欺欺人的想法,很快就被抛弃了。在他稍后的日记中留下了这样一段记录:"闹了多少日子,总破不开情关,与人类总断不绝关系。虽不能像释迦所说'世界上有一人不成佛,我即不成佛'那么大,然而叫我将与我有缘的一一断绝,我就不能,哪能够再学达摩面壁呢?既不能去做,又不能不去想,这个苦处扰我到今年一月里才渐渐地打消了。"②

战胜了这场心理危机,周恩来悟出了一些新的道理,"大凡天下的人,有真正本事的,必定是能涵养,能虚心,看定一种事情应该去做的,就拼命去做,不计利害;不应该做的,便躲着不出头,或是极力反对。这样子人总是心里有一定主见,轻易不肯改变的。成败固然是不足论事,然而当他活着的时候,总要想他所办的事情成功,不能因为有折磨便灰心,也不能因为有小小的成功便满足。盖现在的人总要有个志向,平常的人不过是吃饱了,穿足了,便以为了事。有大志向的人,便想去救国,尽力社会。"③

1918 年 2 月 11 日,是农历戊午年的春节。中国有一句俗话:"一年之计在于春。"周恩来在这天的日记中写道:"我平生最烦恶的是平常人立了志向不去行",接着他写下自己在新的一年的打算:"第一,想要想比现在还新的思想;第二,做要做现在最新的事情;第三,学要学离现在最近的学问。思想要自由,做事要实在,学问要真切。"

在那以后的几个星期里,他集中力量投入了东京高等师范入学考试的准备。3 月 4 日至 6 日参加了考试,共考日语、数学、地理、历史、英语、物理、化学、博物八科,还进行了口试,结果没有被录取。这对他自然是个不小的打击,但他精神上并没有沮丧。他在日记中写道:"要打算取上,非从现在起首用功,断然没有把握。"他订了计划:每天读书十三小时半,休息和其他事三小时半,睡眠七

---

① 中共中央文献研究室第二编研部:《周恩来自述》,国际文化出版公司 2009 年版,第 49—50 页、52 页。

② 刘焱:《周恩来早期文集(1912.10—1924.6)》上卷,南开大学出版社 1993 年版,第 282 页。

③ 刘焱:《周恩来早期文集(1912.10—1924.6)》上卷,南开大学出版社 1993 年版,第 278 页。

小时。[1]

思想上的巨大波澜,使周恩来觉察到自己意志上的懦弱和精神上的缺憾,他深刻地反省自己,并且开始寻找新的更充实的精神寄托。他开始重读《新青年》,《新青年》给周恩来带来了新希望,使他眼前沉闷的世界豁然开朗,他感到一种挣脱锁链后的巨大欢欣,他兴奋地写下两句诗——“风雪残留犹未尽,一轮红日已东升”记述他思想上的这次突变。

(资料来源:孙钢《伟人之初:周恩来》,浙江人民出版社 1991 年版。)

## 【思考讨论】

1. 周恩来如何战胜了自身的心理危机?
2. 案例反映了青年周恩来怎样的人生观,有何现实启示?

## 【案例解析】

周恩来战胜自身的心理危机靠的是什么呢?

一、远大的理想信念。周恩来从小就立有“为中华之崛起而读书”的鸿鹄之志,在救亡图存为最大政治的近代社会,爱国救国是时代的主旋律,他立志救国,要为“中华崛起而奋斗”,笃实躬行,矢志不渝。他的这一伟大志向立足于对国家的前途命运,自己的社会责任的正确认识之上。这一伟大报国志向为他的心理活动提供了定位系统,奠定了他良好心理素质的基础。同时,周恩来抱持的远大理想信念为其思想和行为提供了正确的价值标准,使他在困难的时候看到光明,使他能够坚定信心,获得承受挫折和适应环境的能力。

二、良好的心理品质。周恩来出生后,悲痛和灾难就接连降临在他头上。10 岁时他就成了家里的顶梁柱,主持家政。为了生活,他饱尝了世态炎凉,人情淡漠,深切地感受到现实社会的虚伪和冷酷,艰难而凄凉的生活,磨炼出了周恩来坚韧忍耐的性格和精明果断的办事能力,熔炼出他良好的心理品质。南开中学第 10 次毕业同学录曾记载:“君家贫,处境最艰,学费时不济,独能千难万苦中

① 刘焱:《周恩来早期文集(1912.10—1924.6)》上卷,南开大学出版社 1993 年版,第 286 页。

多才多艺,造就斯绩。"

三、科学的应对方法。周恩来在面对这场严重的心理危机时,虽然苦闷彷徨,甚至一度想过以"无生主义"消极应对。但这种想法转瞬即逝,他选择勇敢地正视它们,不逃避不消极。"大凡天下的人……活着的时候,总要想他所办的事情成功,不能因为有折磨便灰心"。为了践行自己的志向,他给自己提出要求:"第一,想要想比现在还新的思想;第二,做要做现在最新的事情;第三,学要学离现在最近的学问",并在实际生活中严格遵照实行。同时,他还认识到每一个人都不能在奔腾而去的历史长河中依然故我,只有否定自我,才能解放自我,开拓自我。正因如此,周恩来摒弃了过去挫折带来的消极情绪,思想升华到了一个新的境界。

这一时期的周恩来人生观具有浓郁的革命民主主义色彩,处于渐进完善过程之中。何谓人生观？他指的是人们在实践中形成的对于人生目的和意义的根本看法。具体至周恩来,在人生目标上,他始终秉承"为中华之崛起而读书"的志向。尽管刚到日本的时候由于孤寂和家中变故,他曾一度消沉,但后来他重新认识到,人总要有个大志向,"有大志向的人,便想去救国,尽力社会。"在人生态度上,周恩来表现出自立自强的品质和独立思考的能力,要求自己思想自由,做事实在,学问真切;他的世界观呈现出革命民主主义思想色彩,蕴含着共产主义世界观的萌芽,为他后来确立马克思主义信仰和共产主义世界观奠定了基础。周恩来科学人生观的确立对我们有巨大的现实启示作用。青年一代要认清时代主题,敢于担当责任,立高远之志;要根据自身及社会实际,确立人生可行目标;要端正人生态度,认真、务实、乐观、进取,丰富人生的意义。

## 【教学建议】

本案例的主要内容讲述的是1917年周恩来东渡日本备考东京高等师范学校官费生时,由异国孤寂、学业不顺、家庭变故等系列问题,经历了一场严重的心理危机并成功克服的故事。这一案例对于大学生树立科学人生观,正确面对和处理人生挫折具有重要的启示作用。

本案例适用于《思想道德修养与法律基础》第三章第一节"树立正确的人生观"和第三节"科学对待人生环境"的辅助教学。

# 4-5
# 朱德:苦难的童年

【案例正文】

1886 年 12 月 1 日,朱德出生在四川省仪陇县李家湾的一座破落的房子里。朱德出生的时候,祖孙三代十几口人居住在地主丁邱川废弃的一座破仓房里,矮小阴暗,连窗户都没有。那时全家人仅靠租地主的几十亩薄地维持着生计,日子过得十分艰难。每天吃的东西几乎千篇一律:早饭是高粱稀饭,偶尔加一些大米或豆子,大家同吃一碗青菜。朱德母亲生过 13 个孩子,由于家穷,有 5 个刚生下来就夭折了。

穷人的孩子早当家。朱德在四五岁时便开始帮助母亲劳动,干一些诸如割草、拾柴以及家里的一些杂活。到八九岁时,朱德就不但能挑能背,还学会种地了。即使在入私塾念书以后,朱德也经常劳动。从私塾回家,见母亲在灶上汗流满面地烧饭,他就悄悄地把书一放,挑水或放牛去了。在农忙的季节里,朱德常常是上午读书,下午种地。朱家附近没有井,朱家人几乎每天都要到山坡下去挑水。一天晚上,忙了一天的妈妈再也没有力气去挑水,可是到了第二天早上,妈妈却发现缸里的水满满的。妈妈感到很奇怪,于是连着几天都不打水,可是水缸每天照样都是满满的。为了揭开这个秘密,妈妈起了个大早,这才发现是自己的儿子在悄悄地挑水。妈妈又惊又喜,紧紧地把朱德搂在怀里许久说不出一句话。

童年的艰苦岁月,养成了朱德吃苦耐劳的品格,使他在日后戎马倥偬的革命生涯中,坚贞不屈,百折不挠,将革命推向了一个又一个高潮。后来,在接受外国记者采访时,朱德回顾说:“我从小就是饿肚子长大的。因此,后来干革命时,我就不大怕饿,好像根本不知道饿。讲起干活,也是一样。我从小到大都干活,所以不管什么时候做体力活,我从来不觉得面子难看。走路也是一样,成年以后,虽然有时有马骑,可是一生之中差不多都是在走路,经常几个月、几年长距离行军,同我所指挥的战士们一起行走。”

朱德家佃种丁姓地主家的田,朱德小时候经常受到丁家人的欺侮。一次,他和弟弟从河里钓到两条鱼,想回家熬鱼汤,被丁家的少爷一把夺去,说河从他家地上流过,鱼就是他家的。又一次,他从自己爷爷种的梨树上摘下一个黄熟的梨,还没来得及仔细看一下,就又被丁家少爷抢去,并振振有词地说,树在他家地上,梨就是他家的。朱德气得去夺,被爷爷拦住说:“我们惹不起人家。”还有一次,爷爷带他在房后山坡上高高兴兴地栽竹子。地主来了,叫人把竹子拔掉,还把爷爷推倒。爷爷说,这山坡地是公家的,丁家不能霸占,于是就到县衙门同他们打官司。地主钱多势力大,爷爷官司打输了,气得大病一场。这些都让幼小的朱德深深地感到:世道真是太不公平了。

朱德刚刚懂事的时候,便天天坐在母亲的纺车旁,一边静静地看着母亲纺那似乎永远也纺不完的线,一边听母亲娓娓地讲着一个又一个的故事。那些穷苦百姓受苦受难、有钱人家为非作歹的故事,在朱德幼小的心灵中留下了深深的印痕。当母亲讲到动情处,朱德那明亮的双眸里便泪水涟涟,有时还把小拳头攥得紧紧的。1895 年农历除夕,丁家来逼租,牵走牛、猪,抓走鸡、鸭,挑走粮食,结果还是达不到缴租的数目,就逼他们连夜搬家。在一个风雪交加的茫茫黑夜里,全家人被迫分开了。朱家十几口人被迫沦落到两个地方。不满 10 岁的朱德已深深感受到家破人亡的苦难。

(资料来源:叶子《苦难压不弯脊梁——新中国元帅朱德的成长故事》,《小学生时代》2011 年 Z1 期。)

## 【思考讨论】

1. 朱德苦难的童年生活主要表现在哪些方面?
2. 少年朱德对世道的最深感受是什么?
3. 这个故事对于我们今天有什么启示?

## 【案例解析】

本案例生动地叙述了朱德苦难的童年生活。在良好的社会环境中，人们的童年生活本是无忧无虑，充满快乐的。但是，当时中国正处于一个内忧外患、民不聊生的历史时期，民族压迫、阶级压迫使劳苦大众喘不过气来。像朱德这样一个出生在贫苦人家的孩子，从小就感受到人生的艰辛和世道的不公。艰难的生活环境培养了朱德吃苦耐劳、艰苦奋斗的人生品格。在常常受人欺负的童年境遇中，朱德深刻感受到世道的黑暗，自然萌发了反抗压迫、改造社会的思想和心理，为朱德以后走上革命道路奠定了思想基础。这个案例说明了苦难的童年生活在朱德成长过程中的深刻影响。这对于我们深入理解朱德的人生品格和革命精神具有重要启示。

## 【教学建议】

本案例说明了苦难的童年生活培育了朱德吃苦耐劳、艰苦奋斗的人生品格和勇于反抗的革命精神，对朱德以后的人生历程产生了深刻影响，对于我们树立正确的世界观、人生观和价值观具有重要启示。

本案例适用于《思想道德修养与法律基础》第三章第一节“树立正确的人生观”和第三节“科学对待人生环境”的辅助教学。

# 4-6

# 任弼时:勤奋自立　敬业奉献

【案例正文】

任弼时少年时,父亲教书,母亲是一个普通农家女子。家中收入不多,但母亲又勤劳又贤慧,把家庭调理得还过得去。任弼时也很懂事,只要一回家,就主动帮助母亲做一些力所能及的家务活。还学会了打草鞋。勤俭的美德从小根植于他的思想中。在儿时的作文《民生在勤》中,他写道:"欲为士,必宜发愤求学,广谋知识,以著书立说;为农,必宜勤劳树艺,以望收获之利;为工,必宜勤劳造货,以供世用;为商,必宜勤劳转运,以保本利源,不使外溢;为兵,必宜时常熟练,以御外防内。"①即不管什么人,社会分工的职责所在,都需勤奋。在另一篇《家风尚勤俭》的作文中,他说:"吾常见能勤俭者可以致富,不勤俭者亦贫。若饱食终日无所用心,则亦难矣。"②

11 岁那年,任弼时初小毕业,父亲决定送他投考长沙的湖南第一师范附属高等小学。为了节省路费,他在父亲的带领下,冒着盛夏的烈日,挑着简单的行李,一步一步地走了八九十里路,来到长沙。在湖南省立第一师范附属高等小学的 3 年学习生活中,他很节俭,生活十分简单,从不乱花钱。一次,与同学到城内游玩,路过一家画店,一幅山水画深深地吸引了他。从小爱画画的他,"展玩久之",最后因价格太高,没舍得买。

① 蔡庆新、姚勇:《激扬文字:任弼时青少年时代作品赏析》,中央文献出版社 2002 年版,第 5 页。

② 蔡庆新、姚勇:《激扬文字:任弼时青少年时代作品赏析》,中央文献出版社 2002 年版,第 23 页。

任弼时很小就随父在外读书，这也锻炼了他的自立能力，树立了自强信念。在题为《自立》的作文中，他说："农夫播种五谷，吾得而食之；工人做器具，吾得而用之；建筑屋宇，吾得而居之。我享其成，即宜自立。""世上之人皆以自立为要，吾国四万万同胞，欲保国家，非自立不可。吾人幼年之时不尤宜自振乎！"① 小小年纪，便能从个人的自立来看国家民族的自立，并决心从幼年时起就应自立、振作、奋发，读来是很给人以振奋之感的。

正是少年时代这种勤奋自立的品德，发展为一种可贵的敬业精神。

1920 年，任弼时违背父命赴莫斯科学习，时年 17 岁。独在异乡为异客，虽有崇高的革命理想激荡内心和充实的学习生活，但对家人、对家乡的思念之情总是挥之不去。在一封家书中，他这样抒发思乡之情："在中国已是春季，我记着我们乡下的春景，鲜红的野花，活泼的飞鸟，何等的有趣！可恨远隔异土，不能与你们共享这种幽乐！但我不惜！因为以后我们共享的日子还多。"②可是，归国后，他全副身心投入工作，无暇顾及这种幽乐之情了。

1924 年 8 月，任弼时回国，到由孙中山亲自创办的旨在培养建国人才的上海大学任教。他曾打算回家乡一趟，看望一下阔别 4 年的双亲，他们都是年过半百的人了。这些年他出国远行，沉重的生活担子落在老人的肩上，他们倚门而望，多么想看上儿子一眼。他想念在袜厂里做工的未婚妻和最小的妹妹培辰。当他离家时，妹妹只有 3 岁，正是牙牙学语的时候，现在她已经 7 岁了。但上海大学负责人邓中夏的一席话——"我们不做学而不行、高谈阔论的学究，而是要用革命的理论和知识去点燃年轻人的革命狂焰，一化十，十化百地为革命播种，唤起民众，反抗军阀，打倒帝国主义"——在他耳边久久回响。他要尽快投入工作，用先进的理论理念去教育青年，唤起民众，为革命播种。于是，他把回家的打算搁下，全副身心投入工作中去了。在这些日子里，任弼时教书和写作都非常紧张，有时竟连做饭都顾不上。由于生活无规律，他曾两次患病，但他内心却非常充实，感到浑身有使不完的劲。

1924 年 10 月起，任弼时参加了团中央的工作，紧张地筹备召开中国社会主义青年团③第三次全国代表大会。这时，噩耗传来，父亲去世了。任弼时读着家中发来的电报，泪水止不住地流了下来。他和父亲有着深厚的感情。5 岁开始，父亲手把手地教他描红识字，7 岁以后，他住在父亲任教的学校里，老人家晨昏

---

① 蔡庆新、姚勇：《激扬文字：任弼时青少年时代作品赏析》，中央文献出版社 2002 年版，第 7 页。

② 蔡庆新、姚勇：《激扬文字：任弼时青少年时代作品赏析》，中央文献出版社 2002 年版，第96 页。

③ 1925 年 1 月，中国社会主义青年团改名为中国共产主义青年团。

指点，教他作画、雕刻；又是老人家，细雨润物，说古论今，启发他的爱国思想。回国后，他未能去家乡看望父亲，如今老人家和自己永别，他感到无比的悲痛。然而，团的三大召开在即，他怎能因私误公呢？他只得强忍悲痛给母亲修书请求宽恕，没有回家奔丧。

1925年年初，在中国社会主义青年团第三次全国代表大会上，任弼时当选为中央执行委员，不久又担任团中央代理书记、书记，领导轰轰烈烈的“五卅”运动，工作更忙碌了。直到1926年，才稍微有点空闲。因工作需要，经党中央批准，他决定把未婚妻陈琮英接到上海来，建立家庭。春节刚过，任弼时提着网篮，来到码头，登上去长沙的轮船。并借此机会，看望一下年事已高的母亲和小妹妹，安排一下她们的生活。回国已经1年多了，繁忙的革命工作使他一直无法抽出时间回家一趟，这次总算如愿以偿了。他挤进船舱，找到了自己的铺位，安顿好行李，然后在甲板上凭栏眺望。这时，在熙熙攘攘的人群中，急匆匆地挤过来一个人，气喘吁吁地对任弼时说：“‘家’里有急事，希望你赶快下船，回去处理。”眼看轮船快要起锚了，任弼时二话没说，从船舱里取回行李，跟着来人下船。此次家乡之行又未如愿。回到团中央机关，才知道党中央来通知，要他立即赶到北京出席中共中央特别会议。于是他改装换束，登上北行的火车。接陈琮英的事，便只好委托同志代办了。

任弼时平生有“三怕”：一怕工作少，二怕麻烦人，三怕用钱多。他被誉为党的骆驼。他青年时代的敬业精神，就是这种负重致远的革命耐力和无私奉献的骆驼精神的生动写照。

（资料来源：章学新、蔡庆新《伟人之初：任弼时》，浙江人民出版社1991年版；章学新《任弼时传》（上），中央文献出版社2014年版。）

## 【思考讨论】

1. 结合任弼时在异国他乡那么思念家乡和亲人，回国后却不回家这一事例，谈谈自己对敬业精神内涵的理解。

2. 结合职业生涯规划谈谈自己打算如何培养敬业精神。

## 【案例解析】

敬业精神，是人们对待自己所从事的职业的高度忠诚、热爱和特别负责任的态度。它有以下显著特征：一是爱岗乐业，干一行爱一行。对自己所从事的职业的思想认同和精神支持；二是自我牺牲，无私奉献。兢兢业业地从事自己的职业，工作第一，事业为上，个人得失甚至生死都置之度外；三是艰苦奋斗，积极进取。做事认真专一，心怀敬畏，精益求精，富于进取心和创造性。

敬业精神是中华民族的优良传统。大禹治水三过家门而不入，孔子提出的"居之无倦，行之以忠"、诗经赞颂的"夙夜在公"，诸葛亮"鞠躬尽瘁死而后已"，范仲淹"先天下之忧而忧，后天下之乐而乐"、林则徐"苟利国家生死矣，岂因祸福避趋之"等，都是中华民族敬业精神的写照。老一辈革命家，都弘扬了这种敬业精神。任弼时同志青年时代的故事，是其中一个片断。他回国后，三次准备回家未成行，与大禹治水三过家门而不入是同一种精神。

大至国家民族，小至社会个体，都需要敬业精神。一个民族如果缺乏敬业精神的支撑，就不可能在激烈的国际竞争中赢得主动权。发达国家的现代化进程中，都有一种具有国家民族特色的敬业精神在其中发挥了特别重要的作用。中国制造和中国创造，走向全球，如果离开生产者、经营管理者的敬业精神，是没有竞争力和不可持续的。敬业精神也是作为身在职场个体的安身立命的根本。因为只有敬业精神的挺立才能在内在源头上支撑起职业道德的大厦。德才兼备是任何单位选人用人的基本标准。如果没有敬业精神，德就无从谈起。没有敬业精神的人，职场前景是灰暗的。

敬业，是社会主义核心价值观的重要内容。当代大学生要着眼于中华民族的伟大复兴、中国梦和自己的人生规划，深入学习敬业精神的内涵并身体力行，养成良好的职业道德。

## 【教学建议】

本案例选取的是任弼时少年时的勤奋自立，及 20 岁担任上海大学教师、21 岁起任团中央负责人时忘我工作、舍身忘家的事例以及由此发轫的"一怕工作少，二怕麻烦人，三怕用钱多"的骆驼精神。他少年出国，时刻想念家乡和亲人，可是回国后即全副身心投入工作，几次准备回家探亲，均未成行，说明敬业精神与私人感情有时是冲突的，但必须近乎“不近人情地”选择前者。

本案例可用于社会主义核心价值观之“敬业”教育的素材，也可用于《思想道德修养与法律基础》第七章第二节“职业生活中的道德与法律”的辅助教学。

# 4-7
# 邓小平:留法勤工俭学的艰难岁月

## 【案例正文】

1920 年夏,16 岁的邓小平在重庆留法预备学校毕业。他怀着满腔爱国热忱,和重庆留法预备学校的八十多名同学,饱经长达三十九天、三万余里路程的海上颠簸后到达法国,开始勤工俭学生活。

迎接他们的现实却异常残酷。第一次世界大战结束后,大萧条席卷整个欧洲,法国当然也不例外,通货膨胀,大量工厂相继关门倒闭,失业人数剧增。在这种情况下,学生们被迫过着朝不保夕的穷困生活。为图租房便宜,一些学生只能住进巴黎的贫民窟,在饮食上则只能吃最低廉的食品,经常是白水煮马铃薯。但他们始终没有忘记自己赴法的第一目的是求学。1920 年 10 月末,邓小平和邓绍圣[①]等约 20 名同学离开了生活成本昂贵的巴黎,来到相距巴黎两百多公里的卡尔瓦多斯的小城巴耶,进入巴耶公学学习。巴耶公学是一所市立中学,学膳费相对低些。但即使这样,到 1921 年 3 月底的时候,邓小平还是因无力支付正常的生活学习开支而被迫回到巴黎寻求救助。曾经美好的勤工俭学计划终成泡影,邓小平和许多同学只能走上一条靠打工来求生存的艰难道路。

4 月 2 日,邓小平和数名川籍同学经介绍来到法国南部的克鲁梭,进入克鲁梭钢铁厂。克鲁梭钢铁厂是法国最大的军工厂之一,有 2.5 万名工人,其中华工

---

① 邓绍圣是邓小平的叔父,但他们却是年纪相仿,当时和邓小平一同赴法勤工俭学。1926 年离开法国赴莫斯科,后在苏联卫国战争中牺牲。

有1 000多人,勤工俭学学生100多人。邓小平是作为散工被招进厂的,并签订了两年合同:每天工资9法郎,扣除1法郎,待两年合同期满时再一并发还,并奖励200法郎,但若无故退工,则所扣的钱作为赔偿费用。邓小平被分配在轧钢车间当轧钢工。这项工作劳动强度大,工人需要在摄氏40多度的车间里不停地用长把铁钳夹着几十公斤的钢条疾跑,一不小心,十分容易被炽热的钢条烫伤灼伤。每周工作长达50多个小时,常常还要加夜班。"失眠颠倒、饮食无常,真和机械一样不分早晚昼夜,要做就做,要停就停。"[①]对于年仅16岁、身体尚在发育的邓小平来说,这样的工作让他疲惫不堪,苦不堪言。身体上的劳累困苦尚能支撑,资本家无情的压榨和欺凌却让邓小平和同学们难以忍受。每天上工,工头就像影子一样跟在身后监督催促。稍有延误,就会马上遭到工头的辱骂和斥责。一个月后,邓小平在和工头吵了一架后决定离开。结账下来,他不仅分文未得,还倒赔了一百多个法郎。

1922年2月,在经过一段靠每天领取五个法郎救济金、不顾一切四处做临工的艰难日子后,邓小平在蒙达尼的哈金森橡胶厂找到一份稳定工作。这是他来到法国后进入的第二个大工厂。邓小平被分配在制鞋车间制作防雨用的套鞋。这里的工作属轻体力劳动,要求眼明手巧,动作利索。邓小平很快适应了这里的工作节奏,别人一天做十来双鞋,他通常一天能完成二十多双。

邓小平的求学初衷始终未改变。在哈金森攒下一点钱后,他便辞工来到塞纳河畔的夏狄戎的中学求学。由于学校所收学费太高,不久又只好离开。至此,他试图通过勤工来达到俭学的梦想彻底破灭。

求学不成,邓小平只好继续打工。经过一段周折之后,他进入了位于巴黎附近比扬古拉尔市的雷诺汽车工厂。雷诺汽车工厂是有着一万多工人的著名大型企业,来自中国的勤工俭学学生和华工最多时曾达六百多人。邓小平被分配在钳工车间当钳工学徒,这是他勤工俭学几年来所从事的唯一一项带技术性的工作,可以接触到部分简单的设计图纸和工艺技术。在雷诺汽车厂,至今仍完好地保存着一张编号为82409A的工卡。工卡上清晰地记着:邓希贤(Teng Hei Hien),中国人,1904年7月12日生于四川,住比扬古拉尔市特拉维西尔街27号;熟练工种工人,分配在76号车间,磨件单位工价1法郎5生丁。[②] 这张旧工卡,真实地记录了邓小平在法国勤工俭学的艰苦生活。

邓小平在法国5年多的勤工俭学生涯中,大部分时间都用于打工糊口。虽然他未能在法国接受系统完整的学校教育,但是在法国辛苦打工以谋生存的社

① 中央文献研究室科研部图书馆:《邓小平人生纪实》,凤凰出版社2004年版,第42页。

② 邵维正等:《邓小平百年百事》,解放军出版社2004年版,第9页。

会实践却让年少的他学到了更多,思考了更多。他对于资本主义社会、对于国家革命道路的选择有了直接感性的认识,这对于他在之后领导中国革命与建设实践产生了深远影响。

(资料来源:李和文《邓小平的故事》,中共党史出版社 2006 年版;中央文献研究室科研部图书馆《邓小平人生纪实》,凤凰出版社 2004 年版。)

## 【思考讨论】

1. 邓小平在法国曲折而艰难的勤工俭学经历使他对资本主义社会获得了哪些新的认识?他的思想发生了哪些变化?

2. 邓小平在中共十一届三中全会前后推动改革开放的过程中,多次提到自己赴法勤工俭学的经历,邓小平的这段留法经历与其提出改革开放的重大决策之间是否有某些潜在启发?

## 【案例解析】

赴法勤工俭学不是邓小平生命中最闪光的一页,但至少可以称得上是一个至关重要的节点,因为在这里,他开始认识资本主义社会,开始结识党的先进知识分子,开始走上真正革命的道路。他在法国的“俭学”是不成功的,但他的“勤工”帮助他逐渐走上新的道路,进入一个新的世界。

首次出国远航的印象肯定是相当深刻的。比邓小平晚两个月赴法的周恩来曾经这样抒发当时的感受:“出国去,走东海、南海、红海、地中海,一处处的浪卷涛涌,奔腾浩瀚,送你到那自由故乡的法兰西海岸。”①邓小平虽然没有那样的诗情画意,但是五十多年后,他多次谈自己当时乘坐的就是“几万吨轮”,借此讽刺“四人帮”如同坐井观天之蛙,有了一艘万吨轮船就自以为了不起。不过,给邓小平印象更深的应该是抵法之后,法国城市特别是巴黎的繁华气派,异国他乡的风土人情和旧中国的贫穷落后、腐化不堪形成了鲜明反差。邓小平就是带着这种疑惑的心理落差开始勤工俭学的生活。邓小平和其他赴法学生首先进入巴耶

① 伍夫榅:《热烈的抒情　大胆的创造——周恩来同志的诗歌及其在新诗初创期的意义》,《山西师院学报》(哲学社会科学版),1979 年第 3 期。

中学学习。但是,五个月后因费用无法自己负担,不得不离开中学。“俭学”不成,只好“勤工”。但是,邓小平决然没有想到,此次的离开,就再也没有能够迈进法国学校的大门。“俭学”的希望最终破灭了。

然而,“勤工”也是不容易的。五年后,邓小平在自述中回忆:“一到法国,听先到法国的勤工俭学学生的介绍,知道那时已在第一次世界大战后的两年,所需劳动力已不似大战期间(即创办勤工俭学期间)那样紧迫,找工作已不大容易,工资也不高,用勤工办法来俭学,已不可能,随着我们自己的切身体验,也证明了确是这样,做工所得,糊口都困难,哪还能读书进学堂呢? 于是,那些‘工业救国’、‘学点本事’等幻想,变成了泡影。”[①]显然,勤工俭学这个出国留洋的初衷,在活生生的现实面前离得越来越远,邓小平等不得不打工以维持自己的日常生计。他也未想到,这种打工一干就是四年多。邓小平先后在克鲁梭钢铁厂、蒙达尼的哈金森橡胶厂、比扬古拉尔市的雷诺汽车工厂打过工。这些地方都是比较大的工厂,邓小平都待过较长时间。期间,他在法国还做过各种各样的工作,而且都是杂工,如在饭店当招待,在火车站、码头搬运货物、行李,在建筑工地搬砖瓦、扛水泥,以及做清洁工清扫垃圾等。通过自己切身的劳动实践,邓小平不仅对什么是现代化的大机器生产和产业工人有了初步认识,而且开始接触到了资本主义社会黑暗的一面,亲身体验到工人阶级受剥削受压迫的悲惨境遇。这对于久居学堂、第一次踏入社会而且是置身国外的邓小平而言,触动很大,获益良多,过去在心中无限憧憬的这片美丽富饶、标榜自由平等博爱的西方世界,其斑斓色彩在他心中逐渐黯然退去。

回顾邓小平在法国生活的五年时光里,他的精神世界历经“热望—幻灭—求索—立志—奋发”的不同阶段。他满怀求学之志、一腔报国热忱来到法兰西,满心以为能学到工业救国、实业救国的本领,能在法国的学校里实现自己的夙愿,不料很快就被现实的命运推向谷底。他没有经济力量维持学业,在法国五年时光里实际上只在学校读了五个月的书。在艰难险恶的生存环境中,一些赴法的中国留学生,有的精神沉沦,有的绝望自杀,但邓小平依然坚持在痛苦的沉默中探索命运的新路。在困境乃至绝境当中,勤工俭学时期的邓小平磨砺出了过人的忍耐力和坚韧性,历练出了过人的求生欲望与能力,显示出了过人的豁达与乐观。这和后来历经三次历史磨难、三度辉煌复出的邓小平遥相呼应,有其历史的意味和必然。此乃性格使然,精神使然。

---

① 李君如:《细说邓小平》,河南人民出版社 2001 年版,第 27 页。

## 【教学建议】

本案例展现了青年邓小平在法国艰辛求学与磨砺意志、探求革命真理的历程。青少年的邓小平在法国一面做工、一面求学的经历中，经历了“求学—求生存—求真理”的阶段，艰辛地寻找与求索命运的新路，其追求真理的精神在邓小平人生中起了重要作用。

本案例可用于《中国近现代史纲要》第四章第二节“马克思主义进一步传播与中国共产党诞生”的辅助教学。

# 4-8

# 彭德怀:伸张正义斗官商

## 【案例正文】

彭德怀生长在充满压迫与不公的旧社会中,艰苦的生活使他对伸张正义的故事特别感兴趣,并以英雄易华为榜样,关心人民疾苦,为劳苦群众申讨公道。在彭德怀15岁那年,家乡湘潭正值旱灾,农田干裂,塘堰干枯无水,贫苦人民生活难以为继,有的人只能靠挖草根、剥树皮、吃观音土来求生存,也有不少人选择到他乡乞讨。然而,地主却屯居粮食,故意抬高粮价,甚至一些地主还有粮不卖。乡里有个人称"陈满钻子"的恶地主,由于尖酸刻薄,总是和奸商做勾当买卖,百姓就说他钻子上加针。这次他屯米近百担,将它运往外地,以高价卖出,却不愿卖给本地的饥民。灾民苦苦地向地主哀求,地主非但不肯卖,还骗说家里没存一颗粮。彭德怀强忍着饥肠辘辘,却难以忍受心中的怒火。再这样下去,穷人就会饿死。于是彭德怀带领饥民来到陈满钻子家门前,质问他家的米都哪儿去了,陈满钻子依然骗饥民说,米都被城里的军官买走了。彭德怀不相信地主的鬼话,悄悄爬上地主米仓的屋顶,揭开几个瓦片,从空隙中看到了满仓的稻谷,马上朝着饥民喊道:"他有这么多谷藏着不卖,我们都快饿死了,抢他的!"灾民像潮水般涌进大院,砸开了粮仓的大门,将谷抢去了一大半。陈满钻子见势不妙,就慌忙跑去县里告状。最后,彭德怀被安了一个"聚众闹粜,开仓劫粮"的罪名。县署和都团准备派"团勇"来抓他。彭德怀家陷入了恐慌和悲痛中,要彭德怀马上连夜乘船逃走了。

彭德怀就这样离开了他的家人,也告别了他的童年。历经长途跋涉,彭德怀乘船来到了西林围修堤处。这里修堤的苦力大约有3万人,1个工是干10个小时。他们的工具、伙食都得自备,一整天都只能泡在泥水中干活。堤工们都在没有棚头的草棚里工作,夏天日晒雨淋,冬天寒风刺骨。彭德怀就在环境这样恶劣的条件下当挑土工兼伙夫,每天做炊事5个小时,挑土5个小时。对于尚未成年的彭德怀来说,挑土真真切切是卖苦力。一担淤泥压在肩上,小小的腿肚子都被压得发颤,10个小时的重活让彭德怀累得直不起腰来。日复一日,沉重的土担子把彭德怀那还正在生长的脊背压弯了。

更让人痛恨的是,堤工局还通过剥削堤工来发横财,而包头工也都是恶霸,不但榨取工人的收入,还要求工人送礼,甚至利用赌博来骗取工人的钱财。由于受到包工头、堤工局等重重残酷剥削,彭德怀最终只得到三石半米的工钱,还算是全棚最好的收入。修堤工几次停工、罢工,要求加工资,但由于力量单薄都被镇压下去了。1916年春节前,富有正义感的彭德怀再次组织堤工们,要求包工头年关预发工钱。可手无寸铁的堤工们还是斗不过官方,不得不以失败告终,而彭德怀被当局冠以"不安分子"的罪名遭驱逐。这个一心想着为人民做好事的"不安分子",又面临命运的选择。

(资料来源:《彭德怀传》编写组《彭德怀元帅的故事》,新蕾出版社1986年版;何载《彭德怀的故事》,中共中央党校出版社2003年版。)

## 【思考讨论】

1. 彭德怀领导穷人开仓劫粮这一事件反映了他怎样的精神?
2. 当代大学生应如何看待和对待社会不公正现象?

## 【案例解析】

意志指人们在履行义务、实现目标过程中所表现出来的自觉克服困难和障碍,作出抉择的坚强信念、顽强毅力和坚持精神。第一,意志是源自内心的信念。少年彭德怀还处于万恶的旧社会中,劳苦群众饱受地主资本家欺凌压榨之苦。这些已在年幼的彭德怀的心上打下深深的烙印,让彭德怀练就了一颗忠勇无畏的赤子之心。从易华的故事中,他找到了自己生命的意义和人生的方向,并以全部的情感、意志和信念去创造心中有价值的人生。第二,意志是对困难和障碍的克服。少年彭德怀毅然带领着饥民到地主家开仓粜粮,这是对社会不公的反抗和再饿即死的无奈之举。但这次“聚众闹粜,开仓劫粮”,对于少年彭德怀而言,既是困难和障碍的克服,也是对他意志的磨炼。第三,意志是对实现目标的坚韧。彭德怀多次组织修堤工们罢工反抗,不达目的不罢休。虽然最后还是失败了,但这更坚定了他要为穷苦人民找出路的决心。

“天行健,君子以自强不息。”当代大学生在面对人生的困境时,在实现自己理想的过程中遭到挫折时,决不可自暴自弃,而应像彭德怀一样,以强烈的责任意识、高尚的道德情操战胜困难。即使在最煎熬的时刻,也要做一个有益于人民的人。

## 【教学建议】

通过本案例教学,可以引导大学生科学对待人生环境,了解中华民族优良道德传统对其成长成才的重要意义,用科学高尚的人生观指引人生,用崇高的道德精神砥砺心智。

本案例可用于《思想道德修养与法律基础》第三章“领悟人生真谛　创造人生价值”的教学。

本案例使用过程中要注意:第一,要阐述清楚增强意志力与道德情操的培育之间的逻辑关系;第二,道德品质是一种精神力量,如何具体有效地引导大学生锤炼个人品德,科学处理理想与现实之间的矛盾,意志笃定地对待内心的信念。

# 4-9

# 刘伯承：独眼“军神”美名传

## 【案例正文】

自 1911 年投身孙中山领导的资产阶级民主革命后，青年刘伯承先后参加了“二次革命”、护国战争、护法战争、驱逐“客军”之战、援鄂之战、“一、二军之战”以及“讨贼”战争，指挥大小战斗 20 多次，为自己赢得了“川中名将”的美誉，但却是以自己的多次负伤换来的，可谓是“弹触一目眇，枪伤遍体瘢”。

1915 年护国战争爆发后，刘伯承在川东组织武装起义，组建了四川护国军第 4 支队，沿长江边的忠县、丰都、涪陵、长寿等地骚扰和拦截从湖北溯江入川东的北洋军，策应由云南入川南作战的蔡锷将军的护国军。

1916 年 3 月 20 日，为了截断长江交通，迟滞入川的北洋军，配合蔡锷的讨袁护国军，刘伯承率部攻打丰都城。在战斗中刘伯承为了掩护一个士兵不幸连中两弹，一颗子弹擦伤颅顶，另一颗从右边“太阳穴”射入，自右眼框内飞出，血流如注，当即昏倒。在一个店铺的伙计和几个士兵的帮助下从丰都城撤了出来，起初在涪陵一位农民的家里疗伤，后来在康云程的护卫下改名换姓化装潜赴重庆治疗眼睛。

在重庆，刘伯承先到由美国教会在 1897 年创办的宽仁医院治疗脑伤，后转到临江门一家德国人开办的私人诊所治眼伤。诊所的沃医生医术高明，尤其擅长眼科手术，他先后给刘伯承的眼睛做了两次手术。第一次是割去刘伯承右眼里的碎肉、赘肉，理顺血管；第二次是安装假眼。在进行第一次手术时，需要实施全身麻醉，刘伯承考虑到麻醉可能会损伤脑部神经功能，就拒绝进行麻醉。沃医生对此惊诧不已，急忙嚷道：

"不行，不行。我从来没有听说什么人不用麻药做这样的手术。即使我敢做，你也受不了，万一出现意外怎么办？"

刘伯承态度坚决地说："沃医生，敢不敢做是你的胆量问题，受得了受不了是我的忍耐问题。你们西方人忍受不了的，我们水深火热的中国人未必就忍受不了。做吧，不用怕，不管发生什么意外，都不要你负任何责任。"

沃医生耸耸肩，摇头说："真的吗？真叫我不可思议！"

"真的，请你不要怀疑，我们中国人向来是言而有信的。"

面对刘伯承的坚强决心，沃医生只得同意不施行麻醉进行手术。手术一共花了 1 个多小时，沃医生一刀一刀地修割赘肉，每一刀都疼痛难忍。但刘伯承自始至终一声没哼，安然接受手术。

手术结束后，沃医生对刘伯承投以钦佩的目光，看到刘伯承满头大汗，便关切地问："疼得厉害吧？"

刘伯承坦然一笑："才割了 72 刀，小意思！"

沃医生非常惊异地问道："你是怎么知道的？"

"阁下每割一刀，我就暗记一数，错不了，错不了。"

沃医生翘起大拇指，啧啧称赞道："了不起，了不起。你是真正的中国人！"后来在一次宴会上沃医生与人谈起刘伯承时赞不绝口："刘伯承真是不一般，他简直不是军人，是'军神'！"并说从没见过有如此坚强的忍耐力和意志力的人。而此后的一次重伤再次见证了刘伯承非凡的意志力。

1923 年 10 月，刘伯承奉命攻打大足。战斗中刘伯承不幸大腿中弹负重伤，鲜血直往外喷。为了不影响士兵的士气，刘伯承用一根带子扎住伤腿止血，继续坚持指挥部队作战，直到攻克大足城之后才撤下来。

当时还不知道是动脉血管被打断了，军医在给他检查时发现他受伤的大腿异常红肿，而刘伯承亦是脸色苍白，声气微弱，于是决定送他去成都治疗。在军需官王尔常的亲自护送下，经过 3 天 3 夜 600 多里的长途跋涉，最后终于平安抵达成都。立即被送往成都北门外微生物医院进行抢救，由法国医生艾毓梅主治。

艾毓梅医生见病人伤势严重，当即组织进行抢救。经过艾医生的紧急施救，刘伯承终于脱离了危险。但是由于天气炎热，加之缺乏抗菌素药物，伤口被感染后又红又肿，局部甚至出现溃烂。看到这种状况，艾毓梅医生担心地说："病情十分严重。这类病例通常都要截肢，以免血液中毒。出现败血症，还将危及生命。”于是主张进行截肢手术。

但刘伯承坚决不从,艾医生只得进行常规治疗。经过几周的治疗之后,刘伯承竟日渐好转,红肿开始慢慢消退,连艾毓梅医生也惊奇地说:“这是上帝降福啊。许多病情比你轻的,都锯掉腿啦。你应该终身祈祷,不忘上帝之恩。”

刘伯承微笑着说:“上帝会爱无神论者吗?我的腿有好转,主要靠你的医术高明。再者,我每天凝聚精神,对伤口下命令:快点好!快点好!这才有今天的样子。”

再经过一段时间治疗后,刘伯承准备离开医院回成都刀子巷养伤。临别之时,艾毓梅医生拿着一副拐杖前来送行。他深表惋惜地对刘伯承说:“刘将军,你身经百战,战功显赫,是同上帝见过几次面的人,活过来真是不容易。为了未来的生活,请接受我这个特殊的礼物吧!”

刘伯承直起上身,一面感激地点头,一面质疑:“我现在还不能行,要拐杖做啥子哟?!”

艾毓梅医生回答道:“你的腿虽然不久将会痊愈,但大腿必然萎缩,不能行走,让这副拐杖做你的终身伴侣吧。”

刘伯承听后,仰天大笑起来:“世上岂有挟杖而行的斗士啊!请把拐杖留给别人吧,谢谢您的好意。”接着又满怀信心地说:“我会站起来的!请相信中国人的骨头!”

刘伯承回家后,每天坚持做伸腿运动,常常痛得汗水直流,甚至痛昏过去,但他毫不气馁,从未中断。经过一段时间的努力,竟然可以下地走路了。为了克服走路一瘸一拐的毛病,刘伯承下狠心将大腿搁在木凳上,命令士兵猛坐膝盖,很多次都痛得昏厥过去,但是刘伯承却以非凡的毅力坚持不懈,从不放弃,直至伤腿能自然伸直为止。

腿好后,刘伯承专门步行到微生物医院致谢。艾毓梅医生一看,非常震惊地问:“这是哪一位神医为你正骨理经的?”

刘伯承满不在乎地说:“哪有啥子神医哟!我是用蛮办法,命令卫士压直的。”

艾医生听完后瞠目结舌,以惊愕的表情感慨道:“我素来以为华人柔弱,想不到中国还有像钢铁一般坚强的军人。”

(资料来源:楚客、黄其子《伟人之初(将帅篇)——刘伯承》,浙江人民出版社 1996 年版;刘伯承等《刘伯承回忆录》(第二集),上海文艺出版社 1981 年版;《刘伯承传》编写组《刘伯承传》,当代中国出版社 2007 年版。)

## 【思考讨论】

1. 意志力在刘伯承治疗眼睛和腿伤的过程中起了什么作用?
2. 你对发挥主观能动性作用的看法。

## 【案例解析】

本案例讲述了青年刘伯承凭借超强的意志力和忍耐力战胜伤病的故事。自19岁投身于孙中山领导的资产阶级民主革命后,刘伯承先后参加了“二次革命”、护国战争、护法战争、驱逐“客军”之战、援鄂之战、“一、二军之战”以及“讨贼”战争,指挥大小战斗20多次,并且在战斗中多次负伤。1916年3月在攻打丰都城的战斗中刘伯承的右眼被子弹击穿,在治疗眼睛的时候刘伯承担心脑神经功能受到影响,拒绝使用麻醉药,忍受着常人难以忍受的疼痛,顺利完成眼部手术。1923年10月在大足城战斗中刘伯承大腿动脉血管被打断,当医生都认为伤好后大腿最终会变瘸不能行走后,刘伯承却凭借自己超常的毅力坚持锻炼,甚至采取命令卫士坐膝盖的方式来矫正大腿,最后终于使大腿恢复正常,连治疗他的医生都叹为奇迹。

人的意识包括理性和非理性因素两个方面,意志力属于非理性方面,具有指导、控制人的行为和生理活动的作用。发挥人的主观能动性,就是利用人的主观因素极大地调动和激发人的潜能,克服常人不能克服的困难,忍受常人不能忍受的痛苦,创造常人不能创造的奇迹。劳其筋骨,苦其心志,才能担当大任。青年刘伯承能够不用麻醉完成眼部手术,能够矫正曲腿,依靠的正是超强的意志力。人的意志力来自于对生命的渴望,来自于对更高精神目标的追求。意志力有多强,生命的强度就有多强。

## 【教学建议】

本案例讲述了青年刘伯承凭借超凡的意志力克服常人所不能克服的困难,忍受常人所不能忍受的伤痛的故事,说明了人的意识的能动性。

本案例可用于《马克思主义基本原理概论》第一章第一节第三目“客观规律性与主观能动性”的辅助教学。

在运用本案例进行教学的过程中重点介绍意识的能动性原理,突出发挥主观能动性对于克服各种困难所具有的重要作用,同时还要说明发挥人的意识的能动性的条件性。

## 4-10

# 贺龙:两把菜刀闹革命

### 【案例正文】

"贺龙同志两把菜刀起家闹革命"一直被传为佳话。其实他开始是一把菜刀夺枪杆。贺龙在当小骡子客赶骡马和与官绅对抗时曾反复思索,尽管理在自己这一边,为什么还是以失败告终,如何才能让穷人过上好日子。最后他得出结论:"赶骡马不是长远之计,鞭杆子,秤杆子,脚板子,再也敌不过枪杆子。"因此,贺龙下定决心要拖枪拉队伍。

1916年腊月,贺龙率人在泥沙用一把菜刀除掉鱼肉乡里、横行霸道的团防局王局长,并夺取几十支"汉阳枪",组织起300多人的队伍,打出了"湘西讨袁独立军"的旗号,震动湘西。各民军首领对贺龙的胆略很是敬佩,先后加入到贺龙的队伍中,这支队伍很快发展到1万多人。但由于缺乏经验,武器陈旧,两次攻打石门都是得而复失,队伍也被打散了。尽管如此,贺龙泥沙提枪兴兵,却点燃了湘西农民反袁斗争的烈火。同年3月16日,贺龙召集21个年轻人,带着1支火枪、3把马刀、10杆梭镖和3把菜刀,决心夺号称"万税关"的芭茅溪盐局的枪。深夜,他们撞开盐局大门,蜂拥而上,贺龙手起刀落,劈死税警队长,生擒盐局局长,缴获12支九子毛瑟枪,并烧掉账本,打开盐库和其他物资分给当地群众。随后,贺龙拉起了150人的队伍。后来由于上了军阀谭延闿"整编护国军"的当,队伍被收走。气恼之余,贺龙陷入深思:以后跟军阀打交道一定要提高警惕。这是贺龙早年戎马生涯的两起两落,父亲劝他回乡务农,图个安闲,贺龙却坚定地说："我就不相信队伍拖不起来，孙中山搞队伍还不是成了垮，垮了再搞，搞出个民国来。"正是这股子不服输的倔劲，才有了两把菜刀东山再起的美谈。

1917年的一天，正在贺龙借钱回乡重新搞枪、重组队伍的途中，遇到一个走得满头大汗的小伙子，向贺龙打听桑植洪家关怎么走，贺龙问他："你去洪家关什么事？"小伙子答道："我的爷爷让我去投奔贺龙，还说贺龙很仗义，跟上贺龙，他才放心。""你爷爷是哪位？"贺龙接着问。小伙子说："当年跟贺龙一起在泥沙夺枪的吴佩卿，和贺龙有过命的交情。我是他的侄孙叫吴玉霖。"贺龙听后笑着说："我就是贺龙！""你找我打算干什么？"吴玉霖坚定地说："跟着你杀富济贫！"贺龙笑着摇摇头："过时喽，光杀富济贫不够，要打出一个让贫苦农民都有田种的天下！"吴玉霖高兴地解开衣襟，露出两把插在腰间的菜刀，他满怀信心地说："我没得枪，磨得两把菜刀，砍贪官恶霸脑袋，一刀头落，用不着两刀。"贺龙很高兴，他抽出两把菜刀："好嘛，看不出你还是个有心人。菜刀也是武器，有他就能夺枪，拿菜刀也能干革命！我也没得枪，见面分一半，一人一把菜刀，如何？"吴玉霖高兴地点点头，跟贺龙一道走了。

走着走着，看见从远处来了一群人，簇拥着一乘四人大轿神气十足地朝着慈利方向走去，轿子里坐的是去湘西赴任的县太爷，轿前有几个护兵开道，轿后有两个护兵背枪压阵。可能是太疲惫的缘故，后面那两个背枪的护兵越走越慢，和轿子拉开很长的距离。贺龙盯上了他们的枪，轻轻地拐了拐吴玉霖说："走！"吴玉霖心领神会，微微点头说："好！"顺手摸出一把菜刀递给贺龙。二人又轻声商量了几句，便不紧不慢地跟牢了掉队的两个护兵。走到一个偏僻小路上时，贺龙见时机已到，两人猛扑上去，没等两个护兵反应过来，便抡起菜刀，结果了他们，夺了两支枪，迅速离去。此后，贺龙就凭着用两把菜刀夺下的这两支枪，重新组织了18人的队伍，"从石门渡澧水北上，自动和湖南援鄂的护法军一起，在荆江两岸与北洋军阀部队作战，不断取得胜利，在援鄂的两个月的转战中，贺龙的部队发展到100多人、70多支枪。"①

后来，贺龙"两把菜刀闹革命"的故事广为流传。毛泽东对贺龙的胆识和谋略颇为敬佩，他曾在1927年秋收起义失利后的三湾改编动员会上，鼓舞大家说："贺龙同志两把菜刀起家，现在当军长，带了一军人。我们现在不只两把菜刀，我们有两营人，还怕干不起来吗？"

（资料来源：顾永忠《贺龙与共和国元帅》，人民出版社2007年版；王福生、王播《毛泽东与贺龙》，北京出版社2003年版；朱泽云《从两把菜刀到南昌起义》，解放军出版社1988年版。）

---

① 《贺龙传》编写组：《贺龙传》，当代中国出版社1993年版，第23页。

## 【思考讨论】

1. 贺龙为什么会以菜刀起家闹革命?

2. 贺龙两把菜刀闹革命在当时有何历史作用?后来有何历史影响?

## 【案例解析】

贺龙之所以有“两把菜刀起家闹革命”的佳话,是黑暗的社会制度,他耳闻目睹的官府豪绅欺压百姓的恶劣现象,以及他自己亲历的打抱不平等反抗斗争总是失败的事实共同促成的。他失学后务农,再后赶骡子搞运输,期间遇到了许多不平的事使他深深感到“鞭杆子,秤杆子,脚板子,再也敌不过枪杆子”。因此他下决心要拖枪拉队伍。

贺龙开始并非是人们流传的“两把菜刀起家”,而是以一把菜刀杀掉鱼肉乡里、横行霸道的团防局局长,夺取了几十支枪,并组织起了三百多人的队伍,打出了“湘西讨袁独立军”的旗号。此事震动了湘西,使其队伍迅速扩大,发展到了一万多人。但由于刚刚指挥部队打仗,缺乏经验,武器陈旧,加上敌人肯定对其严加防范和反击,使他们两次攻城均得而复失,队伍也被打散,这实属憾事。但也毕竟会有这样一个过程。后来他又以菜刀劈死芭茅溪盐局的税警队长,活捉盐局局长,夺得十二支枪,再次拉起了一支150多人的队伍,但却受骗上当,被军阀谭廷闿收走。这是贺龙早年军事生涯的两起两落。

两起两落之后的贺龙,并未心灰气馁,而是下决心再次从头做起。正是他这股不服输的倔劲,才有了他两把菜刀东山再起的佳话。

由于贺龙前面两次特别是第一次威震湘西,以菜刀夺枪革命的壮举,所以那次同他一起刀劈团防局长夺枪革命的部下,在被打散后仍崇敬贺龙,纪念贺龙,便要他侄孙继承他的斗志,寻找贺龙,投奔贺龙,继续闹革命。他的侄孙腰佩两把菜刀,满头大汗地找到了正在准备重新夺枪、重组队伍的贺龙。贺龙满心欢喜地接纳了他,并与他一起就用这两把菜刀,杀死了为即将去湘西慈利县赴任的县太爷当保镖的两名护兵,然后夺下这两名护兵的枪,重新组织了一支18人的队伍。再率领这支队伍与湖南援鄂的护法军一起,在荆江两岸与北洋军阀的部队作战,并不断取得胜利。

正是由于这两把菜刀起家，使贺龙的队伍由 18 人发展到 100 多人，70 多支枪，又由营长升为团长，旅长，后来“当军长，带了一军人……”

贺龙两把菜刀起家闹革命既有着深刻的社会历史原因和背景，也有他个人从小的远大志向以及两起两落遭受挫折而百折不挠的精神和毅力等原因，其壮大发展更有他善于不断总结经验教训，逐渐达到英勇善战以及为人民求解放的崇高志愿、理想等原因。这个故事及其所体现的精神，也极大地鼓舞和激励共产党领导的人民军队在失败和挫折面前重新奋起的勇气和力量。

## 【教学建议】

本案例主要是通过贺龙两起两落而不气馁，东山再起，再次以两把菜刀起家，重新拉起革命队伍的故事，教育学生认识到：第一，旧中国的黑暗制度必须要武装斗争才能推翻，“枪杆子里面出政权”；第二，人生奋斗中要不断总结经验教训；第三，人生奋斗中要经得起挫折的考验，要敢于和善于从失败中奋起。

本案例适用于《思想道德修养与法律基础》第三章“领悟人生真谛　创造人生价值”及《毛泽东思想和中国特色社会主义理论体系概论》第二章“新民主主义革命理论”的辅助教学，或作相应教学内容的辅助阅读材料。

# 4-11

# 聂荣臻:百折不挠　坚持真理

## 【案例正文】

1925 年,由于国内急需干部,共产国际决定聂荣臻和中国班的同学们一起回国。5 年前,他怀着一颗忧国忧民的赤子之心,远渡重洋,寻求实业救国之路。现在,他作为一个职业革命家踏上了归途,参加国内革命,全心全意投入到了新的工作中,开始了 20 多年的职业革命家生涯。

聂荣臻服从组织的安排,哪里需要他就去哪里。1925 年 9 月回国,任黄埔军校政治部秘书兼政治教官,积极开展活动,扩大党的影响。自己动手编教材,讲社会发展史,讲帝国主义论。政治部成立了"政治军事月刊社编纂委员会",出版《革命军》《黄埔潮》等刊物,聂荣臻担任政治编辑主任。1926 年 7 月北伐战争开始后,聂荣臻任中共广东区委军委特派员;10 月北伐军攻占武昌后,他任中共湖北省委委员、湖北省委军委书记;1927 年 4 月蒋介石发动反革命政变后,他和李立三前往上海了解情况,处理善后;5 月他和周恩来一起由上海回武汉,在周恩来领导的中央军委工作;1927 年 8 月他参加南昌起义,任前敌军委书记,后到广东省委军委工作,12 月他参加领导广州起义。起义失败后到香港,任中共广东省委和省军委书记,在香港坚持艰苦而又复杂的地下斗争,并在广东省军委办的军事干部培训班中任教。任教期间,他结合南昌起义、广州起义以及太平天国成败的经验教训,讲军事技术和战术,很受欢迎。

回国后不久,聂荣臻就经受了革命严酷的考验:蒋介石发动四一二反革命政变，第一次国共合作失败。有的人投靠了国民党，有人放弃了革命，而聂荣臻等却从未动摇。南昌起义打响了第一枪，但起义受到了严重的挫折。聂荣臻、叶挺、发着高烧的周恩来和几个警卫人员，撤退到了一个村子。遣散了警卫人员后，只剩下他们3人。由于语言不通，路不熟，且只有一支手枪，他们连自卫能力都没有，行动倍感困难。几经周折，他们终于找到了当地党组织负责人——中共汕头市委常委杨石魂。聂荣臻与他之前就相识，一见面就对他说："你对本地情况熟，可不能离开我们……你得想办法把我们护送到香港。"[①]杨石魂找来一副担架，他们抬着周恩来走。由于一连数日奔波、焦虑，周恩来的疾病进一步加重。聂荣臻等人便护送周恩来到靠海边的碧流村，请一位可靠的中医治疗。病势好转后，杨石魂找来"一叶扁舟"，载他们去香港。船太小，船舱里只能勉强让周恩来一个人躺下，其他人和船工则挤在舱面上。面对这种情况，聂荣臻仍坚定而诙谐地对他们3人说："现在，我们几个只有这条小船，但只有一叶扁舟，我们还是要革命的。"[②]由于船太小，风浪却很大，小船摇晃得厉害，站不稳也坐不稳，他们就用绳子把身体拴到桅杆上，以免被晃到海里去。这段行程非常艰难，在茫茫大海中颠簸搏斗了两天一夜，终于抵达香港。

在革命中，聂荣臻善于总结经验教训，始终保持独立思考、实事求是的态度，敢于坚持真理，在反对"左"倾冒险主义中作出了重要贡献。

广州起义失败后，李立三等领导人没有从失败中得出教训，继续实行"左"倾盲动主义。1928年1月，李立三派周文雍去广州，发动党员和群众贴标语、撒传单，表示共产党仍有力量。当时起义刚刚失败，敌人盘查很紧。而周文雍长期在广州从事工人、学生运动，起义时任工人赤卫队总指挥，很多人认识他。在这种情况下派他去广州，等于送死。聂荣臻提出了反对意见，但李立三坚持要派。几天后周文雍与以妻子身份掩护他的陈铁军一起被捕，他们威武不屈，演出了一场悲壮的"刑场上的婚礼"。聂荣臻非常悲痛，将这一报道从报纸上剪下，保存了多年。省委接连派出的许多干部，也相继被捕牺牲。他心情沉痛，不止一次地向省委提出意见，这样派党的干部去冒险是错误的，但均归无效。

中共"六大"后，向忠发、李立三仍按照老套路，下令香港的党组织在1929年的五一节搞游行活动。当时，游行总指挥是任香港市委书记的邓发，聂荣臻参与指挥。聂荣臻到现场一看，大多是共产党员和党的各级组织负责人。他当即找到邓发说："我个人的意见，今天不能搞，如果搞，就便宜了香港帝国主义，我

---

① 《聂荣臻回忆录》（上），解放军出版社1983年版，第73页。

② 彭建冬：《十大元帅轶事》，中共党史出版社2004年版，第283页。

们会被一网打尽……我的意见是取消这次游行。你是总指挥，你下决心。”[①]邓发也感到事情不对，于是通知到场的人都分散返回。这为保存香港党组织的力量起了重要作用。

如何向中央交代呢？邓发要聂荣臻向中央汇报，聂荣臻立即承担下来，去上海汇报。因多次与李立三观点不一，争执多次，所以李立三不肯跟他谈。聂荣臻就把经过给向忠发汇报。向忠发批评他说：“你临阵脱逃！”聂荣臻直言道：“作战嘛，总有个进攻，有个退却，这是双方力量对比决定的嘛，只进攻不退却，没有这个道理。几年辛辛苦苦积累起来的力量，被一网打尽，香港帝国主义再没有比这便宜的事了。随便你们加什么帽子都可以。但如按你们的意见办，总而言之是我们党受损失。你们这个办法是全军覆没！”[②]

（资料来源：《聂荣臻传》编写组《聂荣臻传》，当代中国出版社 2006 年版；《聂荣臻回忆录》（上），解放军出版社 1983 年版；彭建东《十大元帅轶事》，中共党史出版社 2004 年版。）

## 【思考讨论】

1. 聂荣臻是如何在实践中化理想为现实的？

2. 聂荣臻的事迹中，说说立志高远与始于足下的关系？怎样面对实现理想的长期性、艰巨性和曲折性？

## 【案例解析】

爱因斯坦曾说过：由百折不挠的信念所支持的人的意志，比那些似乎是无敌的物质力量具有更大的威力。聂荣臻之所以能够经受住革命中各种严酷的考验，主要因为他坚定的信念及以信念做支撑的坚强的意志力。出身贫寒农民家庭的他帮助父母干农活，较早地接受生活的磨砺；上学期间学习刻苦认真，面壁而读的精神广为传颂；立志以报国为本，参加抵制日货的爱国行动；怀揣实业救国的抱负，去法国留学经受住万里行船的考验；在法国勤工俭学，一边打工，干着又苦又累的活，另一方面刻苦学习，立誓“学不成，死不归”；加入少年共产党，宣

① 《聂荣臻传》编写组：《聂荣臻传》，当代中国出版社 2006 年版，第 33 页。

② 《聂荣臻传》编写组：《聂荣臻传》，当代中国出版社 2006 年版，第 34 页。

传马克思主义，到苏联学习军事。这些经历既增加了他的知识才干，又磨砺了他的意志，坚定了他的信念。

回国后，聂荣臻参加革命，革命多番遭受挫折，陷入低谷，他也多次涉险，但“决非一衣一食之自为计，而在四万万同胞之均有衣有食也。亦非自安自乐以自足，而在四万万同胞之均能享安乐也”①的信念从未动摇。南昌起义后，革命军队溃败，最后只剩3人，仍乐观地说，只有一叶扁舟，也仍要革命。两天一夜的海上艰难行舟，也没有吓退他们，改变他们的信念。正如丁玲说过的：人，只要有一种信念，有所追求，什么艰苦都能忍受，什么环境也都能适应。

理想的实现是一个长期的、曲折和艰苦奋斗的过程，要有坚定的意志，勇于实践、艰苦奋斗是实现理想的根本途径。聂荣臻回国参加革命不久就经历多次失败，如国共两党合作的大革命的失败、南昌起义的失败、广州起义的失败等，但这些失败没有让他丧失信心。20多年的战争路，40多年的科技建设路，他自始至终都在为党为民，正如其临终时说的：“我入党已70年，从未脱离过党的岗位，始终为党和人民的事业奋斗终生。”②所以要实现理想，创造未来，就必须有战胜种种艰难险阻的坚定不移的信心和坚忍不拔的毅力。在实现理想的征途中，遭遇到一点困难、曲折或失败，就灰心丧气、悲观失望甚至动摇理想信念的人，不可能将理想最终变为现实，也不可能体会到实现美好理想的巨大幸福。

青年大学生没有经历或较少经历困苦，意志薄弱，应通过有意识地参加一些活动，如体育锻炼、完成有一定难度的工作等方式，锻炼筋骨，磨砺意志。此外，实事求是、坚持真理、敢于斗争是一种非常可贵的品质。实事求是是一切从实际出发，就是“看问题不要从抽象的定义出发，而要从客观存在的事实出发，从分析这些事实中找出方针、政策、办法来。”③聂荣臻在李立三犯“左”倾冒险主义错误时，没有盲从，而是清醒地认清现实情况，坚持真理，敢于表达意见，终止错误的做法，避免给党造成更大的损失。这种精神值得我们学习。

## 【教学建议】

本案例可应用于《思想道德修养与法律基础》第一章“追求远大理想　坚定崇高信念”和第三章“领悟人生真谛　创造人生价值”的教学，通过案例法、讨论

① 《聂荣臻传》编写组：《聂荣臻传》，当代中国出版社2006年版，第5页。

② 《聂荣臻传》编写组：《聂荣臻传》，当代中国出版社2006年版，第419页。

③ 《毛泽东选集》第3卷，人民出版社1991年版，第853页。

法,理解人生理想的实现需要躬行,艰苦努力。可以结合人生观与价值观的内容展开,人生价值的大小与努力程度有关,应提高能力,为创造更大的人生价值打下基础,努力拼搏创造更大的人生价值;也可用于《毛泽东思想和中国特色社会主义理论体系概论》第一章第四节“实事求是思想路线与马克思主义中国化理论成果的精髓”的学习。

# 4-12

# 叶剑英:云南习武　戎马一生

## 【案例正文】

叶剑英离开东山中学以后,回到雁洋横山,一面在小学任教,一面写信给在马来西亚怡堡的叶宜桐堂兄,要求出洋谋生。1916 年,堂兄叫“水客”带叶剑英经汕头、香港、新加坡,来到马来西亚的怡堡。当时身无分文的叶剑英,两手空空,一贫如洗,可以说是“揹条裤子谋生路,漂零直下七洲洋”。①

在怡堡等待叶剑英的是艰苦、穷困的生活。当时的马来西亚是英殖民主义剁肉板上的一块肉,任人宰割。那时第一次世界大战正打得不可开交。日本帝国主义趁列强在欧洲大战,无暇东顾之机,向袁世凯提出企图灭亡中国的“二十一条”,袁贼也妄图卖国称帝。人民怒不可遏,各地义军揭竿而起,袁世凯忧惧而死,“帝制”成了泡影。漂离祖国的海外生活,使叶剑英直接感受到亡国的痛苦和屈辱。讨袁的胜利,使他看到了人民的力量,激起他的爱国热情。他逐渐认识到:所谓“东亚病夫”是列强加在中国头上的,中国人民只有革命,打倒列强,才有出路。

就在此时,云南讲武堂派人到马来西亚怡堡招生,叶剑英怀着救国救民的愿望,投考讲武堂。1917 年,由堂兄宜桐等人凑足旅费回国赴昆明入学。在讲武堂,他才改名叫叶剑英。

---

① 薛冶生:《叶剑英光辉的一生》,解放军出版社 1987 年版,第 4 页。

云南讲武堂创办于清末时期，是中国近代一所著名军事院校，“黄埔军校的摇篮”，开办于1909年。与创办于1906年的北洋讲武堂（天津）和创办于1908年的东北讲武堂（奉天）并称三大讲武堂。讲武堂在护国讨袁斗争中起了非常积极的作用。云南首举讨袁的义旗，以装备较差之师击溃袁军十万之众，滇军从而声威大震。

讲武堂招收华侨学生是云南督军唐继尧首开其端的。因为华侨对护国讨袁捐款甚多，解决了唐部的经济困难，还捐款建了一座新校舍。为了报答华侨，表示感激之情，唐继尧有意招收华侨学生。当时和叶剑英一同学习的就有80多名华侨学生。当时，讲武堂各期广东华侨毕业生均由孙中山电告云南当局调回广东分配工作。

叶剑英在讲武堂学习期间，学校分步兵、骑兵、炮兵、工兵等科。他学的是炮兵，属第十二期学生。学校的规章制度和课程安排都照搬日本士官学校那一套，教育方式简单粗暴，禁止学生阅读规定以外的书籍和报刊。在这种情况下，叶剑英坚持勤学苦练，还是读了许多军事理论书籍。由于他刻苦用功，所以军事考试、测验或沙盘作业，成绩均属优良，连学校的教官也钦佩他的才干。三年的学习，使他在军事上打下了良好的基础，并成为一名提拔较快的军官。

云南讲武堂恢复陈列后，征集到第一张学员毕业证书，这张华丽又不失庄重的证书上，印着一个熟悉的名字——叶剑英，入学时间是1917年。戎马一生的叶剑英，在几十年的军旅生涯中，这张毕业证始终追随着他。早在东山中学时，叶剑英就以“成则周武三千，败则田横五百”的古语激励自己。他是决心以武报国的，尽管讲武堂的教育方法有束缚性，但对叶剑英仍然是一次难得的习武机会，对他后来的军事生涯产生了重要的影响。

（资料来源：薛冶生《叶剑英光辉的一生》，解放军出版社1987年版；彭建东《十大元帅铁事》，中共党史出版社2004年版。）

## 【思考讨论】

1. 叶剑英云南讲武堂学习经历对他的军事生涯产生了什么影响？

2. 叶剑英云南讲武堂学习经历对我们大学生学好科学文化知识报效祖国有什么启示？

## 【案例解析】

“世事波上舟，沿回安得住。”叶剑英发誓，不要文凭也要做一个有真才实学的人。他回到家乡，一边帮助父母料理小店铺的杂事，一边继续自修学校未学完的课程。这时的叶剑英还一直做着求学深造的梦，但由于父母无力送他去外地读书，这个梦想不能变成现实。后来，他来到马来西亚的怡堡投靠伯父，来到了怡堡才得知伯父们的日子也不好过。就在这时候，云南讲武堂派人到马来西亚怡堡招生，叶剑英怀着救国救民的愿望，投考讲武堂。1919 年 12 月，叶剑英以最优秀的成绩从云南讲武堂毕业。三年的时间虽然只是弹指一挥间，但叶剑英经过奋发努力，学得了丰富的军事理论知识和熟练的军事技术，为日后的军事生涯打下了坚实的基础。学校鉴于他学业优秀，又来自南洋，曾要派他返回南洋去做宣抚特使，招收新的学员。叶剑英不愿从命，追随孙中山的脚步，踏上了回广东故乡的归途。

要把美好的理想变成现实，就需要人们脚踏实地努力奋斗。叶剑英云南讲武堂的求学经历告诉我们：第一，从我做起，从现在做起。美好的未来离不开个人的努力。叶剑英在讲武堂学习期间，坚持勤学苦练，读了许多军事理论书籍，由于他刻苦用功，所以军事考试、测验或沙盘作业，成绩均属优良，连学校的教官也钦佩他的才干。三年的学习，使他在军事上打下了良好的基础，并成为一名提拔较快的军官。每个青少年都应该像叶剑英那样，为实现自己的理想艰苦奋斗，以当家做主的高度责任感，为国家强盛、民族兴旺竭尽全力。第二，必须从现在做起。叶剑英自从进入云南讲武堂学习，就有了实现救国救民理想的土壤，而且身体力行，为将来投身到为民族独立和国家富强的革命斗争中去学好本领。我们现在有的青少年谈起理想不胜激动，但缺乏实际行动。要奔向明天，就必须把握住今天，不要唱《明日歌》。第三，要实干，从身边平凡的小事做起，千里之行，始于足下。饭要一口一口吃，登山要一步一步前进。有的人总想“一步登天”、“一鸣惊人”，而不愿扎扎实实地从平凡的小事做起，这是不对的。小事虽小，但它却是大事之源。

## 【教学建议】

本案例主要是讲述叶剑英从漂离祖国的海外生活中直接感受到亡国的痛苦和屈辱。讨袁的胜利，让他看到了人民的力量，激起他的爱国热情，并逐渐认识到:所谓“东亚病夫”是列强加在中国头上的,中国人民只有革命,打倒列强,才有出路。云南讲武堂求学经历给他提供了可以实现理想的机会。叶剑英云南讲武堂的经历充分体现了理想对未来的向往和追求是立足于现实的,要想实现自己的理想,必须把它转化为实际行动。追求理想的实际行动是理想信念的应有之义。理想信念不是一种封闭的精神状态,而是一种全身心的投入,它总要表现在行动上。离开了追求理想的实际行动,理想也就不成其为理想。而且,只有通过追求理想的实际行动,理想才能化为现实。马克思说过,思想本身不能实现什么,为此还需要掌握实践力量的人。美好的理想若是停留在头脑中和口头上,那它只能是不结果实的花朵。只有实际行动才能体现和确证一个人的理想信念。

本案例可用于《思想道德修养与法律基础》绪论第一节第三目“确立成才目标,塑造崭新形象”以及第一章第三节“架起通往理想彼岸的桥梁”的辅助教学。

# 友爱亲情篇

5-1　毛泽东:父母都不肯孝敬的人,还肯为人民服务吗?

5-2　毛泽东:二十八画生征友启事

5-3　毛泽东和杨开慧:算人间知己吾和汝

5-4　刘少奇:与何叔衡的忘年交

5-5　周恩来和邓颖超:革命伴侣结同心

5-6　朱德:与蔡锷的师友情

5-7　任弼时和陈琮英:“指腹为婚”真爱情

5-8　陈云:苦难之中的真情

5-9　彭德怀:勤劳坚韧释孝行

5-10　贺龙:铁汉也柔情

5-11　陈毅:交友之道贵在“志”

5-12　罗荣桓:言传身教的党代表

# 5-1
# 毛泽东：父母都不肯孝敬的人，还肯为人民服务吗？

## 【案例正文】

毛泽东的父亲叫毛贻昌，字顺生，生于1870年。毛家祖上是贫农，只是到毛顺生时，由于勤俭持家、精明能干，在1915年至1918年间，才逐步走向富裕。为了使家业后继有人，1910年秋，毛贻昌决定送毛泽东去湘潭一家米店当学徒，当时毛泽东爱国求学心切，敦请各位亲戚和老师从中周旋力劝，毛贻昌最终同意毛泽东去湘乡东山小学堂学习，毛泽东由此迈开了人生转折的第一步。这表明毛贻昌并非一味专断之人。1917年之后的几年中，毛家发生了一连串的事情：几次被败兵勒索，又遭强盗抢劫，妻子多年的病痛日益加剧。面对这些困难，毛贻昌咬紧牙关，努力克服困难，继续支撑家业，而且更加关心公益活动。1919年上半年，韶山嘴前的韶河上修筑石拱桥，毛贻昌积极参加修桥义务劳动，并慷慨解囊捐献。据"韶麓桥碑"记载，当年捐献的7个集体和8位个人，共捐银洋108元，一般人家捐一两元，而毛贻昌捐了4元，居个人捐款的第三位。

毛贻昌没有任何不良嗜好和恶习，对自己和家人要求严格。在地方上，有很大的名声和很高的威望，一般人都很尊敬他，都称其为"顺生大阿公"（爷爷俗称）。

毛泽东的母亲叫文素勤（文七妹）[1]，1867年出生在湖南湘乡县（现属韶山

---

① 根据俄罗斯国家社会政治历史档案馆保存的毛泽民代毛泽东填写的履历表，其真名是文素勤，而非此前所称的"文其美"、"文七妹"。

市)凤音四都大坪坳唐家坨一个以务农为业的小康之家,因在同族姐妹中排行第七,故称文七妹。18 岁时与毛泽东的父亲毛贻昌结婚。她中等身材,圆脸庞,宽前额,勤劳俭朴,心地善良,宽厚仁慈,乐于助人,是典型的贤妻良母。每次乞丐上门讨饭,她总是要背着丈夫多给一点。每逢灾荒年月或青黄不接之时,她总是接济乡亲,有时还把节省的粮食,让儿子悄悄送给挨饿的乡亲们。至今,韶山仍然流传着关于毛泽东母亲接济穷人的动人故事。毛泽东在私塾读书时,由于学校离家较远,早出晚归,所以带中午饭去学校吃。有一段时间,他放学回家后老喊肚子饿,吃得特别多。母亲对此感到奇怪,便细细盘问。原来,毛泽东班上有个同学家里很穷,从来没带过饭,他便把自己带的饭分了一半给那个同学吃。她知道后不但没有责备,反而每次都给毛泽东多装一个人的饭。

毛泽东特别崇敬和孝顺母亲。他曾说:"我母亲在乡下,是位有名的善良妇女。她对亲戚、邻居及乡亲们,老是来往密切,和和睦睦,而且特别关心和体贴穷苦的劳动人民。遇到灾年,对那些贫困人家给粮、给物、给钱。父亲不同意这么做,她就背着父亲这样做。"①"我父亲是不赞成施舍的,我家为了这事曾经多次发生争吵。我家分成两'党',一党是我父亲,是执政'党';反对'党'由我、我母亲、弟弟组成。有时甚至连雇工们也包括在内。可是在反对党的'统一战线'内部,存在着意见分歧。我母亲主张间接打击政策。"②"我小的时候……母亲叫我干什么,我就干什么。母亲到哪里去,我总是跟随着她。"③由于操劳过度,积劳成疾,毛泽东的母亲 45 岁时开始身体不好,经常害病,长年在娘家养病。毛泽东虽在长沙读书,却总是利用假期回家探望、服侍母亲。1918 年夏,他从长沙赴北京前夕,十分挂念病中的母亲,特地请人开一药方寄给舅父。第二年春天,他把母亲接到长沙医治,住在蔡和森家,"亲侍汤药,未尝废离"。同时,他还和两个弟弟陪同母亲到照相馆合影留念,这是这位农家妇女一生唯一一次照相。由于病情不见好转,她要求回韶山,于 1919 年 10 月(农历八月)去世,享年 52 岁。毛泽东闻讯悲痛万分,从长沙星夜赶回韶山,他跪在母亲灵前,在昏暗的油灯下,含泪写成了两副泣母灵联:

疾革尚呼儿,无限关怀,万端遗恨皆须补;
长生新学佛,不能住世,一掬慈容何处寻?
春风南岸留辉远;秋雨韶山洒泪多。

接着,毛泽东又以四言古诗式的韵文体写下了《祭母文》:

---

① 胡哲峰、孙彦:《毛泽东谈毛泽东》,中共中央党校出版社 2000 年版,第 13 页。
② 胡哲峰、孙彦:《毛泽东谈毛泽东》,中共中央党校出版社 2000 年版,第 9 页。
③ 胡哲峰、孙彦:《毛泽东谈毛泽东》,中共中央党校出版社 2000 年版,第 12 页。

呜呼吾母,遽然而死。寿五十三,生有七子。七子余三,即东民覃。其他不育,二女二男。育吾兄弟,艰辛备历。摧折作磨,因此遘疾。中间万万,皆伤心史。不忍卒书,待徐温吐。今则欲言,只有两端。一则盛德,一则恨偏。吾母高风,首推博爱。远近亲疏,一皆覆载。恺恻慈祥,感动庶汇。爱力所及,原本真诚。不作诳言,不存欺心。整饬成性,一丝不诡。手泽所经,皆有条理。头脑精密,劈理分情;事无遗算,物无遁形。洁净之风,传遍戚里。不染一尘,身心表里。五德荦荦,乃其大端。合其人格,如在上焉。恨偏所在,三纲之末。有志未伸,有求不获。精神痛苦,以此为卓。天乎人欤,倾地一角。次则儿辈,育之成行。如果未熟,介在青黄。病时揽手,酸心结肠。但呼儿辈,各务为良。又次所怀,好亲至爱。或属素恩,或多劳瘁。小大亲疏,均待报赉。总兹所述,盛德所辉。必秉悃忱,则效不违。致于所恨,必补遗缺。念兹在兹,此心不越。养育深恩,春晖朝霭。报之何时,精禽大海。呜呼吾母!母终未死,躯壳虽隳,灵则万古。有生一日,皆报恩时;有生一日,皆伴亲时。今也言长,时则苦短,惟挈大端,置其粗浅。此时家奠,尽此一觞。后有言陈,与日俱长。尚飨![1]

当时,毛泽东还含着热泪给他同班同学邹蕴真写信,信中言及世界上有三种人:损人利己的人;利己而不损人的人;可以损己而利人的人。而他的母亲则属于第三种人。[2]

由于在毛泽东的回忆和谈话中,他父亲老与他作对,因而推断,毛泽东和他父亲关系不好,感情不深。其实,这只是问题的表面。他们的父子冲突的实质是一代旧人与新人在观念和行为上的冲突,或者说就是他们父子之间的代沟,这并不能否认他们的父子情深。1936 年,毛泽东和斯诺谈话,回忆他的经历时,花了很长篇幅来说他的父亲,足以说明,在潜意识当中,父亲在他心目中是何等重要。1919 年,母亲去世后,毛泽东父亲身体每况愈下,毛泽东便将父亲和堂伯父接到长沙住了一段时间,并在父亲 50 虚岁生日这天(农历九月二十一)请来几个挚友为父亲祝寿,还同弟弟毛泽覃陪父亲、伯父到照相馆照了一张相,这也是毛泽东父亲唯一一次照相。1920 年 1 月(农历十二月),毛泽东的父亲因患伤寒病去世。此时的毛泽东正带领湖南驱张代表团在北京奔波,未能回家奔丧。他万万没想到在 3 个月内,竟丧父母双亲。毛泽民请毛麓钟代毛泽东作泣父灵联:

决不料一百有一旬,哭慈母又哭严君,血泪虽枯恩莫报;

最难堪七朝连七夕,念长男更念季子,儿曹未集去何匆。

这幅挽联,恰如其分地表达了毛泽东痛失双亲的悲恸之情。这年 8 月,毛泽

---

① 《毛泽东早期文稿》,湖南出版社 1990 年版,第 410—411 页。

② 高菊村、刘胜生、陈峰等:《青年毛泽东》,中央文献出版社 2008 年版,第 18—19 页。

东抽时间回到家乡韶山，祭拜父亲灵位。

1959年6月，毛泽东回到阔别32年的韶山。一天清早，他独自来到父母坟前，折了几枝松树枝放在坟上，以寄哀思。他神情肃穆，深鞠三躬，充满深情地轻声说："前人辛苦，后人幸福。"下山后，在参观父母生前住过的卧室时，又说："我父亲得了伤寒病，母亲颈上生了一个包，穿了一个眼，只因为那个时候……如果是现在，他们都不会死的。"

建国后的一天，毛泽东看到身边工作人员的一封家书，曾说："儿行千里母担忧啊！""不孝敬父母，天理难容。""父母都不肯孝敬的人，还肯为人民服务吗？当然不会。"①

（资料来源：胡哲峰、孙彦《毛泽东谈毛泽东》，中共中央党校出版社2000年版；高菊村、刘胜生、陈峰等《青年毛泽东》，中央文献出版社2008年版。）

## 【思考讨论】

1. 毛泽东父母亲对毛泽东产生了怎样的影响，又铸造了毛泽东怎样的人格特征？

2. 当代青年学生应如何孝敬父母？

## 【案例解析】

父母是人生的第一任老师，父母对孩子的影响极大，都说"好妈妈胜过好老师"，"一位好父亲胜过一百个好老师"，说的就是这个道理。

以往对毛泽东父亲毛贻昌的描述中，有不客观、不全面的情况。一些人过多地强调了其"自私"、"刻薄"、"专断"的一面，而忽略了毛贻昌身上许多闪光的品质，比如勤劳俭朴、刻苦耐劳、坚毅强悍、勇于进取、意志坚强、精明能干。毛泽东母亲勤劳俭朴、心地善良、宽厚仁慈、乐于助人和富有同情心，是典型的贤妻良母。毛泽东的家庭是典型的严父慈母家庭，父母亲这些精神品质，无疑对少年毛泽东产生了潜移默化的影响。父亲给他以棱角和阳刚之气，母亲给他以谦和温

---

① 转引自高菊村、刘胜生、陈峰等：《青年毛泽东》，中央文献出版社2008年版，第20页。

厚之情。两种要素结合在一起,造就了毛泽东独步古今、登峰造极的成就。

毛泽东从与父亲多次“斗争”的胜利中,品尝到了胜利果实和甜头,他懂得了坚持和争取自由、反抗压迫的意义;从父亲身上,也学到勤劳、节俭、坚强、勇敢、强悍和不达目的不罢休的个性。正是这种争取自由、反抗压迫、勇于创新、永不知足的精神,使这位韶山冲里的山娃娃,在没有任何历史背景的条件下,奔长沙、赴安源、上井冈、入遵义,指挥红军四渡赤水、走万里长征到达延安,成为人民爱戴的领袖。

正是母亲那种忠厚贤慧、善良慷慨、勤劳俭朴的高尚品德深深地影响了毛泽东的思想和性格,“给了他一副眷爱天下穷苦人的心肠”,母亲成了他人生道路上的第一位引路人。从母亲身上,毛泽东秉承了同情、拯救弱者的品德,造就了他光明磊落、襟怀坦荡、谦虚谨慎、清正廉洁、克勤克俭的高尚品格和一生为民的伟大情怀。他从小立志要“改造中国与世界”,为人民谋幸福。他心里始终装着人民,把全心全意为人民服务作为中国共产党的唯一宗旨。他被称为“人民领袖”,人民高呼他“万岁”时,他却喊出了“人民万岁”的口号。新中国成立后,毛泽东多次寄钱给生活困难的父老乡亲和师友,邀请他们到北京叙旧,设宴款待,赠送礼物。而他自己则一生清正廉洁、生活简朴,内衣内裤依旧是补丁摞补丁,他教育儿女要“夹着尾巴做人”。在人民中间,他始终是那样谦逊、和蔼、可亲。

“不孝敬父母,天理难容”,不仅表达了毛泽东对父母的深深眷念和无限怀念,也是对后人的告诫和警示。在毛泽东看来,一个连父母都不肯孝敬的人,是不可能为人民服务的。

## 【教学建议】

本案例叙述了青少年时代的毛泽东对母亲的祭奠以及对父母的深厚情感,展现了一个有血有肉的男儿失去母亲的那种悲伤和对父母亲的孝敬之情。“百善孝为先”,从一定意义上说,人生最大的遗憾是“子欲养而亲不待”。

本案例可用于《毛泽东思想和中国特色社会主义理论体系概论》第一章第二节“毛泽东思想”和第八章第三节“建设中国特色社会主义文化”以及《思想道德修养与法律基础》第四章第二节“继承和弘扬中华民族优良道德传统”的辅助教学。

# 5-2

# 毛泽东:二十八画生征友启事

## 【案例正文】

毛泽东在湖南省立第一师范读书期间,一方面勤奋学习,努力探求新知,另一方面寻找志同道合的朋友。他深知要救国于水火之中,非有一批有志之士不可,“人非圣贤,不能孑然有所成就,亲师而外,取友为急。”

1915 年 9 月中旬,长沙城内各中等学校传达室门口张贴了一则用古典文体书写的几百字的征友启事:“今日国家正处于危急存亡之秋。政府当局无一人可以信赖。吾人拟寻求志同道合之人,组织团体,其宗旨主要为砥砺品行,研究学术及改造国家。凡对此有兴趣之同学,皆请惠赐大函,俾能约期私下聚谈。嘤其鸣矣,求其友声。”“但有能耐艰苦劳顿,不惜己身而为国家者,修远求索,上下而欲觅同道者,皆吾之所求也。故曰:愿嘤鸣以求友,敢步将伯之呼。今吾辈少年,当承前贤遗志,秉坚忍并书剑,登高山存远志,誓与国家共沉浮!”落款署名为“二十八画生”,通讯处是“第一师范附属学校陈章甫[①]转交”。

征友启事发出后,随即在各校师生中议论纷纷。不少思想守旧的人认为,“二十八画生”是一个神经质的人;有的猜测“二十八画生”是找女朋友,后经陈章甫和一师校长武绍程核实,才知“二十八画生”就是毛泽东,是“毛泽东”姓名繁体的笔画总和。“这是一位救国人才,有志气,有理想,可钦可畏!”

---

① 陈章甫即陈昌,当时在一师附属学校任教员。

第一个应征的是罗章龙,他以署名“纵宇一郎”给“二十八画生”用文言文写了回信,并按约见了面。他们谈了大约两三个小时,内容涉及很广,从治学到人生,从社会到国家,无所不谈,并“愿结管鲍之谊”。紧接着,萧子升应征为友。事实上,毛泽东与萧子升早在东山学堂就认识,只是到了一师才进一步了解,俩人的友谊是“相违咫尺数日,情若千里三秋”。萧子升见毛泽东喜欢读书,还准备将祖辈遗产——经史子集 77 种,无偿赠与毛泽东,被毛泽东婉言拒收,认为“非两百金莫办”。蔡和森也是应征的朋友。由于他们的兴趣、志向基本相同,即“志同”、“道合”,很快便成了挚友。在一师求学期间,他们经常在一起谈论学问、人生、世界、宇宙,共同探求真理,并一起风餐露宿、锻炼身体、砥砺品行。在当时湖南的先进青年中,就以“毛蔡”为表率。一师杨昌济先生曾十分赏识“毛蔡”二人,他临终前写给好友章士钊的信中说:“吾郑重语君,二子(指毛泽东和蔡和森——引者)海内人才,前程远大,君不言救国则已,救国必先重二子。”①

毛泽东的征友启事,由开始的几个人到后来的几十个人响应,团结了一批勤奋好学、不畏艰险、勇于创新、爱国爱民、服从真理的志同道合的朋友,其中主要有罗章龙、萧子升、蔡和森、张昆弟、陈章甫、陈绍休、罗学瓒、何叔衡、萧植蕃(萧三)、邹鼎臣、李维汉、周世钊、何俊贤、陶毅等。毛泽东后来回忆道:“我逐渐地在自己周围团结了一批学生,这批学生形成后来的一个学会的核心,这个学会往后对中国的事情和命运产生了广泛的影响”,“他们没有时间谈情说爱,认为时局是如此危急,求知的需要是如此迫切,没有时间去谈论女人或私人问题”,“我的朋友们和我只乐于谈论大事——人的性质,人类社会的性质,中国的性质,世界,宇宙!”②就这样,他们经常聚在一起研究学术,讨论时政,探索救亡图存之道,一师的君子亭(在一师妙高峰上)边、橘子洲头、爱晚亭里、岳麓山上都留下了他们漫步的足迹和热切救国的身影。以这些人为主体,由毛泽东、蔡和森等人倡导,为共同探讨改造社会、拯救民族的革命,共同创办了湖南省第一个进步青年团体——新民学会。

新民学会发起去国外留法勤工俭学,领导了湖南学生探寻救国救民的道路,开展反帝反封建斗争和驱逐军阀张敬尧的运动、湖南人民自治运动。新民学会中的核心成员大力宣传马克思主义和俄国十月革命的道路,并最终选择了马克思主义。

(资料来源:唐振南、周仁秀《学生时代的毛泽东》,中央文献出版社 2007 年版;高菊村、刘胜生、陈峰等《青年毛泽东》,中央文献出版社 2008 年版。)

---

① 赵志超:《毛泽东一家人》,中央文献出版社 2003 年版,第 452 页。

② 胡哲峰、孙彦:《毛泽东谈毛泽东》,中共中央党校出版社 2000 年版,第 28 页。

## 【思考讨论】

1. 学生时代的毛泽东团结了一群怎样的朋友？这些人对中国革命产生了怎样的影响？

2. 当代青年学生应怎样交友？你从毛泽东的交友中受到什么启示？

## 【案例解析】

青年毛泽东意识到，救国这样的大事业，没有一群志同道合的朋友是不行的。因此，他以“二十八画生”征友，目的非常明确。征友启事的大意是：今日祖国正处在危急存亡之秋，政府当局无一可以信赖，特邀请有志于爱国工作的青年组织团体，砥砺品行，储才蓄能，共同寻求救国之道，并指出结交的朋友是对学问、时政感兴趣，能刻苦耐劳，意志坚定，随时准备为国捐躯的青年。

通过征友，毛泽东身边团结了一批锐意进取、朝气蓬勃和救国救民的有志青年。他们经常促膝长谈，研讨学术，讨论时政，取长补短，不断丰富自身知识，提升个人眼界，为今后从事中国革命斗争奠定了坚实基础。1925 年，毛泽东从上海回湖南开展农民运动，在长沙逗留期间重游橘子洲，回想学生时代与一群志同道合的朋友的情景，便写下了《沁园春·长沙》：携来百侣曾游，忆往昔峥嵘岁月稠。恰同学少年，风华正茂；书生意气，挥斥方遒。指点江山，激扬文字，粪土当年万户侯。曾记否，到中流击水，浪遏飞舟？“百侣”、“书生”都是指他在省立第一师范求学时交到的朋友如蔡和森、陈昌、张昆弟、罗学瓒等，“恰同学少年，风华正茂”、“指点江山，激扬文字”，抒发“主沉浮”的伟大革命理想和宏伟气魄。

作为青年学生，在全面建成小康社会的今天，我们要传承毛泽东等老一辈无产阶级革命家爱国主义的优良传统，将个人理想与国家的前途命运结合起来，培育团队精神，共同为实现中华民族伟大复兴的中国梦而不懈奋斗。

## 【教学建议】

本案例展现了学生时代的毛泽东为寻求救国救民的真理,寻找志同道合的朋友,携手共谋救亡图存大计的迫切心情,通过征友,在他身边聚集了一大批志同道合的朋友。后来,毛泽东用《沁园春·长沙》一词描述了这段时光,这对我们今天青年学生的成长成才有深刻启示。

本案例可用于《毛泽东思想和中国特色社会主义理论体系概论》第一章第二节“毛泽东思想”、《思想道德修养与法律基础》绪论第一节“适应人生新阶段”和第一章第三节“架起通往理想彼岸的桥梁”的辅助教学。

# 5-3
# 毛泽东和杨开慧:算人间知己吾和汝

## 【案例正文】

1913年至1918年,毛泽东在湖南省第一师范求学期间,经常和蔡和森等一些进步同学到“板仓杨寓”(杨昌济家)学习和讨论各种问题。杨昌济和毛泽东之间师生关系特别融洽,经常无拘无束纵谈天下大事,毛泽东那壮怀激烈的谈吐和远大的理想及广博的学识,给杨先生的女儿杨开慧留下了深刻的印象。杨开慧也参与到毛泽东他们的学习和讨论中,还常常把自己写的学习笔记和日记送给毛泽东看。就这样,他们从相识到相知,在不知不觉中交往了5年。1918年夏,已出任北京大学教授的杨昌济向北大图书馆馆长李大钊推荐,让毛泽东到图书馆任管理员,毛泽东与杨开慧交往日趋频繁。毛泽东经常把进步书报及自己写的日记、学习笔记给杨开慧阅读,俩人还一起漫步北海,游览故宫,议论时政,彼此的了解加深了。1919年3月,毛泽东为送留法青年,离开北京,抵达上海,之后又回到湖南。在离别的日子里,毛泽东与杨开慧在书信中表白各自的内心,并正式建立了恋爱关系。后据毛泽东回忆:“我在这里还遇见而且爱上了杨开慧。”①

1920年1月17日,杨昌济在北京溘然长逝。毛泽东以半生半婿的身份与杨开智、杨开慧兄妹一起守灵,并发起募捐,抚恤遗属,料理后事。杨开慧全家回到

① 胡哲峰、孙彦:《毛泽东谈毛泽东》,中共中央党校出版社2000年版,第31—32页。

长沙后，杨开慧进入福湘女中学习，她热情宣传反帝反封建的新思想，并发表文章猛烈抨击封建礼教和封建道德。1920年7月，毛泽东从上海回湖南，从事创建中国共产党的活动。杨开慧不顾家里的困难，动员母亲把父亲去世时同事送的祭奠费，捐献一部分给毛泽东用作革命活动经费。经过两年多自由而甜蜜的热恋，1920年冬，27岁的毛泽东与19岁的杨开慧在长沙结婚了。他们没坐花轿没拜堂，没戴凤冠没请客，没有"俗人之举"。这在当时是惊世骇俗，在周围人中引起很大反响，两人的婚姻也被誉为"理想的罗曼蒂克"。

婚后的生活幸福而甜蜜，但毛泽东并没有过多地沉溺于儿女情长之中，他的心里牵挂着整个中华民族的复兴。投身革命的毛泽东无论走到哪里，都惦念着爱妻杨开慧。从毛泽东写的《虞美人·枕上》一词中，就可看出他对杨开慧那份真挚情感和刻骨思念，词曰：

堆来枕上愁何状，
江海翻波浪。
夜长天色总难明，
寂寞披衣起坐数寒星。
晓来百念都灰尽，
剩有离人影。
一钩残月向西流，
对此不抛眼泪也无由。

杨开慧也深深地爱着毛泽东。1930年她被捕前就做了最坏打算，把她与毛泽东相识、相知到相爱的心路历程写下，塞在老家的砖缝中。她这样描述："不料我也有这样的幸运！得到了一个爱人，我是十分的爱他，自从听到他许多的事，看见了他许多的文章、日记，我就爱了他"，"一直到他有许多的信给我，表示他的爱意，我还不敢相信我有这样的幸运"，"自从我完全了解他对我的真意，从此我有一个新意识，我觉得我是为母亲而生之外，是为他而生的……假如他被敌人捉着去杀，我一定同他共这一个命运！"[①]1983年，当地政府修缮板仓旧宅时，人们发现了杨开慧藏在砖缝中的这封没有寄出的感人至深的情书。

毛泽东与杨开慧志同道合、心心相印，婚后不断往返奔波于长沙、广州、上海、武汉等地从事革命活动。1922年10月，长子毛岸英出生，不久又先后生下次子毛岸青、小儿岸龙（后下落不明）。期间生活和工作的负担都压在杨开慧身上，几多艰辛几多委屈，毛泽东由于革命任务在身根本无法分担，但他内心里充满了自责，便把满腹的离愁别绪凝聚成一首婉约词（在毛泽东的词作中，多是豪

---

① 王华、李林：《毛泽东与杨开慧》，中央文献出版社2007年版，第50—53页。

放派的,婉约词难得一见,可见用意之深,作者注)——《贺新郎·别友》(1923年):

挥手从兹去,
更那堪凄然相向,
苦情重诉。
眼角眉梢都似恨,
热泪欲零还住。
知误会前番书语,
过眼滔滔云共雾,
算人间知己吾和汝。
人有病,天知否?

今朝霜重东门路,
照横塘半天残月,
凄清如许。
汽笛一声肠已断,
从此天涯孤旅。
凭割断愁丝恨缕。
要似昆仑崩绝壁,
又恰像台风扫寰宇。
重比翼,和云翥。①

"算人间知己吾和汝",杨开慧理解丈夫。1924年6月初,杨开慧和母亲带着毛岸英、毛岸青从长沙来到上海,一面照顾毛泽东的生活,一面做党的工作。她整天收集整理文件,摘录资料,誊写文稿,"重比翼,和云翥"。1925年2月,杨开慧带着岸英、岸青陪同毛泽东回韶山。她一边照料毛泽东父子的生活,一边深入群众,创办农民夜校,还协助毛泽东创建了中国共产党在农村最早也是最坚强的支部之一——中共韶山支部,成立了公开的群众性革命组织"雪耻会"。1926年,毛泽东夫妇带着孩子来到广州,举办农民运动讲习所,杨开慧担任联络工作,与毛泽东并肩战斗。之后,又离开广州回长沙再到武汉。由于革命形势的变化,1927年8月30日,毛泽东派人送杨开慧和3个孩子回到板仓老家。临别时,两人依依惜别,毛泽东再三叮嘱杨开慧要好好照顾母亲,带好孩子,要多参加农民运动。然而,毛泽东和杨开慧谁也没有料到,这次分手竟成了两人的永诀。1927

① 转引自王华、李林:《毛泽东与杨开慧》,中央文献出版社2007年版,第98—99页。

年10月,毛泽东率秋收起义部队上了井冈山,由于政治环境险恶,关山远隔,夫妻俩从此就断了联系。在毛泽东的领导下,井冈山革命根据地不断发展壮大。红军曾两度攻打长沙,湖南省主席何健以捉拿毛泽东的妻子杨开慧进行报复。1930年10月的一个下午,杨开慧被捕,她带着毛岸英在监狱里接受种种酷刑,但她坚贞不屈,大义凛然地对穷凶极恶的敌人说:“砍头只像风吹过!死,只能吓胆小鬼,吓不住共产党人!”“我死不足惜,愿润之的事业早日成功!”敌人引诱她:只要登报声明,宣布与毛泽东脱离夫妻关系,就马上放她回去。然而,敌人的算盘落空,杨开慧斩钉截铁地说:“要砍要杀由你们,想让我与毛泽东脱离夫妻关系,除非海枯石烂!”1930年11月14日,杨开慧被反动派枪杀于长沙市浏阳门外识字岭,年仅29岁。

毛泽东在中央苏区(江西)得知杨开慧壮烈牺牲的噩耗后,立即写信给她的亲属杨开智,表示沉痛的哀悼,信中说:“开慧之死,百身莫赎。”并寄上悼文和钱,以3个孩子的名义,为开慧立碑,上书:“毛母杨开慧墓　男岸英　岸青　岸龙刊　民国十九年冬立。”

1957年,毛泽东写下《蝶恋花·答李淑一》一词,他把曾同他患难与共的妻子比作“骄杨”,热情赞颂杨开慧等烈士的革命精神。1962年,章士钊向毛泽东请教“骄杨”一词寓意,他感慨说:“女子革命而丧其元(头),焉得不骄?!”毛岸青、邵华夫妇请求父亲把《蝶恋花·答李淑一》手书给他们,毛泽东当即答应,略作沉思,顷后,挥毫写道:“我失杨花君失柳……”岸青、邵华还以为是父亲笔误,询问道:“爸爸,不是‘骄杨’吗?”毛泽东说道:“称‘杨花’也很贴切。”

(资料来源:王华、李林《毛泽东与杨开慧》,中央文献出版社2007年版。)

## 【思考讨论】

1. 毛泽东是如何处理婚姻与事业的关系的?你从中受到怎样的启示?
2. 当代大学生应该树立怎样的婚恋观?

## 【案例解析】

青少年时期的毛泽东勤奋好学、心忧天下,有宏伟抱负及出色的才华,深深吸引了书香门第出身而又聪颖好学的杨开慧，他赢得了杨开慧的芳心，得到了人间最美好的爱情。毛泽东将爱情深深融入他的事业中，《虞美人·枕上》一词展现了一代伟人毛泽东年轻时对妻子的深情和极其丰富的感情世界，但为了实现其宏伟抱负不得不放下儿女情长。一首《贺新郎·别友》既表达了对杨开慧无私奉献、坦荡胸怀的由衷赞美，寄寓了毛泽东对她的殷殷爱意，又表达了为实现他的理想和抱负，为了革命而四海为家、不怕天涯孤旅的情怀。昂扬的革命激情和缠绵的儿女柔情融洽地聚合在一起，给人以浑然一体的深切感受。他在爱情与事业之间，作了最完美的选择，双双比翼齐飞，同翱翔于浩如烟海的天宇之间。

为了中国人民的解放事业，毛泽东牺牲了婚姻、家庭和个人的幸福。当他听到心爱的妻子牺牲时写下的“开慧之死，百身莫赎”，如此悲痛欲绝、字字千钧的绝响，其情之深，其悲之切，其中还可能包括自我责备之烈，更可能是对敌人凶残暴行痛恨之烈，日月可鉴。1957 年 2 月，杨开慧当年的好友、柳直荀烈士的夫人李淑一写信给毛泽东，请求抄寄毛泽东 1920 年写给杨开慧的那首《虞美人·枕上》。李淑一的来信，又一次掀起毛泽东内心世界那难以平息的波澜，他又满怀深情地写下《蝶恋花·答李淑一》。在这首词中，毛泽东向苍天倾泼其对杨开慧的眷恋、思念之情，调遣月宫嫦娥舒展广袖，在万里长空为杨开慧、柳直荀等千万忠烈翩翩起舞。这是何等的大爱、深爱！他痛失“骄杨”，是永远无法弥补的损失，更加坚定了他把全部精力投入到伟大的事业中去的信念。

## 【教学建议】

本案例叙述了毛泽东与杨开慧纯洁、真挚感人的爱情，展现了一代伟人毛泽东在青少年时期对美好爱情的向往与追求，表现了其侠骨柔情的一面，更重要的是表现了他心忧天下，心系百姓，舍小家为大家的爱国情怀。杨开慧是毛泽东的忠实伴侣与得力助手，她把自己融入毛泽东“改造中国与世界”的事业中，甚至为这一事业献出了年轻而又宝贵的生命。

本案例可用于《毛泽东思想和中国特色社会主义理论体系概论》第一章第二节“毛泽东思想”、《思想道德修养与法律基础》绪论第一节“适应人生新阶段”和第三章第一节“树立正确的人生观”、第二节“创造有价值的人生”的辅助教学。

# 5-4
# 刘少奇：与何叔衡的忘年交

## 【案例正文】

1916 年 6 月，刘少奇从湖南省宁乡县玉潭学校毕业后，在家里只待了十几天。一天夜里，他与 3 名好友日夜兼程，步行去长沙。

一路上，他们大声唱歌、轮流讲故事，谈天说地，谈理想，谈抱负。不知不觉，第二天清晨便到了长沙的湘江渡口。刘少奇一行乘渡船过了湘江，穿过熙熙攘攘的街巷，到宁乡寄宿舍安排住宿后，便去寻找要报考的学校。湖南省立第一师范是当时长沙最好的学校之一，对刘少奇也充满吸引力。但他没有选择这里，因为他想读完中学后远离家乡报效祖国，而当时规定湖南省立第一师范学生毕业后必须在本地当几年教师。这样，他与正在此学习的毛泽东擦肩而过。

在当时的长沙有一所小巧玲珑、充满浓厚乡土气息的学校，这就是以培养宁乡籍学生为主的驻省宁乡中学。这所学校的校长就是原来宁乡县玉潭学校的校长、刘少奇所敬重的黄锡类老师。到长沙的第二天，他们便去探望了黄老师。得知他们的打算后，爱才心切的黄老师亲自来到刘少奇的宿舍，极力劝说他去驻省宁乡中学读书。于是，他决定再度在黄锡类先生门下深造。

刘少奇刚进入驻省宁乡中学，省城长沙爆发了一场“驱逐汤芗铭”的运动。汤芗铭是袁世凯复辟帝制的忠实走狗。1913 年，袁世凯以“查办使”的名义派汤芗铭来湖南充任督军，后又被袁世凯加封为“靖武将军”。汤芗铭在湖南的统治可谓罪孽深重,有“汤屠户”之称。1916 年 2 月,他以极其残忍的手段将参加讨袁斗争的革命党人杨王鹏等 42 人杀害后,割下他们的头颅、悬挂在长沙各城门示众。袁世凯死后,汤芗铭依然盘踞在湖南。1916 年 7 月,湖南省护国军总司令程潜率部在宁乡县道林镇大败汤芗铭的“模范营”;谭延闿所属的另一支护国军也在向省城长沙进发。长沙各界群众为配合护国军的进攻,正酝酿着一场驱逐反动军阀汤芗铭的风暴。

程潜的护国军进入长沙后,公告了汤芗铭的十大罪状。此后,以长沙为中心的湖南各界人民的驱汤斗争形成高潮。刘少奇和宁乡中学的同学一起汇入了这股斗争的洪流。

这是刘少奇进入驻省宁乡中学的第一课。在一次游行示威中,刘少奇和贺执圭等几名同学带领队伍来到汤芗铭的将军府。他们不顾卫兵的阻拦,高呼“汤芗铭滚出去”的口号,冲进大门。结果,刘少奇和带头冲进去的部分学生被卫兵关押起来。这如同陷入虎口,情况十分危急。心如火燎的黄锡类校长为了营救刘少奇和其他被关押的学生,四处奔波,或托人或出面交涉。当时长沙不少知名人士都参加了营救工作,其中,就有何叔衡。

何叔衡,1876 年 5 月 27 日出生在湖南宁乡里的杓子冲,大刘少奇 22 岁。1902 年,遵照父亲的意愿参加科举考试,中了秀才。然后,在乡里当起了私塾先生。何叔衡为人正直,严于律己,乐于助人,不媚权势。1906 年,宁乡遭受旱灾,路上灾民四处可见。官绅们不但不对灾民施以救济,反而严厉镇压了排队索粮的饥民。义愤填膺的何叔衡邀集了好友谢觉哉、姜梦周、王凌波、夏果雅和堂弟何梓林结为“见义勇为,替穷人打抱不平”的盟兄。一次,何氏祠堂的长工余某,拿了祠堂一点谷给耐不住饥饿的孩子做饭,被族长抓住要沉塘。何权衡带着盟兄弟闯进祠堂,将这位长工救了出来。造反的秀才,引起了封建家族极大的震惊,也因此博得人们的尊敬和爱戴。1913 年,为了追求新学,已 37 岁的何叔衡毅然弃旧图新,考入长沙第四师范(后并入第一师范)当了一名“大”学生。在此学习期间,他结识了比他年少 17 岁的毛泽东。这对忘年交志趣相投,经常深入研讨救国救民的深刻道理。1914 年 7 月,他受聘于长沙楚怡学校,任主任教员。期间,与毛泽东保持着密切的联系。1915 年,在新文化运动的启示下,他和毛泽东等人开始了长达两年的建立新的革命团体的酝酿活动。

何叔衡在宁乡教书期间,与刘少奇的老师梅冶成交情甚笃。刘少奇来长沙考学之前,梅冶成特地为他向何叔衡写了一封介绍信,希望何叔衡能够帮助到长沙求学的刘少奇。到长沙后,刘少奇通过梅冶成的这封信认识了何叔衡。他们第一次见面时,虽然这位满脸络腮胡子的何叔衡长刘少奇一辈,但两人谈得十分投机。他们谈人生、谈个人志向、谈当时的护国斗争,进而谈到湖南的治理建设。

在谈话中,何叔衡得知刘少奇在宁乡和长沙积极参加了反袁驱汤斗争,对他大加赞赏,鼓励他说:“你们大胆地干,闹出了是非,我来帮你们说话。”第一次见面,何叔衡和蔼可亲、热情向上、勇于追求真理的风范在刘少奇心中留下了深刻的印象。

何叔衡得知刘少奇被俘的消息后,也立即投入了营救工作。在多方的努力下,刘少奇和其他被抓的同学终于又回到了课堂。当刘少奇得知何叔衡参与营救自己的情况时,对正直热诚的何叔衡的敬佩与感激之情油然而生。虽然刘少奇学习十分紧张,与何叔衡不在同一个学校,但他还是抽出极宝贵的时间去拜访何叔衡。为数不多的几次交往,尤其这次营救行动,使两人的友情非同寻常。这段友情,也是他们在5年后并肩战斗直至成为最亲密战友的坚实基础。

1920年6月,刘少奇从育德中学留法预备班毕业,本来准备去法国勤工俭学。当时,湖南成立了“俄罗斯研究会”、“社会主义青年团”,实际负责人是毛泽东、何叔衡等。经人介绍,刘少奇加入了社会主义青年团。这时,正好陈独秀在上海准备输送一批青年到俄国去学习马克思主义和十月革命经验,刘少奇便以进步青年的身份来到上海,不久后即赴苏俄留学。

1922年春,刘少奇从俄罗斯回到上海。7月,中共中央机关派他回湖南工作。当时,湖南已有毛泽东、何叔衡、李立三、易礼容、夏明翰、郭亮、李六如等一批共产党人。在中共湘区执行委员会办公地,刘少奇多次与何叔衡开会分析形势、研究与部署工作。8月17日,湖南各公团联合会成立,选举刘少奇等为湖南公团联合会的干事。为周密领导粤汉铁路工人罢工,中共湘区执行委员会派何叔衡去武汉与湖北党组织联系,派刘少奇到长沙沿线组织配合。9月9日,粤汉铁路长沙段(岳州—长沙—株洲)2 400多名工人全线罢工。正当粤汉铁路大罢工风起云涌,刘少奇受派去指导安源路矿大罢工。

在紧张的并肩战斗中,刘少奇与何叔衡这对忘年交结成了深厚的革命友谊。

(资料来源:胡长水等《一个伟人的奋斗与命运》,中共党史出版社2001年版。)

## 【思考讨论】

刘少奇与何叔衡为什么能够结成深厚友情?

## 【案例解析】

何叔衡参加晚清的科举考试并中了秀才，又曾任私塾先生，但他不似别的遗老遗少。他为人正直，不媚权势，接受新观念新知识，37 岁还报考当时新式学校。他是当时的热血青年，有理想的知识分子。

何叔衡出生于 1876 年，长刘少奇 22 岁。为什么刘少奇与何叔衡之间能够产生深厚的友谊呢？一般来说，忘年交友谊的产生是基于两人志趣相投、相互欣赏。刘少奇与何叔衡之间能够产生深厚的友谊，是基于两人均有救国救民、改造旧中国的伟大抱负。

## 【教学建议】

本案例是刘少奇这位政治家与马克思主义理论家青少年时代的成长事迹。与常人一样，任何伟大人物的人生旅途是在一定的环境中形成。刘少奇与何叔衡结成的深厚革命友情成为孕育刘少奇救国救民伟大抱负这一人生环境的亮丽风景。

本案例可用于《思想道德修养与法律基础》第三章第三节“科学对待人生环境”的辅助教学。

## 5-5
## 周恩来和邓颖超：革命伴侣结同心

### 【案例正文】

周恩来、邓颖超毕生为中国人民解放事业和人类进步事业奋斗，是著名的革命家。他们又是举世公认的模范夫妇。

周恩来和邓颖超的婚姻完全是自主和自由的，是在互相恋爱的基础上结合而成的。邓颖超出生于旧社会的武官家庭，从小就饱尝了重男轻女思想的苦头，自懂事起就渴望男女平等，祈求妇女解放。周恩来出生于旧社会的文官家庭，尝够了封建没落家庭败落时的艰辛。他目睹了国家的残破，人民的疾苦，少年时便立志为中华之崛起而读书、奋斗。邓颖超与周恩来在天津相识于五四运动的惊涛骇浪之中，他们一起在天津发起组织早期青年革命斗争组织"觉悟社"，还一起率领青年学生参加反帝反封建的游行示威。共同的志向一步一步地加深了他们之间的战友情谊。

年仅15岁的邓颖超在担任天津女界爱国同志会的讲演队长时洒脱的演说、流利的口齿、博学的才能、透彻明快的说理和她那一往无前的勇敢精神等使年轻的周恩来由衷地敬佩。1920年1月29日，周恩来在领导天津各校数千学生赴直隶省公署请愿时，被警察厅长杨以德无理拘捕。邓颖超等自带铺盖前往天津警察厅，要求代替入狱。邓颖超的义举、周恩来不屈不挠的斗争精神，这种为了革命目标前赴后继，生死与共的共同追求犹如一根无形的纽带紧紧地把他们联系在一起，也牢固地奠定了他们革命友谊的基础。

当然,周恩来、邓颖超的青年时代还处于半封建半殖民地的旧中国,为了寻求救国救民的真理,他们那时还顾不上谈情说爱。

1920年,周恩来远渡重洋,赴法勤工俭学。邓颖超因路费无着,未能成行,到北京当小学教员。周恩来到了欧洲,没有进学校读书,而是埋头研读马克思主义书籍,实地考察欧洲各国情况,探求救国救民的办法。他经常给邓颖超任编辑的《觉邮》写文章。为此,鸿雁传书,和邓颖超一直保持着联系,他们谈论国家和民族的命运,人民大众的疾苦,中华民族的腾飞等问题。彼此都建立了共同的革命理想,要为共产主义奋斗。1923年,邓颖超收到周恩来一封不同往常的信,明确地提出要把两人的关系从友情发展到爱情。

显然是周恩来采取了主动。周恩来为什么选择了邓颖超？新中国成立以后,周恩来有一次在家中同侄女谈家常,谈到他的婚姻时,道出了真情:在旅欧期间他曾经有一个比较接近的女朋友,那是个漂亮的姑娘,对革命也很同情。但是,“当我决定献身革命的时候,我就考虑,作为一个革命者的终身伴侣,必须也能一辈子从事革命。”他所需要的是一辈子从事革命,能经受得了“革命的艰难险阻和惊涛骇浪”的伴侣,“我是这样选择了你们的七妈(指邓颖超)的”。①

周恩来逝世后,邓颖超缅怀周恩来,以对周恩来说话的口吻,说道:“……遥想当年,有一次我突然接到你寄给我的印有李卜克内西和卢森堡的明信片,你在明信片上写了‘希望我们两个人,将来就像他们两个人那样,一同上断头台。’我们之间谁也没计较谁的相貌,计较性格有什么差异。为共产主义的理想奋斗,这是最可靠的长期相爱的基石和保证。”②一对热血青年,其思想受了国际国内新思潮的影响,彼此走上了共同的道路。这使他们的感情不只是相爱,而是升华到革命,为理想共同奋斗的坚定信念。这是周恩来、邓颖超相爱的最可靠基础。

1925年8月8日,周恩来和邓颖超结为夫妇。不需要证婚人、介绍人,没有仪式,更没有讲排场。一些旧风习,在他们的婚礼上被彻底清除。要求民主,要求革新,要求革命,使他们紧密地结合在一起。他们的爱情在长达半个世纪的磨砺中,折射出恒久永远、灿烂夺目的光彩。

(资料来源:孟宪龄、谢燕《周恩来和邓颖超的婚姻与家庭》,《党史纵横》2004年第3期;秦九凤《落英缤纷沃中华——周恩来逸事》,中央文献出版社2001年版,第32页。)

---

① 易飞先、孙月霞:《周恩来传奇》,人民日报出版社1993年版,第346页。

② 张颖:《周恩来与邓颖超》,东方出版社2005年版,第354页。

## 【思考讨论】

1. 共同的理想信念在周恩来、邓颖超的爱情婚姻中起什么作用?
2. 周恩来、邓颖超的爱情故事对引导大学生树立正确的婚恋观有什么重要启示意义?

## 【案例解析】

志同道合是建立稳固的家庭关系的根基,探索周恩来婚恋观的关键,在于抓住爱情婚姻与周恩来和邓颖超所献身的共同事业的关系。1950 年代中期,周恩来在教育晚辈正确对待恋爱和婚姻问题时说:“你们的终身大事应该由你们自己选择,自己决定。人们为了反对包办婚姻,要求婚姻自由、恋爱自由,奋斗了几十年。在新中国,你们得到这种权利,你们是幸福的。但也可以听听旁人的意见。”接着,他就讲了自己同邓颖超定情的经过:“当我决定献身革命的时候,我就考虑,作为一个革命者的终身伴侣,必须也能一辈子从事革命,应该选择一个能够经受得住革命的艰难险阻和惊涛骇浪的人作为伴侣,共同战斗。我是这样选择了你们的七妈(即邓颖超)的。接着,就和她通起信来了。我和你们七妈在共同的斗争和长期的通信中,相互了解的基础是坚实的,是共同的革命理想和不畏艰险的奋斗精神把我们紧紧地连接在一起的。”①周恩来的这一段话包含了三层含义:其一,周恩来对爱情和婚姻的郑重追求和选择,是经过了长期的理性思考,稳固的基础、相同的理想和信念,将周恩来和邓颖超的一生紧紧联系在一起;其二,周恩来认为对待爱情和婚姻必须始终如一,忠诚不二,一旦认定必须携手一生;其三,在婚姻爱情和无产阶级革命事业之间的关系上,周恩来始终将党和国家的利益放在首位。正是这种理智的倾斜,使两位无产阶级革命家的旷世爱情融入了人民的长远利益和根本利益之中,他们的爱情和婚姻也因此长久和稳定,获得了永恒的意义。

邓颖超与周恩来的婚恋观是完全一致的,她曾在天津的《女星》旬刊上发表文章说:“两性的恋爱,本来是光明正大的事,并不是污浊神秘的。但它的来源,

① 易飞先、孙月霞:《周恩来传奇》,人民日报出版社 1993 年版,第 346 页。

须得要基础于纯洁的友爱，美的感情渐馥渐浓，个性的接近，相互的了解，思想的融合，人生观的一致。此外，更需两性间觅得共同的‘学’与‘业’来维系着有移动性爱情，以期永久。这种真纯善美的恋爱，是人生之花，是精神的高尚产品，对于社会，对于人类将来，是有良好影响的。”她的这一番对人生恋爱婚姻方面的论述可以说是精辟透彻，为我们揭示了婚恋的真谛。①

1946 年，周恩来和邓颖超在参加革命同志婚礼时，提出他们总结的完整的夫妻“八互”精神，作为最好的贺礼，即“互敬、互爱、互信、互勉、互助、互让、互谅、互慰”，这是周恩来和邓颖超在长期夫妻生活中不断积累的爱情真谛，也是他们夫妻之间爱情之花盛开不败、愈开愈鲜艳的奥秘所在。“模范夫妻”的称号他们是当之无愧的。

## 【教学建议】

本案例主要讲述的是无产阶级革命家周恩来、邓颖超革命伴侣永结同心的故事。他们的爱情和婚姻基于共同的理想信念，无时无刻不与革命事业密切相连，在长达半个世纪的岁月里，忠贞不渝，历久弥坚，是后人心目中高大的精神丰碑和中华民族精神宝库的珍贵遗产。

本案例可用于《思想道德修养与法律基础》第一章第一节第一目“理想信念的含义与特征”和第七章第三节第一目“恋爱、婚姻家庭中的道德规范”的辅助教学。

① 秦九凤:《落英缤纷沃中华——周恩来逸事》，中央文献出版社 2001 年版，第 34 页。

# 5-6
# 朱德：与蔡锷的师友情

【案例正文】

抗日战争时期，朱德在一次讲课时曾说过这样一段话：我一生中有两个老师，一个是蔡锷，一个是毛泽东。参加共产党以前，我的老师是蔡锷，他是我黑暗时代的指路明灯；参加共产党以后，我的老师是毛泽东，他是我现在的指路明灯。

蔡锷何以成为朱德的老师和指路明灯，他们之间有着怎样的人生交往与情谊？这一切，还得从辛亥革命到来之前的岁月谈起。

1908年末，在四川仪陇老家任高等小学堂体育教习兼庶务的朱德，在和封建势力作斗争的过程中，深感办教育的无力，于是他辞去教职，决定弃文从武。离开仪陇前，朱德写了一首诗赠诸亲友，以明心志：

志士恨无穷，孤身走西东。

投笔从戎去，刷新旧国风。

1909年夏天，朱德到正在举办新军的云南投考云南陆军讲武堂。初次报考，未被录取，只好选择到川军步兵标当。不久，升任为队部司书。经标统罗佩金推荐，再次报考，乃被录取，入丙班步兵科。云南陆军讲武堂是仿照日本士官学校而创办的一所地方性军事学校。它的课程设置严格，老师多为日本士官学校毕业的学生，是当时中国比较先进的军事学校。朱德进讲武堂之后，刻苦学习基本军事学科和应用军事学科，成绩优异。在这期间，他秘密加入了同盟会，主张奋发自励，富国强兵，还经常与同学讨论怎样发动革命起义。

1911年初,27岁的蔡锷应云贵总督李经羲之邀,出任云南新军第十九镇第三十七协协统,并兼任云南陆军讲武堂教官。作为老师的蔡锷与作为学生的朱德就这样在讲武堂相识了。蔡锷在讲武堂很受学生欢迎,朱德也非常佩服这位只比自己大4岁的教官。在朱德的眼里,蔡锷是一位典型的知识分子,体弱面白,为人沉静,态度庄重,对待自己和学员都很严格。

蔡锷的司令部就设在讲武堂内,朱德勤学好问,经常在课余时间去向蔡锷求教。蔡锷的办公室堆满了当时的进步书籍和报纸,朱德通过阅读这些最新式的书籍为自己打开了一片新的天地,其中那些振聋发聩的新观点对他的思想产生了激烈而深远的影响。而作为老师的蔡锷,性格冷静持重,不轻易显露声色。他虽然经常借书借报给朱德看,但他却从不表露自己的观点,就是在自己的讲义中也从不注入革命思想,但他又在暗中和同盟会保持着联系。这份沉着,对讲武堂的革命活动起了很好的掩护作用,赢得了朱德的崇敬。他认为蔡锷充满了天才的智慧,是当时最出色、最富潜力的领导人之一,拥有与生俱来的组织和行政天才。虽然之前的人生轨迹多有不同,但在讲武堂内朝夕相处的经历和精神共鸣,使蔡锷与朱德的师生之谊在革命到来之前逐渐成熟起来。

1911年8月,云贵总督李经羲惧怕革命势力在讲武堂学生中发展,于是下令特别班学员提前毕业,朱德被分配到蔡锷所部第七十四标第二营左队,以见习生资格当副目,没几天又当上了司务长,同时按同盟会组织指示秘密组织第二营和云贵总督衙门卫队的士兵运动。

10月10日武昌起义的消息传到云南之后,蔡锷同云南新军中的同盟会骨干加紧筹划昆明起义,响应武昌。而朱德与同盟会云南支部也积极参加了起义的准备工作。由于被人告密,10月30日晚9点,起义提前发动。经过一夜的战斗,黎明之时,起义胜利。朱德俘虏了云贵总督李经羲(后由蔡锷礼送出境)。不久,大理、临安的新军也相继起义,各地的巡防营被陆续肃清,云南全省宣告光复。

11月1日,云南军都督府成立,蔡锷被推选为都督。他虽然不是同盟会员,却暗中参与了起义的策划工作,担任起义军的总指挥,立下了不朽的功勋。1942年10月10日,朱德在《解放日报》上发表《辛亥回忆》一文追述了蔡锷的功绩:“云南革命运动,当时是由蔡松坡、李根源、罗佩金三位共同领导的,尤其使人永远不能忘怀的是当时的蔡锷将军……他十分沉着,他利用他的地位给予革命运动以很好的掩护。他是辛亥前后云南革命运动和起义的掌舵人。”

云南辛亥革命的胜利,震慑了腐朽的清王朝。清政府加紧向革命力量反扑。署理四川总督赵尔丰还拥有相当大的军事力量,仍在血腥地镇压四川人民。于是,云南军政府决定遣师北上,援助四川起义军。部队由昆明分左、右两路北上。

朱德随左路在第二梯团任排长,他牢记蔡锷"古今名将用兵莫不以安民爱民为本"的教诲,严令部队执行蔡锷颁发的五条训令:守纪律、爱百姓、戒贪幸、勤操练、敦友爱。一路纪律严格,不敲丁税,也拒绝人家的送礼。不久,四川宣布独立,军政府在成都成立,云南援川军返回云南。在庆功大会上,蔡锷赞扬朱德在云南辛亥革命和援川战斗中"指挥有方,战功卓著",特授予朱德"援川"和"复兴"两枚勋章,还晋升他为少校。蔡锷用人重德才,而朱德为人诚实、忠厚,做事坚韧、勇毅,深得蔡锷赏识。

当时,蔡锷领导下的云南军政府在政权内部进行了一些改革,他体恤军民,革新人事,提倡节俭,这些新的建树,给朱德留下了很深的印象,也在潜移默化中影响着朱德。朱德后来回忆说:"蔡松坡是很节俭的,所以一般军官也节省,营长以上的军官一律是60元,整个云南的军官都是这样……蔡松坡干了两年,很好。主要的就是能够搞出一个廉洁的政府来,军队真正看做是国家的军队。"这些初步的改革,不仅增强了朱德对蔡锷的信任,而且在他心中对国家的未来燃起一股新的希望。蔡锷与朱德之间的友谊经过革命战火的洗礼也更加稳固和默契。有的时候,蔡锷还会特意找朱德谈话,不仅问他自己的事,还关心他的家庭。

辛亥革命的果实很快被袁世凯窃取。为了防备蔡锷这个"危险的天才"威胁自己的统治,袁世凯调蔡锷进京。1915年5月,袁世凯对日本提出的二十一条除第五号条款声明"容日后协商"外均予承认。同年12月,袁世凯撕掉假共和的伪装,冒天下之大不韪,悍然称帝,震惊中外。蔡锷机智摆脱严密监视,借道日本秘密返回云南,部署讨袁事宜。朱德接到蔡锷的亲笔信,信中向朱德介绍了各省反袁斗争的形势及其前景,云南出师讨袁的计划等,还要求他积极做好准备。1915年12月25日凌晨,朱德遵照蔡锷的预定计划,率革命士兵驱逐了帝制派军官,宣布起义,并举行了讨袁誓师大会。随后,即征用火车开往昆明。朱德到达昆明后,马上赶往蔡锷的司令部,发现蔡锷正在开会。朱德后来回忆了他与蔡锷重逢的那一幕:"蔡锷起身向我们走来的时候,我大吃一惊,说不出话来。他瘦得像鬼,两颊下陷,整个脸上只有两眼还闪闪发光。肺结核正在威胁着他的生命。那时他的声音已很微弱,我们必须很留心才能听得清。当他向我走来的时候,我低头流泪,一句话也说不出来。他虽然命在旦夕,思想却一如既往,锋利得像把宝剑。"

蔡锷向朱德等军官说明了全国各地起义的计划以及云南护国军的行动计划。当得知蔡锷要亲自率部进攻四川并担任第一军总司令时,朱德关切地劝道:"可是你不能带队去啊?! 你有病,要送命的。"蔡锷望望他又把眼光移到别处说:"别无办法。反正我的日子也不多了,我要把全部生命献给民国。"

蔡锷拖着病残之躯,勇敢地踏上武装讨袁的最前线,坚持为"四万万同胞争人格”。1916年元旦，护国军在昆明举行誓师大会，发布讨袁檄文，正式挥师北伐。消息传到北京，袁世凯极为震动，立即命令曹锟、张敬尧等人督率各部从湘西和川南向护国军进攻。

1916年1月，蔡锷和朱德率滇军由贵州入川，当行至泸州城外的雪山关时，两人驻马题联。蔡锷题上联：是南来第一雄关，只有天在上头，许壮士生还，将军夜渡。朱德题下联：作西蜀千年屏障，会当秋登绝顶，看滇池月小，黔岭云低。

蔡锷时任护国军第一军总司令，朱德时任护国军第三梯团第六支队长，两人级别相差很大，但能在一起驻马题联，这在等级森严的民国旧时代不可思议。同时，这也从侧面说明蔡锷与朱德在当时友情深厚，虽地位不同，但在精神上却是相通的。

在护国战争中，蔡锷指挥镇定，朱德身先士卒。蔡锷对朱德非常赏识，朱德对蔡锷也十分推崇，他们之间配合得很默契。朱德打仗勇猛无畏，他的部队以善打夜战和白刃战而出名，蔡锷总是将最艰难的任务交给他。

在纳溪战役中，蔡锷任命朱德为第三支队长。他严格执行蔡锷面授他的“避实就虚”、“迂回抄袭”等灵活机动的战术，与北洋军队展开几十个昼夜的激战。护国军终以六千正义之师战胜了北洋军十几万人的虎狼之兵，声震全国，群起响应。滇军之所以赫赫有名，就是在这次战斗中得来的。纳溪战役也使朱德的军事才能得以彰显，为他赢得了勇猛善战、忠贞不渝的声誉，被称为滇军的“四大金刚”。

由于战功卓著，蔡锷有意提升朱德为中将，但朱德力辞。蔡锷很欣赏朱德这种“功不独居，过不推诿”的精神，只好授予朱德为少将旅长。

1916年11月8日，蔡锷病逝于日本福冈医院，年仅34岁。临终前，蔡锷很有感触地说，他“不死于对外作战，不死于疆场马革裹尸，而死于病室，不能为国家作更大的贡献，自觉死有余憾。”朱德十分悲痛。蔡锷不仅是他所信赖的长官，更是他的良师益友。他崇敬蔡锷，不仅因为蔡锷的身上有他所欣赏的气质——思想敏锐，知识渊博，见解精辟，意志坚韧，更是因为他们有共同的革命志向和精神追求。他饱蘸浓墨，写下挽蔡锷联：

勋业震寰区，痛者番，向沧海招魂，满地魑魅迹踪，收拾河山谁与问；

精灵随日月，倘此去，查幽冥宋案，全民心情盼释，分清功罪大难言。

在以后的日子里，朱德无时不怀念蔡锷。1918年2月，朱德曾登泸州城外五峰岭，放眼望去，河山一片大好，而良师益友却已不在，民族与国家的命运依然看不到前途，朱德只能借诗来怀念蔡锷，抒发忧国忧民之思：

将军一病下雕鞍，病笃东瀛去不还。只恐罗山心早怯，果然马谡胆先寒。因人事业前功弃，从古英雄末路难。此后何人支大局，身肩重任敢偷安？

自1911年云南陆军讲武堂相识至1916年蔡锷病逝，蔡锷与朱德的人生交集只有6年。6年短暂，但朱德却跟随蔡锷历经云南辛亥革命、护国战争等历史重大事件，结下了深厚的情谊。可以说，蔡锷是朱德参加旧民主主义革命的引路人，可谓“指路明灯”。同时，蔡锷还是朱德的良师益友，他的革命思想、伟大人格、军事指挥艺术对朱德以后的革命生涯产生了重要影响。蔡锷未竟的事业，经过朱德等后来人的不懈努力，终获成功。

（资料来源：王为衡《蔡锷与朱德的师友情》，《湘潮》2011年第10期。）

## 【思考讨论】

1. 朱德、蔡锷交谊精神实质是什么？
2. 朱德为什么说一生有两个老师？

## 【案例解析】

友谊在人的成长过程中是非常重要的。俗话说，看一个人是什么人，看看他的朋友是什么人就知道了。志同道合的人才能成为真正的朋友。酒肉朋友不是真正的朋友。正是因为具有相似的经历、共同的志向和奋斗目标，在短暂的交往中，朱德和蔡锷结下深厚的友谊。在朱德的成长过程中，蔡锷无疑是一位相当重要的良师益友。在与蔡锷的交往过程中，朱德不仅从蔡锷那里获得了阅读许多新式书籍和报纸的机会，扩大了视野，丰富了见闻和知识，而且懂得了军事救国和治军的一些基本道理，更深切地体会到蔡锷具有的那种含而不露、深谋远虑的韬晦大略。可以说，与蔡锷的交往，对于朱德以后成长为一位无产阶级革命军事家产生了重要影响。我国贤哲孔子就非常重视朋友和友谊，认为真正的朋友和友谊对于我们的成长和生活是必不可少的。关于朋友和友谊，他说过许多耐人寻味的话，至今还经常被人们提起。比如，“友直，友谅，友多闻，益矣”[①]，“君子以文会友，以友辅仁”[②]，“独学而无友，则孤陋而寡闻”[③]，等等。在我们的成长

---

① 《论语·季氏》。
② 《论语·颜渊》。
③ 《礼记·学记》。

过程和生活中,结交一些志同道合的朋友是非常重要的。我们一定要珍惜友谊,在朋友的鼓励和影响下,健康成长,共同奋斗。

## 【教学建议】

本案例展现了朱德和蔡锷的交往和友谊,简明地介绍了朱德从蔡锷那里学到的知识和思想,以及从蔡锷身上感受到的那种胸怀大略的人格魅力。这类故事是我们理解中国革命历史和革命领袖成长过程的生动教材。

本案例可用于《中国近现代史纲要》第三章“辛亥革命与君主专制制度的终结”的辅助教学。

## 5–7

# 任弼时和陈琮英:“指腹为婚”真爱情

## 【案例正文】

他和她是指腹为婚的“娃娃亲”。他是她的带路人,她是他的贤内助……这是任弼时和陈琮英特别的爱情故事。

原来,任弼时的父亲和原配夫人陈氏感情甚笃,只是陈氏在婚后一年便去世了。父亲怀念陈氏,便与陈家订了婚约:续弦生下儿子后,继续与陈家结为儿女亲家。任弼时出生后,便与陈氏的内侄女陈琮英订了“娃娃亲”。

陈琮英,原名陈仪芳,大任弼时一岁多。自幼丧母,由兄嫂抚养。由于早有婚约,12 岁便来到任家做童养媳。当时任弼时还是个 10 岁懵懂少年,对终身大事似懂非懂,所以顺从地接受了父母的安排。他与这个童养媳彼此以各自乳名相称,天真烂漫,感情真挚。当任弼时 12 岁来到长沙求学时,14 岁的陈琮英便到长沙一家织袜作坊当了一名织袜女工,一来可以顺便看望照顾“弟弟”,二来可以减轻家庭负担。

1920 年夏,任弼时毅然放弃在长沙的学业,选择去上海并准备去苏俄留学。前路未卜,任弼时的父母是不赞成的。陈琮英此时已出落成大姑娘了,明知此行归期难料,却毫无怨言地支持任弼时的选择,说:“你放心地去吧,家里有我照料。”而任弼时也叮嘱说:“仪芳,你从小没有机会上学,今后,女子要在社会上自立,一定要有文化,不然,连我给你写的信都没法看。”陈琮英便一面学习缝纫,一面进入一所自治职业学校半工半读补习文化。几年后,便能用歪歪扭扭的字迹亲笔给远在莫斯科的任弼时写信了。

1924 年 8 月,任弼时从莫斯科东方共产主义大学返回祖国,担任上海大学的俄文教师。年方弱冠,才气过人,很自然地吸引了众多漂亮女孩频频示好。任弼时告诉她们:“我已情有所系。她,在老家湘阴。”这更加激起他对还在长沙北门外做苦工的未婚妻的思念,很想回家探望。而由于接踵而来的重大工作如参加社会主义青年团第三次全国代表大会的筹备、领导“五卅”运动等,使他无暇动身。直到 1926 年 3 月,才由党组织派人把陈琮英接到上海。在简陋的亭子间,他们举行了简朴的婚礼。新婚之际,陈琮英坦率地问任弼时:“你是一个追求新思想的青年,又是留学苏俄的‘留学生’,怎么会遵从父母之命坚持和我的婚约而不去创造‘新生活’?”这是她自己的担忧,也是众多亲友的不解。任弼时却坚定地回答:“我们现在不正在创造新生活吗?”两颗心并未因地位的悬殊而产生裂痕,而是怀着创造新生活的激情,一起升腾起幸福的火焰。

陈琮英刚到上海时,穿戴举止都很土气,在街上常遭到少爷淑女们的冷眼。任弼时不但不嫌弃,反而安慰说:“党中央的领导人都隐蔽在上海,我出去活动不方便,你这身打扮,敌人不注意,正便于工作。你就帮助我送信,担任交通员吧!”

这样,陈琮英担任了党组织的交通员,在丈夫的帮助下,走上了革命道路。他们的爱情,也在革命工作中面临严峻的考验。1928 年和 1929 年,年轻的陈琮英就经历了一生中常人少有的两次救夫遭遇。

在 1928 年肃杀的上海秋夜中,陈琮英抱着长女苏明,扒上了载煤的火车,赶赴长沙,去找任氏家族的姻亲、长沙四大律师之一的何维道出面打官司,以营救是年 10 月在安徽南陵巡视工作不幸被捕的任弼时。身为中共临时中央政治局委员的任弼时被捕后,一口咬定自己是长沙伟伦纸庄的学徒胡少甫,并寻机请人捎信给在长沙当工程师的堂叔任理卿,告知了他这一切。在上海接到任理卿电报的陈琮英,立即在党的委托下出面营救。陈琮英到长沙后还通知纸庄真正的老板、她的堂兄陈岳云赶紧回避,自己则以老板身份与敌人对质,终于救出任弼时。而他们的第一个孩子却因在路上饱受风寒,不幸患肺炎夭折。

1929 年 11 月,时任中共江苏省委宣传委员会书记的任弼时,在上海租界内第二次被捕,受到电刑摧残。根据党的指示,按任弼时被捕后的假口供,陈琮英择地布置了一个小商人的宅院,以商人太太的身份再次与凶残的敌人周旋,又一次机智地救出自己的丈夫。

1931 年 6 月,陈琮英自己也尝到了身陷囹圄的滋味。这一年的 3 月 5 日,预产期临近、行动不便的陈琮英和丈夫依依惜别。在党的六届四中全会上当选为中央政治局委员的任弼时此时被中央派到江西中央苏区工作,陈琮英临时住在向忠发家里。7 天后,陈琮英生下了女儿远志。100 天后,因向忠发的无耻叛变,陈琮英怀抱着女儿落入了敌人的魔爪。无耻的向忠发当着敌人的面对陈琮英说："你什么都可以讲，他们早知道了，你不要瞒。"陈琮英强压着巨大的轻蔑，佯装糊涂地回答："讲什么呀，我是农村来的，我什么也不知道！"在被押送龙华监禁半年后，陈琮英和孩子在周恩来的直接关怀下，被党顺利营救出狱。

此后，在长期的革命战争环境中，他们又经历多次生离死别。

当然，他们共同生活中也有很多温馨浪漫的场景。试举两例：

其一，为弥补陈琮英没正规上过学的遗憾，也为了革命工作的需要，婚后不久，任弼时专为她买来纸笔，手把手教她识字、写字，并鼓励道："现在是革命工作需要你学文化，党交给你的任务中有一条就是学文化，你要像学织袜子一样，一点一点地学，最后头脑就成了一个'文化袋子'。"为怀念这段美好时光，后来陈琮英老人 90 多岁时还坚持每天写大字。

其二，在延安大生产运动中，领导干部都参加生产劳动。任弼时学纺纱。可是面对纺车，顾了左手忘了右手，纺出的纱粗的粗细的细，断头连断头，急得满头大汗。一旁的陈琮英打趣地说："纺纱比写字难多了吧！"任弼时马上起身拜妻子为师。在纺织女工出身的妻子的指点下，任弼时很快掌握了纺纱技术，并在一次中直机关的纺纱比赛中获得第一名。得到周恩来的表扬后，任弼时很自豪地说：我有个纺纱专家做家庭教师啊！

1950 年 10 月 27 日，任弼时同志因突发脑溢血，抢救无效，与世长辞，年仅 46 岁！陈琮英热泪纵横，她说："我一定要好好抚育子女，让他们继承你的遗志，继承你的事业，你安息吧！"她把组织上分给任弼时同志使用的物品交还公家，强忍悲痛，独自挑起了养育 4 个年幼子女的重担。

在任弼时去世后几十年中，陈琮英每每与人谈及任弼时，总是充满着缱绻之情和深深的敬意，她说："与弼时相爱一生一世足矣，他是我亲爱的丈夫，也是我最好的朋友和敬爱的老师！"

而任弼时也曾对陈琮英说："我们是革命的夫妇，同是党的儿女，我们的爱情是融化在对党、对人民的爱情里的。"

（资料来源：任远志《我的父亲任弼时》，辽宁人民出版社 2007 年版；章学新《任弼时传》（上），中央文献出版社 2014 年版；陈琮英《痛悼弼时》，《任弼时同志逝世纪念集》，青年出版社 1951 年版。）

## 【思考讨论】

1. 青年任弼时是接受新式教育和新思想的人，为什么"顺从"旧式婚姻？

2. 谈谈任弼时和陈琮英的爱情婚姻故事对树立正确婚恋观的启示。

## 【案例解析】

任弼时与陈琮英的婚姻，为一些人所不解。正像文中陈琮英曾问的一样，任弼时是一个追求新思想的青年，又是留学苏俄的“留学生”，怎么会遵从父母之命坚持和童养媳陈琮英的婚约而不去创造“新生活”？而任弼时的回答却是那样铿锵有力：我们现在不正是在创造新生活吗？于是便有了这份不平凡的爱，他们的特殊爱情故事和革命婚姻，也成为中共党史上的一段佳话。当然，指腹为婚的旧俗，不值得去提倡和渲染。他们自小共同生活，是有较深感情基础的。婚后，在出生入死一路患难与共的革命追求中，在转战南北相依为命不分离的忠贞誓言中，在日常生活中为对方不计自身辛劳的真情付出中，他们之间产生了至真爱情。无论如何清贫，他们时刻为对方着想、不计付出；无论相隔天涯海角，他们时刻情牵对方、心系对方；无论处境如何危险，他们时刻相依相伴、风雨共担。

任弼时与夫人陈琮英的传奇爱情故事，揭示着人们维系夫妻之间的感情、建设和谐美满家庭的真谛：男女双方情投意合、相敬相亲，同舟共济、白首偕老。爱情可以浪漫，但婚姻需要经营。婚恋的本质是责任，是给予和奉献。这是我们从任弼时和陈琮英的爱情故事中得到的有益启示。

## 【教学建议】

大学生涉世未深，对爱情的向往以浪漫激情为主，更有少数抱着游戏的态度。大学生婚恋观教育的重点在于引导学生建立理性、负责的恋爱婚姻观。任弼时与陈琮英的爱情，看点不是童养媳、父母之命等旧观念，而是他们在理想信念基础上的志同道合，生活上的相濡以沫、相互关心，面对严峻考验的坚贞不屈，这是一种负责的婚恋态度，也是一种良好的家庭美德。

本案例可用于《思想道德修养与法律基础》第七章第三节“婚姻家庭生活中的道德与法律”的辅助教学。

## 5-8
# 陈云：苦难之中的真情

【案例正文】

1905年6月13日，一代伟人陈云出生于江苏省青浦县（今上海市青浦区）练塘镇一个贫苦农民家庭。陈云的父亲叫陈梅堂，是一个朴实厚道的庄稼汉子。家里既无田地，又无房产。平时租种别人的田地，空闲时捉鱼摸蟹，有时还帮人宰猪，兼做点手工业。陈云的母亲叫廖顺妹，祖籍广东，生于练塘。1895年，廖顺妹不嫌贫困，嫁给了陈梅堂。不久生下一女，取名陈星。由于无房居住，只能借住在陈徐祠堂里，夫妇俩靠给人家打工帮佣度日。等到陈云快出生时，当地的宗族势力不允许他母亲在祠堂里生产，怕生孩子不洁，会玷辱祖宗牌位。陈梅堂只好另找住处。幸好，开米行的闵仲兰同意将他家住宅东侧两间简陋小屋租给他们居住。

陈云这个男孩的出生给这个世代务农的家庭带来了莫大的欢乐。父亲陈梅堂要给儿子取个有意义的名字，与舅兄廖文光反复商量，选了好几个名字都不满意，最后只好请教一位有学问的教书先生。这位古文根底很深的教书先生引经据典，给孩子取了一个“云”字，名字吉利，又跟水乡相关，含义深远而贴切。

陈云出生时，由于母亲体弱多病，照看陈云的任务便主要落到了姐姐陈星的身上。姐姐十分疼爱这个小弟弟，家里有什么好吃的总是留给弟弟，平时总是十分尽心地领着小弟弟玩。据练塘人回忆，陈星每次抱着陈云出来玩时，由于年少力弱，生怕弟弟掉下去，总是用牙咬着陈云的衣服。陈星如此关爱弟弟，确实让父母省了不少心。陈云对姐姐的感情很深。中华人民共和国成立后，陈云担任政务院副总理，他把姐姐接到北京中南海同他一家生活在一起，全家老少对她都十分敬重和关心。在“文化大革命”那段特殊的岁月里，陈云怕吓着姐姐，把她送回青浦老家。晚年，姐弟俩经常坐在一起拉家常。每逢姐姐或陈云过生日时，姐弟俩都要相互祝贺。每年的春节这一天，姐弟俩总要一起坐坐，共度新春。1986 年 9 月，陈星去世，骨灰安放在八宝山。每年的清明节和忌日，陈云都要委托家人到八宝山祭奠姐姐。在平常的日子里，他也常常怀念姐姐，时常谈起姐姐。

在陈云的记忆中，父亲几乎没有给他留下什么印象。他两岁时，父亲由于积劳成疾，无钱医治，离开了人世。父亲的去世令这个原本就贫困的家庭更加窘迫。母亲在精神上受到强烈打击的同时，还要支撑着家庭的重担，贫病交加，终于不堪重负，在陈云 4 岁时也撒手人寰。

母亲去世后，孤苦伶仃的两个孩子被外祖母接到舅父家，同他们一起生活。陈云的舅父廖文光，心地善良，性情温和。年轻时到上海学做裁缝，后来回练塘，继续以裁缝为业。1903 年，廖文光娶练塘镇东目圩村的倪姓阿姐为妻。舅母是个和善而且能干的妇女，性格果断，家里大小事情都由她做主。廖文光夫妇十分喜欢孩子，但结婚多年，膝下仍然无子。因此，廖文光对外甥和外甥女倍加爱护。1911 年，陈云的外祖母一病不起，临终前嘱咐廖文光，要抚养好陈星、陈云姐弟，并要廖文光把陈云立嗣为子。孝顺的廖文光听从母亲的话，遂把陈云作为自己的养子，改名廖陈云。陈云仍喊廖文光为舅父。陈云回忆幼年这段经历时说：“我的真名字叫廖陈云。但廖还不是我真姓，是舅父的姓，我自己家里姓陈。”“那时舅父没有儿子，要把我作儿子，所以就姓廖。”

随着社会日益动荡，廖家的裁缝生意也越来越不好做了，经济越来越拮据。廖文光夫妇决定放弃裁缝生意，在铺面开个小酒馆，到晚上卖卖点心，做点小菜，供做生意和听评弹的顾客宵夜，从中赚点辛苦钱，以维持生活。舅母廖倪氏很会做菜，但因患风湿性关节炎，臂力比较弱。幼年陈云非常懂事，自制力很强，总是主动帮舅父母干活。他吃饭不挑不捡，有时甚至是冷菜冷粥、剩饭剩菜。陈云从不贪玩，伙伴们叫他玩耍，他也只是出来十分钟左右，而且多数是站在旁边看看。自幼丧父的陈云，饱尝了人间的悲苦，这对他性格的形成产生了重要影响。他性格内向、沉静。一直到晚年，他善静，话不多，但善于观察，善于思考，说出的话一定是经过深思熟虑的。

由于陈云很听话、懂事，舅父母把他当做亲生儿子对待。尽管生活比较困难，廖文光还是尽力供陈云上学和学本领。陈云很感激舅父母的养育之恩。

1936 年,陈云在苏联时曾这样谈到他们:“我已经脱离家从 1927 年秋收暴动起直到现在,在上海时曾与舅父母会过几次,他们的家庭当然很困难,过去我在商务印书馆时每年贴他们一些钱,现在不知他们死活存亡。在社会上一般人看来,共产党员不顾家庭,舆论是很不好的,但是我是爱莫能助。6 年没有与他们通信了。他们既不知我到红军,也不知我到苏联。”[①]1939 年廖文光逝世时,陈云已从苏联经新疆回到延安,闻知噩耗后他很难过,“曾由公家救济了 50 元”,加上新疆工作时的津贴“剩下的 200 元”,托正在国民党统治区工作的周恩来寄了回去,作为“料理舅父的丧葬费”。中华人民共和国成立后陈云把舅母接到北京,为她治病,养老送终。

(资料来源:王敏玉《陈云——青年人应当奋发有为》,贵州出版集团、贵州人民出版社 2013 年版;中央文献研究室科研部图书馆《陈云人生纪实》(上),凤凰出版传媒集团、凤凰出版社 2011 年版。)

## 【思考讨论】

1. “共产党员不顾家庭,舆论是很不好的,但是我是爱莫能助”,体现了怎样的人生观?

2. 结合陈云的苦难童年,谈谈大学生如何对待生活中的顺境与逆境?

## 【案例解析】

“共产党员不顾家庭,舆论是很不好的,但是我是爱莫能助”体现了共产党员为人民服务的人生观。由于在现实社会关系中的地位不同,经济利益和政治立场不同,生活经历、人生境遇、认识水平不同,人们对人生的看法也不同。不同的人生观往往意味着不同的生活道路和生活方式,并赋予人生以不同意义。自父母去世,陈云和姐姐就开始到舅父母家生活,舅父母在陈云最需要保护和照顾的时候给了他很多关爱,陈云也很感激舅父母的养育之恩。但是后来的陈云作为一名共产党员,有自己的事业,更有自己的使命——寻求中国人民的解放道

① 转引自金冲及、陈群.《陈云传》,中央文献出版社 2005 年版,第 7 页。

路。出身于贫苦农民家庭的陈云，理解人民的生活处境，为了中国千千万万饱受压迫的人民大众，为了使中华民族不被灭亡，不得不舍弃舅父母这个小家而顾全国家和民族的整体利益。

尽管在人类历史长河中涌现过形形色色的人生观，但只有以为人民服务为核心内容的人生观，才是科学高尚的人生观，才值得终生尊奉和践行。一个人树立了为人民服务的人生观，就能对人生目的有更为深刻的理解，时时处处为人民着想，助人为乐，造福人民，成为受人民群众欢迎的人。一个人树立了为人民服务的人生观，就能以正确的人生态度对待人生、对待生活，始终对祖国和人民具有高度的责任感，在服务人民、奉献社会中实现自己的人生价值。

执著追求的人总会经历顺境与逆境等不同人生境遇，并感受着顺逆中的甘苦、福祸与荣辱。陈云的早年是在逆境中度过的。本来就出生在贫困的家庭，父母又过早离世，孤苦伶仃的陈云姐弟被好心的外祖母带到舅父母家生活，但舅父母家的生活状况也不好，开始做的是裁缝生意，后来不景气又改开小酒馆，挣的钱只够维持基本生活。正是这些逆境磨砺出陈云吃苦耐劳、坚强不屈的意志品格，也形成了他沉稳、冷静的内敛性格。这在同龄人中显得十分突出。首先，穷苦的生活使他养成了生活简朴的习惯，并且终身如此。陈云从东北进关时，穿的是一件多年的旧大衣，中财委办公厅提出给他换件新的，以便会见外宾时用，他坚决不同意，照样穿那件旧大衣。他只有两套毛料中山服，一套是 1952 年到苏联商谈中国第一个五年计划前做的，另一套是 1954 年他出访越南前做的。这两套服装，他平时很少穿，只在重要场合穿，回到家就脱下。就这两套中山服，他一直替换着穿了几十年。其次，早年的经历形成了他吃苦耐劳和沉着稳健的品性。陈云的稳健在党内是出了名的。在 1962 年“七千人大会”上，毛泽东曾几次请陈云发表意见，但他都没有讲话。同年 2 月，在中共中央政治局扩大会议上，他就当前的财政经济情况和克服困难的办法却作了长篇发言。他分析财政经济存在着农业减产、基建规模过大、通货膨胀、投机倒把、城市人民生活水平下降五个方面的问题，并提出发展农业、减少城市人口等六条克服困难的措施，主张进行国民经济调整。他的发言有理有据，使大家佩服。可见陈云不说则已，要说一定是经过深思熟虑的。

从陈云身上，我们看到逆境不一定是阻力，也可以成为一个人前进的动力。当代大学生要正确对待成长中的顺境与逆境。在顺境中前进，人们更容易接近和实现理想目标。在逆境中奋斗，则需要付出更大的努力和更多的艰辛才可能成功，但逆境只是增大了人们实现目标的难度，而不是消解了实现理想目标的可能性。因此，应迎高潮而快上，乘顺风而勇进，这是身处顺境的学问，是善于抓住机遇不断丰富与完善自己的方式；处低谷而力争，受磨难而奋进，这是身处逆境的学问，是将压力变成动力之所为。无论顺与逆，对人生的作用都是双重的，关键是如何对待。只要善于利用顺境，勇于正视逆境和战胜逆境，远大的理想就一定能够实现。

## 【教学建议】

本案例的主要内容是讲陈云早年在情感生活上的曲折经历。虽然苦难的生活给陈云一次次的打击，但是他坚强的意志和积极进取的心态并没有改变，并促使他走上救国救民的革命道路，舍“小家”为“大家”。

本案例可以用于《思想道德修养与法律基础》第三章第一节“树立正确的人生观”、第三节“科学对待人生环境”的辅助教学。

## 5-9
# 彭德怀:勤劳坚韧释孝行

### 【案例正文】

1898年10月24日,在湖南省湘潭县乌石寨这偏僻闭塞贫穷的一个贫苦农民家里,一个啼声响亮的男儿问世了。这个男儿,那时候还不叫彭德怀,他的大名是彭得华,小名叫钟伢子。

钟伢子8岁那年,操劳过度的母亲被痢疾夺去了年轻的生命。母亲逝去,家里的顶梁柱就坍塌了,因为得了痨病的父亲不能干重活,70多岁的祖母也年老体弱。不久,刚满半岁的小弟就饿死了。家里除了少得可怜的三分荒地、两间破旧不堪的草房和一口漏洞的锅外,连床板都被卖掉来抵债换钱了。家里没有一个能下地干活的人,幼小的彭德怀不得不分挑家庭的重担。

这年除夕,冷冽的寒风穿进烂门破窗,吹过他家那冰凉的锅灶,让饥肠辘辘的全家瑟瑟发抖,而饥饿更让两个年幼的弟弟无法忍受。他们紧靠着祖母,嘴唇不停地颤动着。此时,蹲在地上的父亲不但饥寒交迫,病情也加重了,咳了一堆又一堆的浓痰。

祖母心痛地看着这个挣扎在生死边缘的家,她实在没有办法了,和还在咳喘的爹商量了一下,就拿出一只破碗和一根打狗棍,给大弟穿上了破烂衣服。彭德怀马上会意了。虽然他很不情愿,但他还是懂事地从祖母那里接过破碗和打狗棍,拉着大弟金华,带着沉重的心,走出了家门去讨饭。他们选择从屋后的那条小路走出村子,因为不想让本村人看到自己去当叫花子。他们只穿着草鞋,双脚冻得直哆嗦,迎着凛冽的寒风,走到一位教书的陈老先生家门前敲门。陈老先生推门看到了两个伢子,虽知道他们的来意,但也想讨个吉利,便和气地问:“你们是招财童子吗?”其实只要顺着他的意说声“是”就可以了,但一向老实、耿直的钟伢子却说:“我们是来讨饭的!”陈老先生觉得这话晦气,准备关门,金华连忙机灵地说:“先生,我们是招财童子!”老先生便欢喜地给了金华半碗饭和一点肉。就这样从大清早一直讨到黄昏,彭德怀没吃一点东西,没讨到两升米,还受了一肚子气,进家门口就饿昏了。祖母赶紧喂他喝了几口青菜汤,才让他醒过来。到了第二天早上,不论祖母怎么劝说,彭德怀都不想再受那个欺辱了,他不愿意去,最后祖母只好牵着两个小弟弟出门讨饭了。

彭德怀心痛如割,他知道奶奶很难讨到够家里吃的米饭,所以决定上山砍柴。可山都被雪掩盖了,湿淋淋的柴草很难砍到,但他还是尽全力砍着枯树枝,因为他担负着养家的重任。他那双瘦小的手本来就已冻裂了,现在又加上砍柴时的不断震动,手上就渗出一滴又一滴的血,不停地落在雪地上,特别刺眼。但钟伢子顾不了疼痛,他除了使劲砍柴之外,还去找枯树洞里的寒蘑,忙了大半天,他背着砍到的柴去卖了,换来了10文钱,还买了一小包盐。回到家以后,他赶紧熬一锅寒蘑汤,开心地给一家人喝了。

10岁时,彭德怀开始为富农刘六十家放牛。放牛娃的活特别繁重,得五更起,半夜眠,每天要给大小两头牛割30斤草,还要担水、舂谷、插秧、扮禾。活虽重而多,但报酬却很少,头一年每天只有5文,第二年每天是10文,每月可挣300文,只能买10多升米,要和杂粮、野菜掺和着吃,才能勉勉强强糊口。

一天,钟伢子空着肚子上山挖树根,因为饿得精疲力竭而无力挖那又粗又深的大树根,只得空手回了家。在饥饿与病痛中煎熬的父亲看见钟伢子没挖回树根,一时心急便朝着他痛骂:“你偷懒,我打死你。”他拿起一根绳子就拍打起来。钟伢子心惊胆战地哭叫着,吓得两个小弟也哭了。祖母从屋里跑出来,夺下爹爹手中的绳子,气得半天才说出话来:“你要打就打死我吧,你看看钟伢子都饿成什么样子了!”父亲看了一眼皮包骨头的钟伢子,心痛极了。祖母把钟伢子搂在怀里,她说:“不要恨你爹爹,是因为咱家太穷了!”说着也哽咽起来。钟伢子听了祖母的话之后,懂事地又鼓起力气,拿起扁担,朝山上走去。他用力地砍,眼看快要砍断最后一棵树根了,他想用力把它折断,但因身子歪斜,胳膊肘重重地碰到树根上,骨折了,钟伢子痛昏在树坑里。等他醒来的时候,他已被背回家的床上,祖母一口口地给他喂着米汤。钟伢子忘记了疼痛,只感到了嘴里的米香味。可他心里想着米是哪里来的呢?他急忙侧脸看了一下屋里,发现家里的屋门板不见了。钟伢子心里一阵酸痛,嘴里的米也不香了。他把祖母手中的碗推开,让给两个弟弟吃,自己挣扎着要起来,可是,出于伤势太重,没能爬起来。

13岁那年,钟伢子到离家6里远的黄磧岭煤窑去做童工。这座土煤窑潮湿昏暗,又小又臭。彭德怀还是忍住了这恶劣的环境,开始干车水工的活。整天运作这个在当地称为"孔明车"的东西,不停地重复着单调的动作,让他精疲力竭。加上裸露的双腿持续浸泡在水车旁的那堆泥水中,更让他苦不堪言。但他顾不了劳苦,为了多挣钱养家,除了做车水活之外,他还兼干挑煤的活。在又矮又潮的矿洞里,彭德怀的胳膊肘和膝盖上各绑着一只破草鞋,拖着一兜煤,头上顶着油烟熏天的桐油灯,四肢着地像动物一样艰难爬行。虽然年幼的彭德怀干着和成年人一样的活,但他因手无缚鸡之力,只能忍受雇主的剥削,即使拖了两次煤,他也只得到成人拖一次煤的钱。可到了第二年年关前的一天,彭德怀连这种不公的血汗钱都得不到,因为煤矿老板逃跑躲债了,矿工们无处讨薪,只能卖掉还在煤场的煤炭,每人就分了4升米。彭德怀卖命干了两年,也只拿到了8元工钱,还有十多元要不回来,等于白干了一年多的活。彭德怀满怀愤懑地离开了煤窑,回到久别的彭家围子继续寻找出路。

(资料来源:《彭德怀传》编写组《彭德怀元帅的故事》,新华出版社1986年版。)

## 【思考讨论】

1. 钟伢子在母亲去世后的3年里,主要做了什么劳动来养家糊口?彭德怀对亲人的关爱在生活中是如何体现的?

2. 在全家人受饿而挣扎在生死边缘的情况下,你如何看待彭德怀如实回答陈老先生的问话?这反映了彭德怀怎样的性格特点,这一性格对他的一生有什么影响?

## 【案例解析】

尊老爱幼、勤俭持家、关爱家人是家庭美德的重要内容,也是中华民族的优良传统。加强家庭美德建设,对夯实社会主义道德建设的基础、提高社会主义文明水平具有深远的意义。

八岁的钟伢子还没学会如何养家,母亲就已撒手人寰。此时尊老爱幼绝不是像孔融让梨那么简单了,而是一个生命攸关的重任,沉甸甸地压在了他那稚嫩的肩上。彭德怀的孝行告诉我们:第一,爱应该是无条件的。在寒冷的大年初一,倔犟、刚直的钟伢子为了不让奶奶受苦,不想让全家人饿死,忍辱去讨饭;可不愿吃嗟来之食的他,最终选择了靠自己的双手养活全家。第二,爱应该是毫不利己的。在挖树根时昏厥之后醒来,痛与饿交织的彭德怀面对着盼了好久的白米稀饭,他想到的还是幼小的弟弟们。彭德怀已然把自己看成了大人,要用自己的生命爱护家里的每一个人。第三,爱应该是全心全意的。彭德怀在给刘六十家当放牛娃,在黄碛岭煤窑当童工的过程中,把勤俭持家、热爱劳动的家庭美德诠释得淋漓尽致。村中虽然有些人因为钟伢子经常沉默寡言而形容他为"真木人",但他一言出而不敢忘家庭,一举足而不敢忘家庭。他把整个少年时代都献给了家。

随着信息时代的到来和市场经济的发展,拜金主义、享乐主义不断滋长、蔓延,许多青少年大肆"啃老",把父母看成理所当然的摇钱树,认为父母对自己的爱天经地义。他们衣来伸手,饭来张口,不知道父母的辛苦,不懂得为父母分担家务,无法想象 13 岁的彭德怀是如何养活一家 5 口人的。很多青少年饮食消费跟着广告走,服装消费跟着名牌走,娱乐消费跟着新潮走,文化消费跟着时尚走,同样无法理解 8 岁的彭德怀在大年初一穿着破衣烂衫出门乞讨的苦涩心情。因此,今天更应加强对大学生的家庭美德教育,积极引导大学生树立正确的世界观、人生观和价值观,教导他们不怕困苦、自强不息、尊老爱幼、热爱劳动、感恩父母,抵制好逸恶劳、自私自利、自暴自弃的毒瘤对他们的侵袭,为中国特色社会主义建设营造健康和谐的家庭美德。

## 【教学建议】

本案例充分展示了彭德怀尊老爱幼、勤俭持家、自强不息的精神,使中华民族传统家庭美德的内涵要义体现得淋漓尽致。随着市场经济的发展,享乐主义、个人主义、奢靡之风等不良风气侵蚀着整个青少年群体,急需弘扬家庭美德,树立尊老爱幼、勤劳勇敢、自强不息的优秀榜样,鼓励处于困境中的青少年,摆脱迷茫,自立自强,敢挑重任。引导处于叛逆期的青少年懂得感恩、体谅父母,学会换位思考。

本案例可以用于《思想道德修养与法律基础》第七章第三节"婚姻家庭生活中的道德与法律"等内容的辅助教学。

# 5-10
# 贺龙:铁汉也柔情

## 【案例正文】

从农家子弟到共和国元帅,充分反映出贺龙不平凡的一生。在传奇般的革命生涯中,贺龙也有着像普通人一样的情感世界。

1910 年春,贺龙奉父母之命,与比他大 7 岁的童养媳徐月姑结婚,并生下长女贺金莲。几年后徐月姑病故。女儿贺金莲在 19 岁时,在上海避难所被反动派折磨致死。贺龙对这个在苦难中出生而又早年夭折的女儿十分痛爱怀念。多年之后,在贺龙带领中国工农红军第二、六军长征时,在他最贴心衣袋里始终放着一副鞋扣绊,那是他心爱的女儿金莲在世时为他做的。贺龙带着对女儿的思念,跨越千山万水,完成了艰苦卓绝的万里长征。

对待跟随自己征战多年的战士们,贺龙总是给予他们极大的关怀。他常说:“要用兵,就要爱兵。”1928 年冬,贺龙带领部队来到湘鄂边的高山峻岭之中。冰天雪地,寒风刺骨。贺龙和战士们一样,一身单衣,一双草鞋,几天吃不上一粒盐,喝不上一口稀粥。有一次,炊事员想方设法弄到手指大一点盐巴,给贺龙专炒了一碗有盐的辣子。贺龙尝了一口,便知道是炊事员专给他做的,于是将那碗辣子倒进大锅里。炊事员急忙上前阻挡,贺龙微笑着说:“我们官兵一样,有盐同咸嘛!”

还有一次,当贺龙发现一个小战士右腿受伤时,他立即命令身边的警卫员去找乡亲买个南瓜来。贺龙接过南瓜,用刀把南瓜劈成两半,取出瓜瓤,亲切地对小战士说:“来,小鬼,把脚伸过来,给你敷上。”原来总指挥买南瓜是为了给受伤的小战士疗伤,小战士的眼中闪着泪花。贺龙轻轻地将小战士的腿移到自己怀里,说:"小鬼,不要担心。你知道吗?南瓜瓤是很好的疗伤药,有解毒消肿的作用。我小时候还用它治过刀伤呢!"贺龙边敷边问:"敷上去凉不凉?舒服一点吗?"小战士看着、听着,激动得一句话也说不出来。停了一会儿,他再也抑制不住内心的激动,"哇"的一声,倒在了贺龙的怀里哭了。

贺龙为人豪爽仗义,曾结交过许多肝胆相照的好友,周逸群则是对他一生影响最大的良师益友之一。1926 年 8 月,共产党员周逸群以宣传队队长的身份来到贺龙的第九军第一师,受到贺龙和官兵的热烈欢迎。在此之前,贺龙与周逸群早已互相闻名。贺龙驻扎铜仁时就住在周逸群家里,并常常收到周逸群从广州寄来的革命刊物。这次相见更是一见如故,相处十分融洽。随后,周逸群密切配合贺龙对部队大力整顿改造。在周逸群的帮助下,贺龙开办了政治讲习所,不仅培养出一批干练的军政人员,而且部队的面貌也焕然一新。自贺龙与周逸群结识以后,他们朝夕相处,肝胆相照,军政配合,私谊亦深。周逸群从政治上影响贺龙,甚至在关键之点上展开批评,贺龙也能欣然接受,不存芥蒂。周逸群在贺龙寻求革命真理的关键时刻起了重要的向导作用,这不仅使贺龙领导的这支部队成长为我党所掌握的雄狮劲旅,而且真情帮助贺龙在思想上和行动上真正接受共产党的领导,使贺龙最后光荣地加入了中国共产党。

(资料来源:朱泽云《从两把菜刀到南昌起义》,解放军出版社 1988 年版;《贺龙同志的故事》编写组《贺龙同志的故事》,湖南人民出版社 1978 年版;胡加模《九大元帅珍闻轶事》,河南人民出版社 1986 年版。)

## 【思考讨论】

1. 本案例中,贺龙的亲情主要体现在哪里?
2. 贺龙在部队艰难困苦的斗争中,是如何对待战士的?
3. 贺龙与周逸群有着如何深厚的友谊?

## 【案例解析】

贺龙一生度过的是冲锋陷阵、出生入死、枪林弹雨的军旅生涯,从农家子弟到共和国元帅，率领部队同北洋军阀、国民党反动派、日本帝国主义英勇战斗。但在一生的戎马生涯中，并不失其深深的亲情和友情，并不是人们想象中的只是战场上的威武将帅，而没有细腻的情感。他对亲人、对朋友、对战士，同样是深深地爱着他们，对他们有着深厚而细腻的情感。如：贺龙与其结发妻子生下了爱女贺金莲，虽然其妻早已病故，但他仍深深爱着女儿。后来他女儿19岁时被反动派折磨致死，他一直痛心不已，深切怀念。长征一路上，他的贴心口袋里竟然始终放着爱女生前为他做的一副鞋扣绊，这副鞋扣绊伴随着贺龙走过了万水千山，这种父女情感是何等深厚！

在部队遇到极为困难的艰苦斗争中，他同战士们同甘共苦，冰天雪地中仍与战士们一样穿一身单衣，一双草鞋，几天吃不上一粒盐，喝不上一口稀粥。在这样的困难情况下，他仍总是给战士们以极大的关怀。一次，炊事员想方设法弄到手指大一点盐巴，给贺龙炒了一碗有一点盐的辣子，贺龙却坚决不肯吃，全部倒进大锅里，坚持要与战士们“有盐同咸”。这既体现了他坚持官兵一致、同甘共苦，又体现出他对士兵深切的关心爱护。

贺龙不仅对士兵群体爱护，而且在士兵个人有痛痒时，他也关怀备至。连一位右腿负伤的小战士，他也亲自为其敷药养伤，用南瓜给小战士敷伤口，还细心问战士“感到舒服一点吗”，使得小战士再也抑制不住感激之情，倒在贺龙怀里哭了。贺龙对劳苦人民的子弟兵的关心爱护可见一斑。

贺龙与周逸群的友谊也一直传为佳话。贺龙由于对共产党的追求向往，故当共产党员周逸群去他的部队工作时，他率官兵热烈欢迎。后来完全接受周逸群的建议，开办政治讲习所，特别是向周逸群诚心请教关于党的基本知识，大大增强和进一步坚定了自己的理想信念。周逸群也非常敬重和从政治上关心贺龙，在贺龙驻扎他家里时，他常常从广州寄去革命刊物。他们相识相处后，肝胆相照，十分融洽，乃至贺龙对周逸群的批评也虚心接受。由于周逸群政治上的真诚帮助，贺龙终于光荣加入了中国共产党。

## 【教学建议】

通过本案例的教学，让学生懂得领袖人物中仍有浓浓的亲情友情和革命队伍中的关心爱护，认识革命领袖人物的高贵品质，从而自觉向他们学习。在自己的大学生活中尊敬师长，团结同学，互相帮助，对人以诚相待。在家中孝敬父母，尊敬长辈，与邻居和睦相处，为社会的文明、和谐作出自己的贡献。

本案例适用于《思想道德修养与法律基础》第四章“学习道德理论　注重道德实践”的辅助教学,或作相关内容的阅读材料。教学中教师要注意教育引导学生自觉抵制市场经济条件下在亲情友情问题上的负面影响,教育学生积极主动为社会和谐文明做好事、作贡献。

# 5-11
# 陈毅:交友之道贵在"志"

## 【案例正文】

五四运动前后,在如潮水般涌入中国的各种思潮、学说中,"劳工神圣"、"实业救国"无疑是十分引人注目的主张之一。1915年,蔡元培、李石曾、吴玉章等创立留法勤工俭学会,提倡到法国去取经,以革新国家,发起留法勤工俭学运动。1918年春,中国留法勤工俭学会成都分会留法预备学校(简称"成都留法预备学校")在成都创办。陈毅在留法预备学校的一年里,虽然家境十分清苦,在校内常常受到富家子弟的冷眼和歧视,但他却没有受到丝毫影响。乐观开朗的性格使他交到了两个好朋友,一个是成都的杨持正,一个是峨眉的金满城,三人形影不离,称兄道弟,课余时常结伴游览武侯祠、望江楼、杜甫草堂等名胜古迹,凭吊古人,畅谈国事,抒发胸怀,被同学们戏称为桃园结义的"刘关张"。①

1919年6月27日,陈毅和留法预备学校的同伴们来到上海,准备从上海赴法勤工俭学。他们先住在英租界三洋泾桥全安栈,几天后搬入了徐家汇的南洋公学。上海是当时中国的第一大都市,西方资本主义与东方封建主义在这里交汇。南京路上,一座座西洋式高楼大厦,一家家夜总会、酒吧,灯红酒绿,纸醉金迷,刺激和引诱着人们心中的各种欲望。在高楼大厦之后,矮小的

① 刘树发等:《陈毅年谱》上卷,人民出版社1995年版,第24页。

中国式建筑中充斥着赌场、妓院、烟馆。街头巷尾,西装革履的西洋人和长袍马褂的豪绅为伍,汽车的嘶叫声与商贩的吆喝声交织,酒吧里倾泻出的喧闹音乐与妓院门口小姐招徕客人的轻佻动作混杂,整个城市呈现出花花世界的炫目与妖冶。

这群来自西南边陲的年轻小伙子们,一踏进十里洋场,便有人经不住香风引诱,整天出入于游乐场所,寻花问柳,流连忘返。有段时间,陈毅的好友金满城也禁不住诱惑,书也不读了,早出晚归跑去玩乐,沉醉于灯红酒绿的糜烂生活。

陈毅实在看不下去,奉劝这位好友检点形迹,几近发怒般地说:"国家兴亡,匹夫有责。国家烂成这样子,我们再不自爱自强,对得起哪个?你老兄咋个玩得下去、乐得起来?"①

除了好言相劝,陈毅还每天晚上坐在学校内的小溪边,等金满城回来,一起就寝。见金满城仍然不为所动,沉迷于十里洋场而不能自拔,陈毅并没有放弃,而是一边继续做金满城的工作,一边把他贪玩废学的事情写信告诉了他哥哥,请他家人协助开导。经过陈毅坚持不懈地真诚帮助和家人的劝导,金满城终于迷途知返,一改以往颓废玩乐的生活,重新振作起来。

金满城非常感激有陈毅这样一位坦诚正直的朋友诚意相帮,他后来曾深情回忆说:"我的哥哥除了来信责备我以外,郑重地向我说,你这位朋友,不但是一个志诚君子,看他的来信,他将来必成伟大的人物。"②

陈毅对朋友的态度是诚挚的,对朋友的错误与不足,从来也都是积极帮助和宽容体谅,但在涉及大是大非的问题时,特别是像卖国求荣这样的行为,陈毅则态度明确,原则性很强。

1920 年底的一天,陈毅在成都甲工校时的同学李鹤林(又名鹤龄)来请陈毅去吃饭。陈毅感到十分惊讶,因为李鹤林 1920 年秋在清华学校待不下去才来的巴黎,住在华侨协社。他不愿意做工,到处吹牛,说要搞政治活动,手头却又十分拮据,生活过得十分窘迫,差不多十天半个月总要跑来陈毅这寻求接济。而陈毅即使自己的温饱都无法保证,也都会倾尽所能,诚意相帮,不但请李鹤林吃饭,每每临走还要给他十几个法郎以作花销。而此次李鹤林来的时候却西装革履,打扮得整整齐齐,除了大方地请陈毅吃饭,还乐呵呵地请陈毅去看电影。陈毅很纳闷,不知道李鹤林发了什么横财。

电影院的电影开始前,播放了一个日本人在巴黎拍摄的短片。短片刻意描

---

① 张映波、王忠元:《陈毅的青少年时代》,河南人民出版社 1986 年版,第 34 页。

② 刘树发等:《陈毅年谱》上卷,人民出版社 1995 年版,第 32 页。

绘了中国人在巴黎街头的种种丑陋行为,内容极尽侮辱之能事。这让陈毅十分愤慨。陈毅还在影片中发现其中扮演中国人的人里有一个很像李鹤林,于是便问是不是他,李鹤林不敢正面回答。

陈毅顿时明白了,一气之下,把他拉出电影院质问道:“你是这样弄到的钱?”

他却嬉皮笑脸地说:“你干不干?拍了 10 分钟电影,得了 500 法郎。你如果愿意干,我们可以合拍一部,又可以得几百法郎。”①

陈毅气得破口大骂:“你这么无耻,为了钱可以卖掉自己国家的荣誉,干这样卖国的勾当!”

李鹤林竟然说:“你不要说大话,你整天做工还不是一个穷学生……”

陈毅打断他的话说道:“笑话,穷又有什么了不起,富贵不能淫,贫贱不能移。我再穷再累,你来我这里我也要招待你。你干这样的勾当,这个朋友我不能交了!”②

后来,陈毅又将李鹤林的这种行为告知了其他留法同学,留法同学都对李鹤林的这种卖国求荣的行为深为鄙视。

1925 年的一天,陈毅在李大钊那里参加党的会议,又见到了以苏联同志身份回来的李鹤林。原来李鹤林在巴黎因为争逐交际花郑毓秀枪打驻法公使陈箓,被逐出了法国。逃到苏联后他入了团又入了党,回国后分配到北方区委工作。会后,他找陈毅谈话。

陈毅考虑到他之前的行为,出于同志间的关心和帮助,想提醒他入了党就要全心全意地以党员的标准要求自己,劝诫他说:“搞革命是艰苦的,要干就真干,你过去那段历史,值得你自己警惕。”无奈李鹤林却听不入耳。

出于对党组织的忠诚和革命事业的负责,陈毅向党组织如实反映了这些情况,提出慎重任用李鹤林的问题,却被当时的党组织负责人批评是小资产阶级意识,不以为然。

陈毅驳斥道:“中国革命还刚刚开始,人人都要经受考验,不信你们就看嘛!”后来的事实也正如陈毅所预见的,在 1927 年 7 月 15 日武汉国民政府宣布国共分家时,李鹤林叛变了,他登报声明退出中国共产党。

(资料来源:刘树发等《陈毅年谱》上卷,人民出版社 1995 年版;张映波、王忠元《陈毅的青少年时代》,河南人民出版社 1986 年版。)

---

① 刘树发等:《陈毅年谱》上卷,人民出版社 1995 年版,第 42 页。

② 刘树发等:《陈毅年谱》上卷,人民出版社 1995 年版,第 42 页。

## 【思考讨论】

1. 陈毅对待金满城和李鹤林的态度有什么不同,造成这种差异的原因是什么?

2. 陈毅对待朋友的行为态度对我们今天择友交友有什么启示?

## 【案例解析】

“在家靠父母,出外靠朋友”,除了亲人,朋友是我们人生道路上不可缺少的重要一环。人生不可无友,“有朋自远方来,不亦乐乎!”交友是快乐的。人既然处于各种社会关系之中,是社会人,交友就是必然的,但交友亦有“道”。俗话说“万两黄金容易得,知心一个也难求”,说的是交友之难,但只要把握了正确的交友之道,赢得更多、更好的朋友也不是什么难事。

交友之道首先就是善于择友,慎重择友。所谓“近朱者赤,近墨者黑”,朋友对我们人生的影响是重大的,跟好的朋友相交,能够让我们变得更好,而无选择无原则地交友,只会浪费时间、精力、金钱以及感情,所以要择友而交。志同道合是我们择友的核心原则。朋友双方具有共同的志向和爱好,甚至在性格、气质等方面也相接近或互补,就能互相砥砺,互相促进,取长补短,开阔视野,活跃思维,双方都不断提高。当然,这种“志”应当是积极向上,具有正能量的“志”,而不是消极悲观,带给人负面影响的“志”;同样,这种“道”也应当是不违背历史发展潮流,符合社会发展方向,符合国家和广大人民群众利益的“道”,而不是逆历史潮流而动,蝇营狗苟,卖国求荣之类的“道”。只有选择了志同道合的朋友,才有可能产生诸如“忘年之交”、“莫逆之交”、“患难之交”、“生死之交”等,“知音”才不会难觅。

孔子曾经说过:“益者三友,损者三友。友直,友谅,友多闻,益矣。友便辟,友善柔,友便佞,损矣。”[①]意思是说,有益的朋友有三种,即正直坦荡的朋友、诚恳不作伪的朋友和见闻广博、知识面宽的朋友;有害的朋友也有三种,即喜欢谄媚逢迎的、喜欢表面奉承而背后毁谤的和喜欢夸夸其谈、花言巧语的。这实际上也可以成为我们择友的重要标准,要选择那些对自己有益的朋友,从他们那里得

① 《论语·季氏》。

到勇气、胆量、知识、经验以及内心的安稳等。

谨慎选择了朋友后，自然就要珍惜。交友之道其次要特别引起重视的，就是如何对待朋友。对待朋友有方法，首推一个“诚”字。不管对方是贫穷还是富贵，地位是高还是低，职业是好还是坏，始终尊重对方，以礼相待，“共舆而驰，同舟而济，舆倾舟覆，患实共之”①，这是对朋友的忠诚；当朋友遇到了生活、工作、学习等方面的困难，或者精神上、心理上承受了压力，产生了痛苦，积极主动地伸出援助之手帮扶一把，或者借个肩膀依靠一下，或者积极出谋划策，提出解决办法，这是对朋友的热诚；不讲虚情假意，不将友谊停留于表面，而是敞开心扉，与朋友交心，信任对方，不怀猜忌，不半信半疑，这是对朋友的坦诚；人非圣贤，孰能无过？任何人都会有这样或那样的过错。当朋友犯错误和有不足时，只要无涉大是大非，并且能真心改过，不断改进，就多宽容体谅对方，而不是耿耿于怀，这是对朋友的真诚。对朋友以诚相交，肝胆相照，患难与共，相互帮助，相互砥砺，友谊之树才会常青，友谊之花才会常开。

（资料来源：刘树发等《陈毅年谱》上卷，人民出版社 1995 年版；张映波、王忠元《陈毅的青少年时代》，河南人民出版社 1986 年版。）

## 【教学建议】

本案例深刻体现了青少年陈毅择友交友时的态度和原则。在朋友有困难时，他想尽办法，真诚相帮；在朋友犯错误时，他坦诚相告，帮助改正，宽容体谅；在大是大非问题上，他又态度明确，坚持原则性，充分体现了陈毅选择朋友，对待朋友的赤子之情。

本案例可用于《思想道德修养与法律基础》第四章第四节“恪守公民基本道德规范”等相关内容的辅助教学。

① 范晔：《后汉书》，延边人民出版社 1995 年版，第 195 页。

## 5-12

# 罗荣桓:言传身教的党代表

### 【案例正文】

1927年8月20日,罗荣桓领导湖北通城、崇阳农民自卫军参加秋收起义,智取通城,正式成立通城、崇阳农民自卫军总指挥部,罗荣桓担任党代表。由于国民党军队的反扑,罗荣桓等人率领起义部队主动撤离通城,向江西修水转移。9月17日,起义军到达浏阳县附近,与毛泽东领导的起义部队会合。从此,通城、崇阳农民自卫军的行动汇入毛泽东领导的秋收起义的洪流,使这一支革命力量得以保存下来,罗荣桓也因缘际会,成为毛泽东麾下的一名军官,成为同毛泽东相识最早的一位元帅。

罗荣桓从一个书生成为红军的连党代表后,面临的迫切问题就是怎样当好党代表。他向警卫团的老兵谭希林等请教。过去警卫团只有团里才有党代表,连队没有党代表。谭希林等处于基层,对于如何当好党代表,也讲不出所以然来。不过,他们还是向罗荣桓介绍了警卫团团长卢德铭的一些优良作风。他们告诉罗荣桓,卢团长是从叶挺独立团出来的,他的作风同其他军官有明显的不同。别的团长、营长,一般都有小伙房,吃饭讲究四菜一汤。卢团长却同士兵吃一样的伙食。号房子时,卢团长总是先考虑部队,团部的住房往往比较差。他平时吃苦在前,享乐在后;战时冲锋在前,退却在后,深得弟兄们的爱戴。罗荣桓听后仔细琢磨,知道卢团长指挥部队不是依靠发号施令,更不是依靠打骂,而是依靠自己的模范作用。从此,罗荣桓处处以卢团长为榜样,实践着中国人民军队首创的连党代表制度。他坚持做到:凡是要求士兵做到的,自己首先做到,以自己的模范行动作为无声的命令。打仗冲锋时,他站在队伍的最前头,退却时又在最后面负责掩护。行军时,他的肩头经常扛着几支病号或是掉队战士的枪。宿营时,他每夜都要查铺,逐个将战士们的夹被盖好。每逢发零用钱,他和连长、司务长又总是最后去领。他自己病了,咬着牙坚持工作,可战士病了,他却要一天几趟嘘寒问暖,还要吩咐伙房给做香喷喷的病号饭……很快,罗荣桓便赢得了干部、战士的爱戴。

1927年9月29日,起义部队到达江西永新县三湾村。毛泽东宣布对部队进行了整编,由一个师缩编为一个团。下设1营、3营和特务连,共编成7个连,每个连设党代表,罗荣桓任特务连党代表。同时,毛泽东宣布,为了加强党的领导,要把支部建在连上,连以上设党代表,营、团建立党委,整个部队由前敌委员会领导。他还提出,在部队内要实行民主制度,官长不准打骂士兵,废除繁琐的礼节,士兵有开会说话的自由,连队经济公开,官兵待遇平等,吃一样的饭,穿一样的衣。为了保障士兵的民主权利,建立各级士兵委员会。士兵委员会对军官有监督权,军官做错了事,士兵委员会可以提出批评以至予以处分。这就是我军历史上著名的三湾改编。

为了贯彻落实"三湾改编"的精神,罗荣桓把更多的精力放在连队建党上面以及在连队中建立民主制度。

在连队建党方面:10月中旬,毛泽东率工农革命军到达湖南省酃县水口。毛泽东在此主持了部队中的第一批6名士兵党员的入党仪式。毛泽东将7名连党代表都请去参加入党仪式,并要求他们回去以后在自己的连队积极发展新党员。仿效毛泽东作出的榜样,罗荣桓在行军途中,除做宣传工作外,把更多的精力放在连队建党上面。行军时,他一面帮助战士背枪,一面同他们拉家常,了解情况,物色和培养发展对象。很快,罗荣桓熟悉了全连每一个战士的经历、家庭和思想状况,并从中选择了8名发展对象入党。10月22日,当部队进驻江西省遂川县的大汾后,晚上,在驻地的一个阁楼上,罗荣桓主持了特务连第一批新党员的入党宣誓仪式。罗荣桓请毛泽东参加了这一仪式并讲话。毛泽东和罗荣桓等党代表在水口、大汾等地发展了人民军队最早的一批士兵党员。有了这批党员,"支部建在连上"才开始落到实处。以后,罗荣桓不断培养和发展新党员,并非常注意发挥党支部的战斗堡垒作用,认为唯有如此,才能体现"支部建在连上"的重大意义。一直到后来罗荣桓担任总政治部主任时,他都始终把做好这件事作为政治工作的根本任务。

在肃清军队内部的封建残余、建立军队内部的民主制度上,罗荣桓做了大量工作。当时红四军的主力第二十八团和第三十一团都是由国民革命军脱胎而来的。这些部队虽然经受了大革命的洗礼，但有些军官中军阀主义习气仍然相当严重。他们认为，“三句好话不如一个巴掌”，“马鞭子下面出好兵”。官长打骂士兵、老兵打骂新兵，几乎成为家常便饭。罗荣桓对这种作风非常看不惯。参加秋收起义以来，他从来没有打骂过士兵。士兵有了过失，在批评时连重话也很少。他常常说“响鼓不用重锤敲。”对下级和士兵，他总是循循善诱，耐心启发诱导。他为了扭转打骂士兵的坏习气，在部队中进行了不疲倦的斗争。

1928 年冬，罗荣桓所在的三十一团三营驻扎永新。九连四班放哨回来，无火可烤，一位俘虏兵不听班长的再三劝告，抱了老乡家一捆柴火回来点火取暖。那位班长觉得士兵不听话，自己没面子，恼羞成怒，狠狠打了那个战士一耳光。当时担任三营党代表的罗荣桓在下基层，听到此事，急忙把那位班长找来，语重心长地说：“如果你当战士，有了错，班长打你，你心里好受吗？”他说：“同志们有了缺点和错误，要反复向他们讲道理，使他们明白为什么错了。要以理服人，不能以力服心。口服不如心服，只有心服了，才能自觉遵守纪律。”在罗荣桓的耐心教育下，这位班长认识到了自己的错误，以后改变了对士兵的态度。

当时，士兵委员会有时也摆脱不了体罚这种封建军队坏作风的影响。对犯了过错的官长，他们也用体罚的办法来对付。九连的曾连长就曾因违反群众纪律而被士兵委员会打了屁股。罗荣桓发现这一问题后，赶到九连来处理。这时，恰好士兵委员会又因为排长曹响赌博决定要打他的手板。罗荣桓把士兵委员会的委员们找来开会，耐心地说，“无论是官长打士兵，还是士兵打官长都解决不了问题嘛！他有缺点错误，大家可以批评他，教育他，为什么要打呢？你们这一打，他今后在连里怎么工作？”在罗荣桓的耐心说服下，九连士兵委员会终于撤销了打曹响手板的决定。

罗荣桓不仅大力发扬政治民主，反对打骂士兵，而且十分注意发扬经济民主，坚持在物质生活上官兵一律平等。他在当连党代表期间对连队伙食抓得很紧。他要求每天的正副采买都由班里轮流选派，正采买由各班正、副班长轮流担任，从另一个班选一位战士当副采买，必须两人同行，以便互相监督。他还要求司务长在士兵委员会监督下及时清理、公布账目。凡是发衣服、分伙食尾子和零用钱，他都要求先战士后干部，干部和党员必须做到吃苦在前，享受在后。

军队的团结是军队战斗力的根本保障。罗荣桓深刻认识到这一点，并为军队内部的团结做了大量工作。

1930 年 6 月，年仅 28 岁的罗荣桓出任红四军政治委员。到任后，他就把行李搬到当时战斗力最弱的有许多福建籍新兵的第 3 纵队。经过同战士们一起生活，罗荣桓发现，部队扩大以来，不同籍贯之间的战士的团结问题突出起来了。这个大队的大队长是湖南人，爱吃辣椒。政委是广东人，不爱吃辣椒。大队长的爱好得到了同样喜欢吃辣椒的江西籍战士的支持，但却遭到政委和不喜欢吃辣椒的福建籍战士的反对。大队长与政委经常为此吵架。罗荣桓了解这一情况后在大队的支委会上说："我们这个大队有江西人、福建人，还有广东人、湖南人，来自四面八方。要不是革命，谁也不认识谁。革命使我们成为阶级兄弟。我们一定要团结。不团结，仗就打不好。所有共产党员都应该做团结的模范。我们湖南有这样一首民歌：'一根竹竿容易弯，三扎麻绳扯断难。众人拾柴火焰高，齐心团结金不换。'这说明了团结的重要性。团结是一个出发点。有了这个出发点，一些具体问题就好解决了。比如吃不吃辣椒，大家应当互相照顾、互相谅解。今后伙房可以少买一些辣椒，单炒，不要放到菜里头。这样，爱吃辣椒的湖南人、江西人的需要可以满足，也照顾到福建人不同的口味。"在深入部队基层调查的过程中，罗荣桓还发现口音不同也是容易引发不团结的问题。这个纵队的福建籍的战士普遍不会讲当时称作"国语"的普通话，同其他地方的战士语言不通，讲不到一块。一开会，福建籍的战士就坐到一起。福建人管蛤蟆叫土狗子。开会时，有些江西籍的战士就开福建籍战士的玩笑，说什么"土狗子又到一堆去了"。福建籍的战士也反唇相讥，说江西籍战士是"蛤蟆子"。为解决这一问题，罗荣桓召开了纵队政治工作会议。他说："福建的同志刚从地方上出来，讲话别人听不懂，他们坐到一起是自然的，这不是什么小宗派、小集团，讲他们是'土狗子'就不对了。当然，福建籍的同志要学着讲国语。你们干部今后向部队讲话也要讲国语，不要讲方言土语。在这个问题上干部要用自己的带头作用去影响战士。今后，部队还会不断发展，五湖四海的人都会遇到。只有讲国语才能互相沟通，否则，指挥部队就会发生困难。今后部队发展了，还会有湖南人、广东人、江浙人、北方人乃至少数民族参加红军。大家生活习惯不同，语言不通，都要互相谅解、互相照顾……"经过耐心教育，几个大队干部带头作了自我批评，这个大队的团结状况很快就好转了，战斗力也很快由弱变强。

（资料来源：黄瑶《罗荣桓元帅》，解放军文艺出版社 2007 年版；《罗荣桓传》编写组《罗荣桓传》，当代中国出版社 2006 年版。）

## 【思考讨论】

1. 罗荣桓开展军队思想政治工作的成功经验有哪些？

2. 如何理解"思想政治工作是党和红军的生命线"?

## 【案例解析】

思想政治工作是中国共产党的重要特点和政治优势。中国共产党成立后,在一无政权、二无军队的条件下,依靠思想政治工作发动工农进行革命,逐步建立了自己的政权和军队,并在斗争中不断发展壮大。人民军队创建后,在条件异常艰苦的条件下,如何加强党对军队的领导,建立一支新型的人民军队,是当时党面临的一个突出问题。毛泽东在"三湾改编"时提出"支部建在连上",古田会议正式确立了"党指挥枪"的原则,为新型人民军队的建立奠定了思想基础。罗荣桓在担任连、营党代表时期,贯彻执行毛泽东的建军思想,深入细致地做军队的思想政治工作,以身作则,身先士卒;集中精力培养和发展优秀士兵入党,充分发挥党支部的战斗堡垒作用;肃清了军队中的军阀主义风气,建立了民主制度;解决军队中的不团结的问题,增强军队内部的团结;在罗荣桓扎扎实实的工作下,军队中形成了平等、民主、团结的良好风气,军队的纪律性不断增强,战斗力不断提高。他曾担任党代表的九连,涌现了寻淮洲等一批优秀干部;担任红四军第二纵队政治委员时,在几个月时间内,就在党的各级组织健全了会议汇报制度,发挥了党支部的战斗堡垒作用。原先存在的少数官兵打骂士兵、枪毙逃兵的军阀主义行为和赌钱、抽大烟等流氓行为得以彻底肃清。第二纵队的面貌发生了显著的变化。罗荣桓的思想政治工作,得到了毛泽东的高度肯定。毛泽东在《井冈山的斗争》一文中说:"事实证明,哪一个连的党代表较好,哪一个连就较健全,而连长在政治上却不易有这样大的作用。""红军的物质条件如此菲薄,战斗如此频繁,仍能维持不敝,除党的作用之外,就是靠实行军队内的民主主义。"①1930 年 5 月,红四军在给中央的报告中指出:"二纵队以前没有很好的上级干部,军事政治都无中心,因此,战斗力差于第一、三纵队。最近,上级干部已另换人,二纵队又复兴起来了。"②这不仅是对罗荣桓个人的高度赞扬,也是对党的思想政治工作的充分肯定。

---

① 《毛泽东选集》第 1 卷,人民出版社 1991 年版,第 64 页。

② 《当代中国人物传记》丛书编辑部:《罗荣桓传》,当代中国出版社 1991 年版,第 83 页。

## 【教学建议】

在民主革命时期，思想政治工作是人民军队的生命线，在社会主义建设时期，思想政治工作是经济工作和其他一切工作的生命线。中国共产党在领导中国人民进行革命和建设的过程中，积累了丰富的思想政治工作经验，这是一笔宝贵的精神财富。今天，我们应该继承和发扬党的思想政治工作的优良传统，指导思想政治工作的开展，提高思想政治工作的实效性。

本案例可用于《思想道德修养与法律基础》第四章第二节“继承和弘扬中华民族优良道德传统”的辅助教学。

# 结束语

当今时代，社会急剧转型，各种思想观点激烈碰撞。思想领域阵地，马克思主义不去占领，各种非马克思主义反马克思主义就一定会去占领。国内外敌对势力对青年一代的思想渗透从未放松。否定中国历史上的革命领袖、民族英雄和先烈先贤的历史虚无主义思潮，通过网络新媒体的传播，在大学生中产生的恶劣影响不可低估，也不能不引起警觉。本案例编辑的目的，就是希望引导青年学生走近革命先辈的青少年时代，与先辈们建立“共情共感”，从中体会历史规律，把握时代脉搏，从而坚定理想信念，担当历史使命，自觉抵制各种错误思潮。

老一辈革命家青少年时代的故事，有轰轰烈烈，也有平凡平常。他们的背影虽已渐渐远去，但如果我们能用心、细心地体会体味他们的故事，就能感受到，他们其实就在我们身边。薪尽火传，他们留下了宝贵的精神财富：我们要学习他们对共产主义理想矢志不渝的崇高品质，学习他们对祖国对人民无比热爱的伟大情怀，学习他们为担当重任塑造自我而努力学习的勤奋精神，学习他们舍身为国的英雄气概和百折不挠的坚韧意志。

“时间之河川流不息，每一代青年都有自己的际遇和机缘，都要在自己所处的时代条件下谋划人生、创造历史。”[①]习近平这样勉励当代大学生。老一辈革命家以“敢教日月换新天”的豪情气概，担当了救国、兴国的历史责任。现在，我们青年一代要吹起强国的时代号角，“而今迈步从头越”，接续奋斗，接过建设中国特色社会主义事业的接力棒，奋勇前进在实现中华民族伟大复兴的新的征途上。

---

① 《习近平谈治国理政》，外文出版社 2014 年版，第 167 页。

# 后 记

本案例集是在教育部社会科学司的策划、指导下组织编写的。案例的选题、编目内容,经过仝华、李松林、艾四林、任大奎等专家的指导、审定。高等教育出版社编辑姚郁卉、赵英丽为本案例集编写付出了极大的耐心和精力。谨在此一并表示衷心感谢!

李佑新统筹本案例集的编写工作,确定各案例标题体例,并负责全书统稿,撰写导言;唐正芒、吴华云、黄显中通读了全书,并对部分内容作了修改。吴华云负责本案例编写的日常组织工作,统稿前期编辑工作和后期修订工作。编写分工如下:李雅兴,毛泽东案例部分;李永春,周恩来案例部分;陈宏滨,刘少奇案例部分;荆世群,朱德案例部分;吴华云,任弼时案例部分;熊辉,邓小平案例部分;张海燕,陈云案例部分;黄显中,彭德怀案例部分;胡明西,刘伯承案例部分;唐正芒,贺龙案例部分;陈龙,陈毅案例部分;刘金如,罗荣桓案例部分;莫庆红,徐向前案例部分;周慧,聂荣臻案例部分;何妍,叶剑英案例部分。

本案例集可作为高校思想政治理论课教师用书,用于课堂教学讨论,也可作为思想政治理论课的辅导读本。

由于水平有限,资料掌握不全,错讹之处在所难免,请各位同仁、读者不吝指正!

编者谨识

2014 年 11 月 25 日